国外"一带一路"研究译丛

Springer

THE BELT AND ROAD

全球经济危机中的巴尔干与东欧国家

［希］阿·卡拉萨沃卢 ［希］培·波利克罗尼都◎主编
曹 波◎译

BALKAN AND EASTERN EUROPEAN COUNTRIES IN THE MIDST OF THE GLOBAL ECONOMIC CRISIS

CNS 湖南人民出版社

《国外“一带一路”研究译丛》

主　编　蒋洪新　尹飞舟

副主编　邓颖玲　余承法

总　序

“‘一带一路’源自中国，但属于世界。”习近平主席这句话启示我们，“一带一路”建设需要中国智慧，也需要世界智慧。“一带一路”与世界智慧的关系是什么？在《国外“一带一路”研究译丛》出版之际，这个问题引起我们的深思。

一、“一带一路”倡议吸纳了世界智慧

丝绸之路是中国开凿出来的古代商路，其形成汇聚了沿线各国人民的智慧，是历史留给人类的财富。西汉时期，张骞两次出使西域，开通了丝绸之路，《史记》称之为“凿空”之旅。东汉时期，班超出使西域，使丝绸之路复通，《后汉书》记载，班超派遣的“甘英使大秦，抵条支。临大海欲度……”魏晋南北朝时期，北魏孝文帝遣使通西域，《魏书》记载：“朝廷遣使者韩羊皮使波斯，波斯王遣使献驯象及珍物。”唐宋时期，贸易顺畅，陆上丝绸之路的发展达到鼎盛，海上丝绸之路也十分繁华，据韩愈《送郑尚书序》描述，“蛮胡贾人，舶交海中……外国之

货日至，珠香象犀玳瑁奇物溢于中国，不可胜用”。元朝时期，意大利旅行家马可·波罗根据他经行地中海、欧亚大陆和游历中国的经历，写下了著名的《马可·波罗游记》，向欧洲展示了神秘的东方。明朝时期，著名航海家郑和7次远洋航行，到达亚洲、非洲等地的30多个国家和地区。“驼队和善意”“宝船和友谊”架起了东西方交流的桥梁，打开了各国友好交往的大门。

丝绸之路是贸易之路，将中国的丝绸、铁器、瓷器等带到西方，将胡椒、亚麻、葡萄等带回中国。丝绸之路是文明交流之路，沿线的古埃及文明、古巴比伦文明、古印度文明和中华文明长期交流互鉴，佛教、基督教和伊斯兰教交流共融。中国古代的四大发明经阿拉伯人传到欧洲，佛教、伊斯兰教以及基督教的一支沿着丝绸之路进入中国，丰富了中国的文化。文明因开放而发展，民族因包容而共存，丝绸之路留下了丰富的文化遗产。

鸦片战争以后，联结东西方的丝绸之路日渐式微，几乎被历史尘封。1868年开始，德国地理学家费迪南德·冯·李希霍芬（Ferdinand von Richthofen，1833—1905）1868至1872年在中国先后作了7次旅行，调查地质、矿藏等。在1877年出版的《中国：我的亲身旅行及其研究成果》第一卷中，他首次提出了“丝绸之路”的概念。1910年，德国历史学家阿尔伯特·赫尔曼（Albert Herrmann，1886—1945）在其著作《中国与叙利亚之间的古代丝绸之路》中引申了李希霍芬的观点。1913年，法国汉学家埃玛纽埃尔-爱德华·沙畹（Émmanuel-Édouard Chavannes，1865—1918）提出了“海上丝绸之路”的概念。1936年，李希霍芬的学生斯文·赫定（Sven Hedin，1865—1952）推出《丝绸之路》一书。从此，以中国为起点的海上丝绸之路和陆上丝绸之路，拂去了历史的尘烟，重新回到了人们的视线。

20世纪后期，国际社会开始出现一些复兴丝绸之路的提法。1988年，联合国教科文组织宣布启动为期10年的“综合研究丝绸之路——对话之路”项目，旨在加强东西方文化交流，密切欧亚大陆各国人民的关系。2008年，联合国开发计划署与中国和中亚四国政府联合发起“丝绸之路复兴计划”，该计划包括俄罗斯、伊朗、土耳其、中国等19个国家，于2008—2014年实施了230个项目，投入430亿美元，在公路、铁路、港口、通关等方面着力，构建运输走廊。2004年，日本提出将中亚五国及外高加索三国定为“丝绸之路地区”，实施“丝绸之路外交”战略，抢占能源。2005年，美国约翰·霍普金斯大学中亚高加索研究院院长弗雷德里克·斯塔尔（Frederick Starr）提出“新丝绸之路”的想法，强调建设连接南亚、中亚、西亚的交通运输和经济发展网络。2011年，美国提出“新丝绸之路”计划，以阿富汗为中心，将中亚、南亚连起来，构建区域性地缘政治、经济体系，意在围堵和遏制中国、俄罗斯和伊朗。同年，伊朗启动“铁路丝绸之路”计划，旨在连通阿富汗、塔吉克斯坦、吉尔吉斯斯坦和中国的铁路线。2012年，哈萨克斯坦宣布实施“新丝绸之路”项目，计划充分利用区位优势，将该国打造为中亚地区最大的过境中心。多年来，俄罗斯将“中欧运输走廊”称为“新丝绸之路”，强调俄罗斯应该在“新丝绸之路”上发挥决定性作用。这条走廊从中国、中亚、俄罗斯到德国，联通铁路网和港口。上述这些提法不同程度地体现了“丝绸之路”蕴藏的智慧，在国家与国家的关系中找到了符合自身利益的发展空间和路径，但是它们的价值观存在局限，囿于局部利益和短期效应，没有宽广的全球视野和历史纵深感，因而缺乏可接受性、可持续性和开创性。

2013 年秋，习近平主席分别在哈萨克斯坦和印度尼西亚提出了共建“丝绸之路经济带”和“21 世纪海上丝绸之路”的倡议，标志着古代丝绸之路的复兴进入了一个新的历史时期。习近平主席融历史眼光和全球视野于一体，深邃地思考丝绸之路的历史与未来。他对丝路精神进行了高度的概括：“古丝绸之路绵亘万里，延续千年，积淀了以和平合作、开放包容、互学互鉴、互利共赢为核心的丝路精神。这是人类文明的宝贵遗产。”他针对全球发展中存在的问题，从构建人类命运共同体的高度，提出了一个促进各国人民共同繁荣发展的方案。习近平主席提出的“一带一路”倡议是贡献给世界的中国智慧，之所以能够得到国际社会积极而广泛的响应，正是因为该倡议具有历史眼光和全球视野，吸纳了世界智慧。正如世界银行行长金墉所说：“‘一带一路’倡议植根于古代丝绸之路的历史土壤，点亮的是未来世界发展的星空。它将推动跨境乃至跨大洲的融通，惠及世界大多数人口。”

二、共建“一带一路”需要联通世界智慧

共建“一带一路”的核心是区域联通、世界联通，而世界联通的根本是世界的智慧相通。从时间维度来看，“一带一路”

倡议贯通古今。丝绸之路从西汉时期开拓凿通到鸦片战争后日渐衰落，再到今天在国际社会共商共建中将重现昔日的辉煌，2000多年的漫长历史中虽然历经盛衰，却赓续绵延，其中有多少故事值得回味，有多少智慧值得汲取。2014 年 6 月，中国、哈萨克斯坦、吉尔吉斯斯坦跨国联合申报的丝绸之路项目被列入《世界遗产名录》，这标志着中国与“一带一路”沿线国家共同继承丝绸之路历史遗产的开始。从空间维度来看，“一带一路”倡议联通全球。丝绸之路以中国为起点，连接亚洲、欧洲和非洲，以开阔的胸襟、开放的态度接纳越来越多的国家和地区，以开放的态度容纳世界。根据“一带一路”倡议和国际合作的需要，结合古代陆海丝绸之路的走向，“丝绸之路经济带有三大走向，一是从中国西北、东北经中亚、俄罗斯至欧洲、波罗的海；二是从中国西北经中亚、西亚至波斯湾、地中海；三是从中国西南经中南半岛至印度洋。21 世纪海上丝绸之路有两大走向，一是从中国沿海港口过南海，经马六甲海峡到印度洋，延伸至欧洲；二是从中国沿海港口过南海，向南太平洋延伸”。在如此广阔的地域空间建设人类利益共享的联合体，在历史上还未曾有过。联通古今，历史和文化聚同；联通全球，视野和利益求同。“一带一路”的共建就是古今中外的智慧联通。

“共建‘一带一路’以政策沟通、设施联通、贸易畅通、资金融通、民心相通为主要内容。”“五通”是“一带一路”建设的基本路径，也是中国智慧和世界智慧联通的具体路径。“一带一路”与俄罗斯提出的欧亚经济联盟、东盟提出的互联互通总体规划、哈萨克斯坦提出的“光明之路”、土耳其提出的“中间走廊”、蒙古国提出的“发展之路”、波兰提出的“琥珀之路”等协同共进，是政策沟通的结果，也是智慧碰撞的成效。中国与印尼、老挝合作，加速推进雅万高铁、中老铁路等项目；中国与巴基斯坦、希腊合作，加紧建设瓜达尔港、比雷埃夫斯港。这种设施联通的背后是双方智慧的对接和融合。贸易畅通需要理念的统一、规则的共识，每打通一个环节，都是双方智慧的提升。资金融通汇聚和流动的是货币，挑战的是融资瓶颈，无论是投资还是接受投资，都得依靠双方的沟通、交流。民心相通直面文化和精神领域，促进各国的人文交流，促进各国人民的相互了解，这是“五通”中最为重要的，因为“民心相通”使各国人民心意和智慧相通，直接铸就“一带一路”的民意基础和社会基础。

“共建‘一带一路’为实现人类命运共同体提供了新的助力。”“一带一路”的包容性和开放性，体现出构建人类命运共同体的理念。经济全球化给世界带来了美好，也带来了困惑。“面对经济全球化带来的机遇和挑战，正确的选择是，充分利用一切机遇，合作应对一切挑战，引导好经济全球化走向。”中国智慧倡导和为贵、协和万邦，强调“己欲立而立人，己欲达而达人”。“一带一路”倡议引领包容性全球化，为经济全球化的发展提供富有中国智慧的解决方案。包容性全球化强调共商共建共享，追求普惠和均衡，激发世界各国人民的智慧，让世界各国人民因为合作共赢实现更加美好的生活，让世界各国因为责任共同体、利益共同体而走向命运共同体。

三、为共建“一带一路”汇聚更多的世界智慧

要进一步吸纳世界智慧，进而联通世界智慧，最佳路径就是从域外视角来观察和思考问题，域外视角是学习世界智慧的好方法。“一带一路”的核心是对接各国的发展战略，促进区域的基础设施建设和互联互通，实现共同繁荣。因此，参与共建的各国不能只考虑本国的利益，还要考虑他国利益和区域利益；不能固守本国的理念，还要理解和尊重他国的理念。对于中国来说，就要把中国的愿景与“一带一路”沿线国家共同的愿景相结合，把中国的利益与“一带一路”沿线国家共同的利益相结合。共建“一带一路”要求我们不能局限于中国的视角来看问题，要学会从域外视角、从人类命运共同体的理念来看问题。其他国家对“一带一路”的认识是域外视角，其他国家的政府、商界、学界、民众关于“一带一路”的理解与认识也是域外视角，还有一些国际组织、区域组织对“一带一路”的看法都是我们加深认识“一带一路”的域外视角。通过这些域外视角了解国际社会复杂的观点和诉求，是深入研究“一带一路”必走的一步，深入理解其中蕴含的智慧更是共建“一带一路”所不可或缺的。

2017 年 5 月，在“一带一路”倡议提出将近 4 年之际，首届“一带一路”国际合作高峰论坛在北京举行，包括了圆桌峰会和 6 个分论坛，29 位外国元首、政府首脑及联合国秘书长出席，来自 130 多个国家的 1500 多名各界代表参会。与会领导人和代表充分交流，分享政策实践和合作体会，产生了 270 多项合

作成果。2019年4月，第二届“一带一路”国际合作高峰论坛再次在北京召开，圆桌峰会以外，分论坛增加到12场，另外还举办了一场企业家大会。这届论坛有38个国家的元首或政府首脑以及联合国秘书长、国际货币基金组织总裁共40位领导人出席，来自150个国家、92个国际组织的6000余名外宾参会。会议进一步扩大了共识，产生了283项合作成果。这两届高峰论坛都在充分交流的基础上发表了联合公报，凝聚了共建“一带一路”的国际共识。

“一带一路”国际合作高峰论坛提供了倾听各国政府声音的场所，要更深入地了解国际社会对“一带一路”的认识，还需要倾听来自民间的声音。这就需要了解各国智库的观点，需要了解各国学界、商界、民众的心声，需要了解一些区域组织和国际组织的看法，还需要了解相关区域和国家的经济、文化、教育、科技等方面的现状及其对接“一带一路”的路径。

“一带一路”倡议提出以来，国内学术界从政治、经济、文化和历史等领域展开了“一带一路”的研究，推出了一大批“一带一路”的研究著作，反映了国内研究“一带一路”的热情。但是，国内学术界对国外“一带一路”研究成果的了解不够，国外相关研究成果仅散见于论文、著作中，缺乏系统的反映。事实上，“一带一路”倡议一经提出便引起了各国智库的重视，相关成果已经比较丰富。美国的卡内基国际和平基金会、兰德公司、布鲁金斯学会、外交关系学会等智库机构对“一带一路”合作倡议极为关注，它们透过美国亚洲再平衡政策的多棱镜，从不同视角对中国与“一带一路”相关国家的关系进行探讨。尽管美国至今仍置身于“一带一路”之外，而且对“一带一路”的评价常常不怀好意，但是美国对“一带一路”一直保持着很高的关注度。俄罗斯的智库战略和科技分析中心发表了一系列“一带一路”研究报告，态度比较平和务实。印度有多家智库机构如全球关系委员会、和平与冲突研究所、国家海事基金会、南亚分析集团等也都在密切关注“一带一路”，尤其关注中印关系以及两国与南亚的关系发展问题。英国国际战略研究所、德国基尔世界经济研究所、荷兰国际关系研究所、瑞典安全和发展政策研究所、比利时布鲁盖尔研究机构、土耳其国际战略研究机构、以色列国家安全研究院、巴基斯坦伊斯兰堡政策研究中心、加拿大地缘政治监控中心、澳大利亚洛伊国际政策研究所、新加坡李光耀公共政策学院、哈萨克斯坦战略研究所等数十家国外智库机构也都着眼于“一带一路”倡议背景下的世界战略、安全、经济前景研究。同时，各国大学中致力于中国研究的学者也活跃于“一带一路”研究领域，纷纷撰文著书，表达他们关于“一带一路”的观点。随着共建“一带一路”的推进，国外“一带一路”研究成果也越来越丰富。

基于“为国内研究‘一带一路’提供域外视角，为建设‘一带一路’提供域外智慧”的宗旨，我们编译出版《国外“一带一路”研究译丛》。该译丛选取国外研究“一带一路”的最新著作、论文和研究报告，内容包括国外对“一带一路”的认识和看法、国外对“一带一路”建设的研究、国外对“一带一路”沿线国家和区域的的研究等。《国外“一带一路”研究译丛》的出版，将拓展国内“一带一路”研究的视野，为国内“一带一路”的研究提供“他山之石”，为推进“一带一路”建设提供智力支持，助力中国话语体系的构建和国际话语权的提升。

“一带一路”倡议自2013年提出以来，越来越被国际社会所接受。根据中国“一带一路”网（www.yidaiyilu.gov.cn）提供的数据，2016年底，有39个国家和国际组织与中国签署了共建“一带一路”合作协议；到2019年10月，与中国签署协议的国家和国际组织迅猛增加到167个，其中有发展中国家，也有发达国家。6年来，中国与“一带一路”沿线国家在港口、铁路、公路、航空、电力、通信等领域开展了大量合作，迅速提升了相关国家的基础设施水平，成果超出预期。中国与“一带一路”沿线国家的贸易和投资保持了强势增长，超出了中国对外贸易和投资的平均水平。截至2019年7月，亚投行成员已经达到100个，其中6成以上来自“一带一路”沿线国家和地区。到2018年4月，中国与61个“一带一路”国家共建立了1023个对外友好城市，占中国对外友好城市总数的40%。

“大道之行，天下为公。”共建“一带一路”，是当今国际社会构建人类命运共同体的伟大实践。“一带一路”建设之所以能够得到沿线各国的共同参与，并取得如此迅速的发展，是因为它汇聚了世界智慧的中国方案。随着越来越多的国家和人民的热情参与，联结世界、和平兴盛的丝绸之路必将重现人间。

蒋洪新　尹飞舟

2019年10月于长沙

译者前言

此书所谓巴尔干(Balkan)指欧洲东南部巴尔干半岛上的国家，而“东欧国家”历来指土耳其之外的“黑海沿岸国家”，即“东欧剧变”后独立的东南欧各民族国家。整个地区处于欧洲的东南部，西临亚得里亚海与西欧相连，东濒黑海与亚洲相望，南滨地中海和爱琴海与非洲相隔，北以多瑙河、萨瓦河为界与东北欧相邻，包括阿尔巴尼亚、波斯尼亚和黑塞哥维那、保加利亚、塞浦路斯、希腊、科索沃、马其顿以及克罗地亚、黑山、摩尔多瓦、意大利、罗马尼亚、塞尔维亚、斯洛文尼亚、土耳其的一部分。

该地区多为斯拉夫民族，语言以斯拉夫语为主，宗教以东正教为主，阿尔巴尼亚等国家和地区则以伊斯兰教为主。主要民族分支有罗马尼亚族（约 1940 万）、希腊族（约 1030 万）、土耳其族（约 1000 万）、塞尔维亚族（约 900 万）、保加利亚族（约 670 万）、阿尔巴尼亚族（约 580 万）、克罗地亚族（约 470 万）、波斯尼亚族（约 400 万）、斯洛文尼亚族（约 180 万）、马其顿族（约 210 万）、黑山族（约 50 万）等。“东欧剧变”后，在

《东南欧稳定公约》（SPSE，1999）和“区域合作理事会”（RCC，2008）等的推动下，“巴尔干与东欧”地区政治上已逐步稳定，经济上也初步踏上繁荣之路。

该地区处于欧、亚、非三大陆之间，不仅是欧、亚联系的大陆桥，更因伸入地中海且东濒博斯普鲁斯海峡和达达尼尔海峡，而扼住地中海和黑海航线的咽喉，所以历来为兵家必争之地。正因为如此，巴尔干半岛成了欧洲历史上著名的“火药桶”。公元前2世纪以后，该地区先后被罗马、拜占庭（东罗马帝国）、阿瓦尔（柔然）、奥斯曼土耳其等帝国统治，公元4~7世纪又有匈奴人、阿瓦尔人、伦巴第人、保加利亚人、罗马人及斯拉夫民族在此争斗，此后奥斯曼帝国盘踞500余年，期间民族起义连续不断。

自19世纪初，沙俄渴望打通南下地中海的通道，奥地利帝国也企图直下亚得里亚海，而英、法则要保护通往印度洋和远东的交通命脉，因而该半岛成为俄、奥、英、法等强国激烈争夺的地区，相继爆发了第八和第十次俄土战争（1828—1829；1877—1878）和两次巴尔干战争（1912—1913）。至1914年，因奥匈帝国皇储在萨拉热窝被刺，该地区又成为第一次世界大战的策源地，而二战期间又为德国和意大利占领，爆发了法西斯与反法西斯之间的生死斗争。“雅尔塔体系”建立之后，东西方之间的对峙日趋紧张，最终随着苏联的解体和科索沃战争的结束，该地区才获得和平发展的机会。

在我国“一带一路”倡议的愿景中，该地区处于通往莫斯科的陆路（北线）和通往西欧的水路（西线）的交汇点，是中国对外贸易对接欧洲的交汇点，战略意义十分突出。在我国“一带一路”倡议和中国与巴尔干地区国家“16+1 合作”框架的推动下，我国在巴尔干地区的发展中发挥了越来越重要的作用，是该地区的合作者、建设者。携手建立互利共赢的合作关系，符合双方的共同愿望和根本利益。尤其近年来，双方高层互访频繁，政治互信日益巩固，经贸合作不断拓展，人文交流方兴未艾。传统友谊正在转化成更多的务实合作成果，惠及双方国家和人民。目前，我国正在积极落实“三个对接”，即“一带一路”建设与欧洲发展规划、国际产能合作与欧洲投资计划、“16+1 合作”与中欧合作的彼此对接。其中，与巴尔干地区最密切相关的“16+1 合作”从无到有，由小到大，在经贸投资、互联互通、产能、金融、人文等领域已取得丰硕成果，逐渐步入成熟期和收获期，证明以深化传统友谊、促进互利合作、造福各国人民为宗旨的“16+1 合作”，符合双方的需要，推动了双方关系进入新的快速发展时期。这一局面得益于 2002 年中共“十六大”提出的总体外交战略：“大国是关键，周边是首要，发展中国家是基础，多边是舞台”。此后，中国政府迅速与罗马尼亚、克罗地亚、塞尔维亚等国家建立了“全面合作伙伴关系”或“战略伙伴关系”，从而保障了双方关系踏上快车道。至 2012 年，双方已搭建起一个多层级、宽领域、全方位的网状交流与合作平台，此后又设立了“中国—中东欧国家合作秘书处”和“中国—中东欧 16 国投资常设秘书处”，通过了《布加勒斯特纲要》《贝尔格莱德纲要》等，为“一带一路”倡议在该地区的进一步落实奠定了坚实的基础。

然而，切实推进中国同该地区国家的关系还面临新的挑战：一，如何对冷战结束后出现的“中国—中东欧—欧盟”新三角关系进行平衡，消除欧盟对中东欧“亲中疏欧”的疑虑；二，在欧洲金融危机结束后如何持续保持中国经济的优势，抵挡住欧美投资竞争的冲击，适应“新常态”；三，双方战略需求不对称，缺乏战略互需，使双方关系比较脆弱；四，就乌克兰危机的大国博弈尚未结束，对中、俄、欧的三角关系及中、美双边关系仍有冲击。为此，我国提出了“中欧共进，相向而行”的思路，强调从“互尊、互利、互向”迈向“互信合作”；探索发展双方关系的合作机制；拓展双方沟通的平台和模式；加强软实力和国家形象建设；推动国内关于中东欧研究的智库建设。

始于2007年的全球金融危机使欧美很多经济体陷入了衰退，出现了金融机构迅速崩溃、社会不公现象愈加普遍化、经济体增长率直线下降等连锁反应。在欧盟（EU），除PIGS四国（葡萄牙、爱尔兰、希腊、西班牙）遭到严重冲击外，处于敏感地带的巴尔干地区国家和黑海（准）欧盟国家脆弱的经济体更陷入困境，为欧洲一体化进程带来了变数，引起了欧洲各国经济学家、社会学家的深度关切，但作为可以效仿“凯尔特虎”和“亚洲四小龙”的“欧洲群虎”，这些经济体的愿景又迫使欧盟开始实施一系列“趋同”和振兴计划。为此，欧洲第三届国际科学大会就以“已变世界中的巴尔干及东欧各国经济体”（EBEEC 2011）为主题，深度探讨了东南欧的经济现状、走向和改革措施。

本书正是由这届大会提交的论文精选而成：“上篇”主要从

宏观经济学的角度探讨东南欧与欧盟15国的经济关系，分析了外商直接投资、收入趋同、怀旧现象、通胀目标政策、财年政策等论题；“中篇”主要从金融与银行业着手，具体论述了东南欧央行的改革和信用风险；“下篇”则着眼区域政策、乡村发展和信息社会，细致阐释了欧盟内部的协同关系、乡村发展的动力、葡萄酒消费习惯和信息社会的发展状况。全书从宏观到微观，多侧面、有重点地展现了欧洲经济学家和社会学家自全球金融危机爆发以来对动荡中的东南欧经济、社会前景的深度透视，为欧盟委员会及相关各国落实发展战略、制定改革措施提供了依据。此外，书中除运用了“实证调查”“统计学描述”等经典分析方法外，还展现了“扩展版引力模型”“自回归分布滞后模型”等高度专业化的分析手段，使经济学研究更显科学化。

本书呈现的主要不是对东南欧国家普通人文、社会、经济或政治形态的概论，而是对东南欧国家在全球金融危机之前和期间的经济现状的专业化透视，因此可以更好地服务于想从整体上把握东南欧经济走势甚至预测波动曲线上的拐点的读者。在我国“一带一路”倡议已在沿线许多国家开始落实的环境下，我国与东南欧国家从事经贸往来的企业、机构和管理人员不仅需要了解对方的国情，也需要参透对方的经济发展规律，具有科学预判的能力，这样才能更加顺利且有力地为我国的对外经贸交往服务。

可以说，在落实“一带一路”倡议、加强我国与东南欧国家经贸往来的过程中，对于我国各级政府的商务部门，为国家经济建设出谋划策的智库、智囊，本书都具有深层次的意义。此外，书中多样的经济学研究方法，对于我国同行（如高校公共管理、经济学、商学等专业的科研人员和师资）也能带来很多的启迪。本书如能获得具有战略眼光的读者的青睐，则在继续推动“一带一路”倡议在东南欧落实的进程中，我国将会增加更多眼光精准的相关人才。

2018年初，在选定“一带一路译丛”篇目时，我们即开始研读本书，确认了本书的学术价值和翻译的可行性。经过多次研讨，我们选定了各自翻译的篇目，确定了翻译的原则、专业术语处理的方法、编订的进程等。鉴于工作的难度、时间的紧迫和培养人才的需要，本书的翻译采用团队协作的方式：由曹波教授主持，负责原书从序言到第62页的翻译，并负责全书的统稿、审订和专名索引的编订；由博士生万兵负责原书第63页到第120页的翻译；由博士生宋以丰负责原书第121页到第174页的翻译。经过数月的伏案劳作，我们终于如期拿出了译稿，为能切实参与重要项目感到由衷的自豪。

曹 波

2019年10月于亚特兰大

作者前言

欧洲及全球的发展都很迅猛。全球金融危机使各经济体陷入了深度衰退，加大了解决就业问题的难度，限制了各项投资，并表明了信用系统无限度扩张给实体经济带来的风险。银行和金融组织的瞬间崩溃、经济与社会不公的普遍化以及通常相伴发生的各经济体增长率的下降，这些都是全球金融衰退的部分后果。

在欧洲，这场危机的后果已导致欧盟（EU）尤其是边缘国家出现严重的问题。欧盟内部的发展表明，主要议题是希腊、爱尔兰、葡萄牙、西班牙等国的债务问题及再融资的困难。这一议题已在欧盟内部就相关机构的成立和政策的制定引发热烈的讨论，旨在使各成员国的经济政策更灵活、更有效，同时创造机遇，让欧盟能在自身层面上协调国家政策。

欧洲及全球层面上的发展必定会对巴尔干和黑海沿岸国家的经济体产生影响。全球金融危机已导致了经济活动的衰退，限制了外资在更广泛地区的流动，在每个国家的就业市场造成了严重的问题，并降低了公民的收入和消费水平。而且，这场危机的金融特性为经济不稳创造了条件，为国家预算带来了困难，并使出口导向有限的国家更加脆弱。此外，在这一地区经营的外资企业已推迟了投资计划，除了限制给银行业的融资外，还拉低了各经济体的增长率。

然而，与此同时，该地区各国又无疑组成了一个颇有前景的金融体，拥有种种发展机遇。具体说来，除了随着人口迅速增长和石油及天然气储量使其“魅力无限”之外，黑海沿岸和东南欧地区成了投资者和出口商（尤其是欧洲的投资者和出口商）的重要参照点。各国都有发展和扩建基础设施的需要，都有投资新技术、能源、环保、废物及废水处理的需要，以及投资健康产业的需要。说来有趣，在有些人看来，虽说谈得多的是“欧洲群虎”，但覆盖巴尔干各国和黑海沿岸的经济地区是可以变得如同中国和印度所在的经济地区那么举足轻重的。

第三届国际科学大会“已变世界中的巴尔干及东欧各国经济体”（EBEEC 2011）由希腊卡瓦拉技术学院会计学系和罗马尼亚皮特什蒂大学经济学系共同筹备，于 2011 年 5 月在罗马尼亚的皮特什蒂举行，以东欧、巴尔干及黑海沿岸国家经济发展为主要议题。探讨内容既有涉及该地区的过去、现在及将来的经济论题，也有对有关国家经济体的各方面及各领域的深度分析；甚至对实现居民生活水准显著增长与改善的政策也提出了 80 项建议。

本卷收录的论文是参加上述会议的部分学者就民生建议投来的稿件。

在“上篇”中，首先约尔·伊·戴希曼（Joel I. Deichmann）分析了克罗地亚共和国外商直接投资（FDI）的来源，并评述了促进克罗地亚转型期 FDI 增长的重要因素。该文揭示了制约吸引外商投资的因素，也采用扩展版引力模型对重要的政策含义进行了概括性模拟。研究结论表明，克罗地亚顺应典型的过渡性经济方案，向来自邻近地区（尤其是欧盟）的“追随领头羊”的各大公司倾斜。

接着，伊夫提奇亚·特萨纳纳（Eftychia Tsanana）、康斯坦蒂诺斯·卡特拉吉利迪斯（Constantinos Katrakilidis）和帕纳乔提斯·潘特利迪斯（Panagiotis Pantelidis）合著的文章则聚焦于1989 年至 2009 年间巴尔干经济体与欧盟 15 国平均值的趋同现象。采用经济计量模型进行分析后，该文指出了所论巴尔干经济体在追赶欧盟 15 国过程中存在的差异。研究结论表明，唯有希腊和斯洛文尼亚的收入是与欧盟 15 国趋同的。

在第三篇文章中，乔治·D. 博罗瓦思（George D. Borovas）分析了中国与西巴尔干地区间的经济关系，尤其是马其顿共和国与波斯尼亚-黑塞哥维那（波黑）的经济关系，并从侧面阐释了这些关系中有趣的社会学和经济学。该文重在探讨“南斯拉夫怀旧”现象，旨在辨明过去、现在和未来的种种关系。

接下来，卡拉翰·奥兹坎（Karahan Özcan）和奥尔凯·克拉克（Olcay Çolak）分析了土耳其通胀目标政策对其通胀曲线的影响。为此，他们使用了“自回归条件异方差”（GARCH）模型进行数据分析。研究结论表明，通胀目标政策是一种管制通胀曲线的策略。

在第五篇文章中，乔治斯·马克里斯（Georgios Makris）和康斯坦蒂诺斯·菲利皮迪斯（Konstantinos Filippidis）则将欧洲的金融危机尤其是高赤字纳入考察范围，研究了“经济与货币联盟”（EMU）中“稳定与增长契约”框架下财年政策的作用。他们据此提出，在这一框架下，宏观经济不稳和金融不稳可通过可变劳动力市场来调节。

在“中篇”中，首先菲利克斯-康斯坦丁·布尔恰（Felix-Constantin Burcea）、维克多·巴老（Victor Balau）、克里斯蒂娜·巴尔丹（Cristina Baldan）、提卜留-克里斯蒂安·阿弗拉米斯库（Tiberiu-Cristian Avramescu）和艾米莉亚·乌恩吉瑞怒（Emilia Ungureanu）合作分析了各中央银行的作用；尤其是在纠正经济失衡和为可持续经济表现创造条件方面的作用。他们以罗马尼亚央行为案例进行推导，认为罗马尼亚国家银行的短期政策、通胀政策和汇率政策在宏观经济和货币的维稳中起到了至关重要的作用。

接着，伊夫提奇亚·尼克莱多（Eftychia Nikolaidou）和索夫克里斯·D·沃加扎斯（Sofoklis D. Vogiazas）运用处理协整关系的“自回归分布滞后”（ARDL）模型，对2001年至2010年间决定罗马尼亚银行系统信用风险的要素进行了条分缕析。其研究结论具有实证特征，表明无论从短期来看还是从长远来看，银行特有要素及宏观经济活动要素对罗马尼亚的信用风险具有至关重要的影响。此外，对于希腊危机对罗马尼亚的不良贷款影响深远这一假设，其发现是有力的支撑。

在“下篇”中，首先亚历克西亚迪斯·斯迪里阿诺斯（Alexiadis Stilianos）、拉迪亚斯·克里斯托斯（Ladias Christos）和米尼安尼斯·索迪里奥斯（Milionis Sotirios）根据“协同—竞争”的现行政策困境细致探究了欧洲各地区一体化的程度。他们利用地区增长的模型分析了知识型经济的概念，指出了克服“发展差距”的可行方案，并指明了政策干预的若干领域。

接着，福蒂奥斯·查兹塞多里迪斯（Fotios Chatzitheodoridis）、阿纳斯塔西奥斯·米凯利迪斯（Anastasios Michailidis）、乔治斯·狄奥多西（Georgios Theodosiou）和埃弗斯塔多斯·路易佐（Efstratios Loizou）详尽分析了地方合作对于内生性乡村发展的作用和意义。他们使用两步走的聚类分析方法，探讨了社会特征与采取内生性发展意愿之间的关系。

在第三篇文章中，兰布罗斯·佐尔吉阿尼斯（Lambros Tsourgiannis）、阿纳斯塔西奥斯·卡拉萨夫奥卢（Anastasios Karasavvoglou）和迈克尔·尼古拉迪斯（Michael Nikolaidis）探索了希腊的东马其顿和色雷斯地区消费者对有机食品的购买行为。他们使用了多种恰当的分析工具（主要成分分析、聚类技术、区别对待分析），发现影响消费者购买行为的各要素之间存在着有趣的关联，比如个人消费者特征和对有机红酒消费的倾向之间就有着微妙的联系。

最后，卡特琳娜·科诺诺娃（Kateryna Kononova）论及复合性“信息与通信技术的发展指数”（IDI），探讨了发达国家这一指数的增长与“信息与通信技术”（ICT）运用的进步之间的关系。该文认为，国家战略能促进乌克兰、白俄罗斯和摩尔多瓦对ICT的引进，有利于强化这些国家向信息社会的转型。

借此机会，我们要感谢参加2011年罗马尼亚皮特什蒂EBEEC国际会议的所有代表，尤其是本卷合集的各位作者。对卡瓦拉技术学院及其会计学系提供宝贵支持从而使本次会议得以圆满举行的盛举，我们也心存感激。此外，我们要感谢西奥多西奥斯·西奥多西奥（Theodosios Theodosiou）博士、伊奥尼斯·卡扎尼迪斯（Ioannis Kazanidis）博士和迪米提奥斯·查特宙迪斯（Dimitios Chatzoudes）博士生。最后，我们还要衷心感谢夫提尼·培迪基（Fotini Perdiki）在编辑本卷合集中付出的努力。

阿·G. 卡拉萨沃卢（Anastasios G. Karasavvoglou）教授

培·波利克罗尼都（Persefoni Polychronidou）博士

2012 年 2 月于卡瓦拉

Contents 目录

下篇 区域政策、乡村发展与信息社会

上篇
欧盟、经济关系与宏观经济学

第1章　克罗地亚外商直接投资的来源
——基于扩展版引力模型的案例分析

约尔·伊·戴希曼①

1. 前言

克罗地亚共和国位于西巴尔干地区，是考察外商直接投资（FDI）流动的最有趣的环境之一。其地理位置跨越西欧和东欧，包括欧陆历史上纠缠不清的许多政治和文化力量。1991年南斯拉夫轰然解体，克罗地亚得以独立成为新的民族国家，此后便更深刻地融入欧洲联盟。分析表明，作为空间互动的形式，外商直接投资在具有文化（Bandelj，2002）和空间近缘性（Brenton et al.，1998）的地区之间最为活跃，同时会回避孤立或在其他方面受到政局不稳及战争（Brada et al.，2006）祸害的区域。本文遵循引力模型的简单原则——空间互动随着两个目标的群体一起增长，也随着两者间

---

① A. Karasavvoglou and P. Polychronidou（eds.），*Balkan and Eastern European Countries in the Midst of the Global Economic Crisis*，Contributions to Economics，DOI 10.1007/978-3-7908-2873-3_ 1，© Springer-Verlag Berlin Heidelberg 2013.

作者联系方式：J. I. Deichmann，Global Studies Department，Bentley University，175 Forest Street，Waltham，MA 02452，USA. E-mail：jdeichmann@bentley.edu

差距的扩大而减少——同时考虑引力变量，旨在阐明促进外资投入或妨碍外资投入的各项因素。

在有关 FDI 的海量文献中，关于引力模型的论述发表得很少，关于克罗地亚共和国的则更少。克罗地亚提供了研究 FDI 的有趣环境，而且其现时的存在是南斯拉夫解体的结果，但几乎可以肯定地说，未来它将成为欧盟的成员国。因此，与此同时，克罗地亚既是个分权的案例，也是个超越民族主义的案例。克罗地亚的 FDI 储备仍在快速增长，至 2009 年底已达到 7378 个大小不一的项目，资金累计达 270 亿欧元，折合人均 6136 欧元（克罗地亚国家银行，2010）。

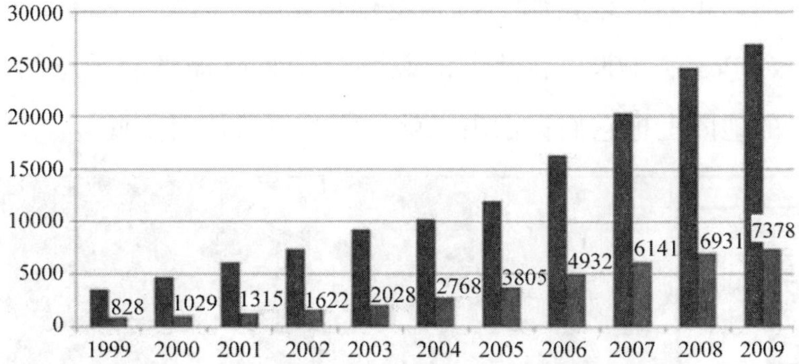

图 1　克罗地亚 FDI 累计示意图，1999—2009

（单位：百万欧元，交易数）（数据来源：克罗地亚国家银行，2010）

1.1　克罗地亚共和国的外商直接投资

正如图 1 显示，在过去的 10 年里，克罗地亚的 FDI 增长了 5 倍多。根据克罗地亚国家银行的数据（2010），FDI 交易总数的 88%以上产生于 2000—2009 年之间，即本文考察区间。正如在其原南斯拉夫共和国的许多毗邻成员国当中那样，在 20 世纪 90 年代初期那些遭受战争蹂躏的岁月里，流入该国的资金数额一直徘徊不前（Brada et al., 2006）。然而在新千年之初，形势明朗起来，即该地区恢复了平稳，而且加入欧盟的计划开始落实，于是流入数额开始迅速累积。在中欧和东欧，只有捷克共和国、爱沙尼亚、匈牙利和斯洛伐克吸引了更多的人均 FDI（EBRD，2010）。克罗地亚 FDI 储备的绝大部分在金融中介交易（9396 百万欧元）、制造业（5482 百万欧元）、批发/零售贸易（3961 百万欧元）及交通/通信业（2170 百万欧元）中，合计超过总数的 82%。对克罗地亚制造业的投资主要在化工产品、燃料生产、矿物产品和食品上（Croatian National Bank，2010；Hunya，2010）。

克罗地亚 FDI 的主要来源列入表 1。既然大多数投资方是欧洲国家，那么正如最近扎德马赫和罗德里格斯-珀斯（Zademach and Rodríguez-Pose，2009）就欧洲的兼并与购置所提供的示意图那样，在图 2 的地图上把它们标示出来就切实可行且值得如此。

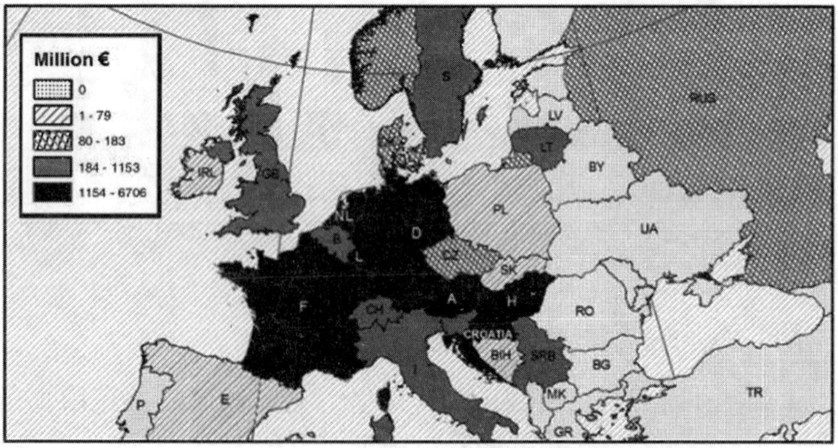

图 2　克罗地亚 FDI（至 2009 年的累积额）的来源

（数据来源：克罗地亚国家银行，2010）（制图：约尔·伊·戴希曼）

表1　2009年12月克罗地亚累积FDI（交易）额

（单位：千欧元）

序号	国家	FDI（交易）额	序号	国家	FDI（交易）额
1	奥地利（1219）	6706465	17	丹麦（116）	179817.1
2	荷兰（426）	4155866	18	俄罗斯（363）	128530.6
3	德国（707）	3065234	19	塞浦路斯（89）	128368.7
4	匈牙利（213）	2319712	20	马耳他（43）	93841.33
5	美国（253）	1471043	21	挪威（83）	86336.83
6	法国（118）	1361125	22	车臣共和国（75）	82912.02
7	卢森堡（133）	1280377	23	波黑（123）	78921.89
8	意大利（949）	1153523	24	波兰（72）	67131.81
9	斯洛文尼亚（767）	1069254	25	爱尔兰（115）	67057.51
10	荷属安第列斯[a]（8）	869930.2	26	英属维尔京群岛（47）	60766.37
11	瑞士（251）	565268.9	27	西班牙（37）	45415.46
12	英国（429）	446003.7	28	圣马力诺（6）	37686.97
13	比利时（83）	417962.4	29	斯洛伐克（59）	26719.51
14	国际金融机构联盟（1）	329882.1	30	以色列（31）	23578.91
15	瑞典（86）	271557.5	31	伊朗（1）	20861.17
16	列支敦士登（96）	183389.1		总额	26904045

数据来源：克罗地亚国家银行（不含撤资）。

[a] 荷属安第列斯于2010年10月10日注销。

甚至只对图2做最粗略的查阅也能让人预想到，同克罗地亚文化和地理上的近缘性也许起到了助推FDI流入的作用。奥地利、匈牙利和斯洛文尼亚都同克罗地亚有着相同的历史，而且按照FDI的交易数和金额来计算，三者都是主要来源国。作为世界最大的经济体，美国是FDI主要来源国中非欧盟实体，但必须注意到，来自美国的14.7亿欧元FDI当中，后来有大部分从2008年的数据表中“撤走了”，因为梯瓦制药公司（以色列）买断了美国投资商巴尔制药公司，先前该公司收购了克罗地亚的普利瓦公司。此外，在排名中荷兰过于靠前。因为其偏低的企业所得税税率于此有利，包括美国公司在内的许多外国公司都在当地建立控股公司，作为在克罗地亚等第三方国家投资的途径，从而改变了有些国家在表1中所处的位置（Hargitai，2010）。

2. 文献述评

关于克罗地亚FDI的任何方面，直到最近都很少有学术文献出版。有一个例外，就是波特里克和斯卡夫里克（Botrić and Škuflić，2006）对仅限于目的地的地点决定因素的分析。两位学者运用1997年至2002年的数据，重点探讨了资金集聚和基础设施的重要意义，但其对私有化因素的思考未能得出结论。在随后对克罗地亚某县级单位的考察中（Škuflić and Botrić，2009），两位学者发现劳动力教育水平、出口导向和国内地方投资是解释性变量，在统计学上至关重要且在直观上也富有意义。在其宏观层次的分析中，瑞德兹帕吉克和里奇特（Redžepagić and Richet，2009）发现了加入欧盟的重要意义，以及先前产业专门化、近缘性和地方需求的增长的某些证据。

宏亚和斯卡达（Hunya and Škudar，2006）分析了克罗地亚FDI的作用，并将外资与出口产出联系起来，认为政府应采取更多措施来促进 FDI 的流入。在对 FDI 在整个欧盟及克罗地亚等欧盟候选国内部流动的考察中，达比克和佩吉克-巴赫（Dabić and Pejić-Bach，2008）探讨了驱动 FDI 的因素和 FDI 驱动国内生产总值（GDP）、技术和就业增长的幅度。布瑞达等人（Brada et al.，2006）对流入克罗地亚的 FDI 与流入其中欧邻国的 FDI 进行比较，指明了该地区政局不稳的经济成本，认为自 20 世纪 90 年代末恢复和平以来，经济成本上扬的趋势已渐渐得到了遏制。班德尔吉（Bandelj，2002）则认为，在有些主要来源国（即美国和澳大利亚），巴尔干战争暂时的消极影响由于冲突消退后各类款项汇回克罗地亚而得到了部分缓解。在很大程度上，鉴于有关克罗地亚的论述已发表的如此之少，在启动这场学术演练之前很有必要浏览一下有关 FDI 来源功效的学术文献。由于许多主流变量与引力有关（质量与距离的各种度量），而且现有的研究往往依赖扩展版引力方法，因此笔者认为，借鉴有关引力模型的文献也是深有启发的。

2.1　外商直接投资

按照罗德里格斯-珀斯和克雷森兹（Rodríguez-Pose and Crescenzi，2008）的观点，像经济活动的其他形式那样，FDI 的地点对聚集性、近缘性等地方的专有特征非常敏感。约翰·达宁（John Dunning，1980）是对国际商务进行地理学解释的先驱，他有项闻名遐迩的成就，那就是提出了 FDI 的“OLI”折中范式。这一 OLI 范式本身并非理论，而只是考虑到了每一笔投资背后的“O”（Origin，来源）、“L”（Location，地点）和“I”（Internalization，内化，或进入码）。尤其是经过再次阐发，这一方法在人们看来本质上是空间性的，因它考察的是与地方有关的优势（比如研究和开发开支或规模经济）是怎么产生更高的收益或更低的成本的（比如克服地理或文化距离这一阻力的能力）。后来达宁（Dunning, 2008：185）指出，“技术的进步和全球经济前景的巨变”持续变更“各国特有的机遇和挑战，尤其是中、东欧转型经济体内部的机遇和挑战”。戴希曼团队（Deichmann et al., 2003）、布瑞达团队（Brada et al, 2006）等的许多作者以及达宁本人（Dunning, 2008）都听从号召，考察、比较了中、东欧国家作为 FDI 目的地的情况，认为这些国家是“铁幕”消亡后打开的泄洪闸门。为了进一步探讨这一具有时效性的话题，并验证达宁的框架，本章仅聚焦于 FDI 的来源，将地点锁定为克罗地亚共和国，将各个层面的内化整合起来，从而将探讨的内容控制在有限范围内。

大量的研究遵循达宁的“来源—效应”分类法，特意聚焦于简化海外投资的国内促成因素。其中，美国有奥尤尔拉凯恩和瑞德的研究（O’hUallacháin and Reid, 1992），格罗斯和特雷维诺的研究（Grosse and Trevino, 1996），两者均认为在其他因素中，地理和文化的距离至关重要。布伦顿等人（Brenton et al., 1998）则详细探讨了距离的作用，在论文中明确援引引力规则，把人口当作来源国群体的措施，把贸易当作促成 FDI 的额外因素。这些研究成果得到了宏亚的证实，他认为“来源国与目的国的大小及两者间的距离是至关重要的”（Hunya, 2000：90）。黑德等人（Head et al., 1999）发现，来自同一来源国的公司——尤其是同一产业的公司——往往会聚集在东道国，并且位于海外的东道国办事机构可以成功地吸引投资；最近这一发现得到了戴希曼（Deichmann, 2010）的证实，他在以车臣政府的办事机构“车臣投资”为案例的分析中对此进行了考察。班德尔吉（Bandelj，2002）发现，文化距离和贸易均可推动FDI进入，而贝文和艾斯特林（Bevin and Estrin，2004）则以劳动力成本、市场规模和地理近缘性为分析要素。在已有研究的基础上，布瑞达等人（Brada et al.，2006）进而指出，巴尔干地区局势不稳，导致克罗地亚等地区失去了FDI。比特哲尼斯（Betzenis，2004）则强调国家间历史联系的重要意义；鉴于克罗地亚与奥匈帝国和南斯拉夫的其他继承国的历史联系，这一因素将在下文中予以考察。

在寡头反应理论看来，公司力图通过“紧随领头羊”进入不稳定的市场来降低不稳定性（Knickerbocker，1973）。黑德等人（Head et al.，1999）和戴希曼（Deichmann，2010）都进行了研究，证明这一趋势在中欧和东欧同样存在。从表2中可以发现，有些主导型的早期来源国——包括当时为头号来源国的美国——在过去的10年里已经跟不上节奏了。尽管1995年的《代顿协定》标志着南斯拉夫的解体之争正式结束，但1999年仍是个重要的年份，因为这一年意味着相对稳定的回归和具有重大意义的FDI的开端(图1)。

迄今，布瑞达等人（Brada et al.，2006）就巴尔干冲突对FDI的影响开展的分析是最为详尽的。他们对欧洲转型国家所在两个地区的FDI的流动进行了比较：中欧的外资流和巴尔干国家的外资流，并重点探讨了克罗地亚和斯洛文尼亚为何能免于人们对战乱地区的悲观评价，指出像2001年那样，仅克罗地亚一国吸引的与GDP和人口相关的流入资金就能与人所周知的中欧成功故事相媲美。因为FDI是“前瞻性活动”，于是这几位作者将政治动荡看作是打击该地区投资者信心的主要因素，因为冲突能扰乱销售或生产的利润率，而且还会通过降低东道国货币的价值来降低自身资产的价值。他们将克罗地亚吸引了大于预期的 FDI 这一相对的成功，归因于 1995 年的《代顿协定》使该地区恢复了和平。

表 2　1999 年 12 月克罗地亚的 FDI

（单位：百万欧元）

序号	国家	FDI	序号	国家	FDI
1	美国	907.1	14	匈牙利	13.9
2	奥地利	666.3	15	波黑	12.2
3	德国	940.6	16	俄罗斯联邦	6.4
4	荷兰	218.0	17	比利时	6.1
5	英国	89.8	18	马耳他	3.3
6	斯洛文尼亚	84.6	19	卢森堡	3.1
7	瑞典	68.2	20	塞浦路斯	1.5
8	法国	59.3	21	英属维尔京群岛	1.3
9	意大利	58.9	22	爱尔兰	0.7
10	瑞士	52.6	23	以色列	0.7
11	列支敦士登	51.7	24	西班牙	0.3
12	国际金融机构联盟	46.3	25	斯洛伐克	0.3
13	丹麦	23.9	26	波兰	0.2

数据来源：克罗地亚国家银行（2010）。该表不含对外投资。

2.2　引力模型

在对许多形式的空间交互作用的分析中，有多种引力模型得到了运用。“牛顿法则”指出，任意两个天体都相互吸引，吸引的力量与天体的质量成正比，而与天体距离的平方成反比。换言之，两个物体越大，就越有可能产生交互作用，反之，相距越远，就越没有可能产生交互作用。在经济计量学里，体量或物体可以是国家，可借用人口规模或 GDP 等变量来测量。交互作用可采取流动的形式，比如贸易、迁移或者 FDI。举例来说，假如其他方面都对等，那我们就会期待克罗地亚和近邻匈牙利之间有充分的交互作用，多于和面积更小、距离更远的爱沙尼亚的交互作用。除了爱沙尼亚比匈牙利体量更小这一点之外，这一例子也证明了距离递减规律，即距离增加，交互作用的概率就随之降低。这一简单的引力模型用公式表述如下：

$$\mathrm{FDI}_{\mathrm{ij}} = \mathrm{e}\ (M_{\mathrm{i}} M_{\mathrm{j}} / D_{\mathrm{ij}})$$

在公式中，FDI = 直接对外投资的值

e = 常量；

M = 体量（GDP 或人口）；

D = 阻力（地理或文化距离）。

在《构造世界经济形态：致一项国际经济政策的提议》中，简·廷博根（Jan Tinbergen，1962）就运用了这一引力模型，它是最早运用该模型来解释国际贸易模式的论者。欧凯（OK，2010）则使用扩展版引力模型对欧盟内部现行的贸易流动进行了评估。对贸易竞争力、收入、偏远性和文化（临近性和语言）措施进行简要述评后，他运用 9 年来欧盟的生产数据对自己的模型进行了测试和验证，证实了模型扩展的重要意义。

此后，该模型就运用于分析包括移民和 FDI 在内的其他跨边界流动了。卢尔和范·登·堡（Lewer and Van den Berg，2008）运用引力模型分析国际迁徙，其中来源国的人口是个推动因素（拥挤），目的国的人口是个吸引因素（就业机遇），而劳动收入的差别则是可以克服地理距离这一不便的吸引力。两位作者不仅证明了这一方法在研究迁徙中的用途，更表明额外变量的边缘影响是能够添加到这一模型中去的。

同贸易、迁徙和其他流动那样，FDI 是由目的国对 FDI 来源国决策者的吸引力来驱动的。布伦顿等人（Brenton et al., 1998）、布赫等人（Buch et al., 2003）、贝文和艾斯特林（Bevin and Estrin, 2004）、博曼等人（Bormann et al., 2005）、乍得马赫和罗德里格斯-珀斯（Zademach and Rodríguez-Pose, 2009）等，是在自己谈外商直接投资的文章中运用了引力模型的少数学者。在欧洲及其转型经济体这一环境中，布伦顿等人（Brenton et al., 1998）发现，作为依赖性可变量的贸易和 FDI 是由同样的因素驱动的，从而强调了这些流动作为内化的交替层面的互补性。布赫等人（Buch et al., 2003）运用了相似的技术来找寻证据，以驳斥转型经济体的开辟已使 FDI 流出了西班牙和葡萄牙这样的疑虑。贝文和艾斯特林（Bevin and Estrin, 2004）认为 FDI 跟来源国和东道国的 GDP 都相关，并证实了自己的预料，即距离对 FDI 有负面影响。博曼等人（Bormann et al., 2005）对距离有时是否能成为优势而非阻碍提出疑问，接着论证了距离是 FDI 的障碍这一观点，指出在欧洲这样的经济一体化地区，跨边境的渗漏可能使市场规模作为引力体量的措施而问题重重。这些发现仅仅基于欧盟的现行（2010）中欧成员国，因此没有一处直接谈到克罗地亚。最后，在考察欧洲并购和收购的数量与总值时，乍得马赫和罗德里格斯-珀斯（Zademach and

Rodríguez-Pose，2009）等人证实对 FDI 而言地理的近缘性是举足轻重的，并重申 GDP 的重要性，同时还承认因边界的消解，欧洲的企业格局正在以不明的方式改变，他们呼吁对“不完美的一体化”（2009：784）进一步进行研究。在更改引力模型以包容在别的文章中证明便于 FDI 的贸易联系等额外要素时，本文在此采纳与上述文献相似的方法，即沿用乍得马赫和罗德里格斯-珀斯（Zademach and Rodríguez-Pose，2009）的思路，对 FDI 的价值和交易量进行考察。然而，本文与绝大多数其他引力研究有所不同，即考察的对象是 FDI 的来源国（而非目的国），而且数据远比其他文献更接近现时状况。

3. 数据与方法论

本文运用普通最小平方法（OLS）倒推，以在 2000 年至 2009 年之间包含 190 个国家（见附录）的跨部类数据集的基础上更好地理解来源效应，考察 FDI 交易的价值和数量。据最新公布的数据来看，这段时间是南斯拉夫（EBRD）基本恢复稳定的时期，克罗地亚境内的所有交易有 88%以上就发生于这段时间，这一点可在表 1 中看出。OLS 方法在美国得到了格罗斯和特雷维诺（Grosse and Trevino，1996）对来源效应的相似研究的启迪，在中国得到了赵姓和朱姓（Zhao and Zhu，2000）研究者的研究的启迪，在波兰则得到了戴希曼（Deichmann，2004）的研究的启迪。使用的软件是 SPSS 18.0，前两个模型由作者具体说明，用作基本引力模型的例证，因而是纳入了所有假定决定因素的扩展板模型。其余的模型由

SPSS 产生，运用了预选算法，按重要性顺序把变量添加到了模型中。

本项目中使用的大多数自变量取自世界银行的“世界发展指标”，而因变量则由克罗地亚国家银行提供。这些变量的覆盖时段起于 2000 年，因为这一年标志着国家基本恢复平稳，而且正如表 1 所示，也标志着 FDI 加速的开端。不仅如此，既然我们主要聚焦于引力变量，把政治形势动荡不安、扭曲了克罗地亚及邻国 FDI 流动（Brada et al., 2006）的年份涵盖进来就会出现问题。此外，波拉内克（Polanec, 2004）还认为，由于该地区最初条件的巨变和转型改革，只有在 1998 年之后主流的经济变量才显示 FDI 的变迁。

这些模型具体描述如下：第一，按照宏亚（Hunya, 2000）的思路，启动仅使用 GDP 和地理距离为要素的基本引力模型，来分析 2000 年至 2009 年 FDI 的因变量累积。第二，启动使用本文文献或直觉推理所需的所有九个变量的综合模型。第三，通过预选算法从数据集中选出上文评选的最优变量。第四，为避免就荷兰控股公司尤其是美国公司的效应产生混淆，将荷兰和美国筛选出去。第五，采用预选算法，使用交易数量作为因变量。第六，在来自不同国家的公司受到了始于 2007 年的全球金融危机的不同冲击这一预想（Alfaro and Chen, 2010）的基础上，在 2008 年至 2009 年间的新 FDI 项目中变更因变量。分析中提到的 190 个国家在附录 A 中列出。

最后，此处考察的来源效应可以归类如下：预计会促进 FDI 的有利效应，预计会阻碍 FDI 的不利效应。假设的有利效应包括作为经济实力衡量指标的 GDP（Vevin and Estrin, 2004）、作为相对经济实力衡量指标的国民总收入（GNI）、贸易（Bandelj，2002；Škuflić and Botrić，2009）、技术研究人员（Deichmann，2004）、聚集（Head et al.，1999；Botrić and Škuflić，2006）、欧盟一体化（Buch et al.，2003；Deichmann，2004）以及历史惯性（Bitzenis，2004）。此处，历史惯性（HIST）包括奥匈帝国和前南斯拉夫继承国同克罗地亚的长久联系，对来自奥地利、匈牙利、车臣共和国、斯洛伐克、塞尔维亚、波黑、黑山、斯洛文尼亚和马其顿共和国的 FDI 十分有利。尽管现在意大利同克罗地亚没有共享陆上边界，但意大利还是列入了这组预想的边界效应，一是因为蒂罗尔地区曾经由奥匈帝国管辖，二是因为该国的其他部分直接从克罗地亚穿越亚得里亚海（OK，2010）。

因为交通成本随着距离增长，且运作成本随着文化差异增长，所以两者都可能妨碍 FDI。据宏亚（Hunya，2000）、乍得马赫和罗德里格斯-珀斯（Zademach and Rodríguez-Pose，2009）、欧凯（OK，2010）的思路，此处地理距离按照经济活动中心之间的距离而非首都之间的距离来测算（以加拿大为例，采用多伦多而非渥太华来测算才有意义，因为无论就人口和经济活动而言多伦多都大得多，且更接近国家的中心）。文化距离的测算也各有不同，格罗斯和特雷维诺（Grosse and Trevino，1996）、班德尔吉（Bandelj，2002）和本文的观点就略有差异。此处，文化距离在 1~5 的连续轴线上进行量化测算，依据是同克罗地亚的语言和字母近缘性。例如，斯洛文尼亚人（“1”）使用相似的斯拉夫语和同样的拉丁语字母；而俄罗斯人（“2”）则使用相似的斯拉夫语和不同的西里尔字母。由于英语和德语在克罗地亚使用广泛，所有以英语或德语为母语的州均赋值为“3”，如此等等，中国、日本及位于文化轴线末端的其他国家则赋值为“5”。[①] 来源国的汇率（Grosse and Trevino，1996）、政治稳定（Brada et al.，2006）及腐败手段（Deichmann，2010）等其他主流来源效应，则为节省篇幅起见而未列入本文探讨范围，因为这些效应没有多少直观的理由可以给正在现行语境下考虑在克罗地亚投入 FDI 的公司高管带来冲击。

表 3 对诸模型中使用的因变量和自变量做了归纳，列出了各自的预期价符。变量的选择依据的是从前期研究的结果中形成的预期值，那些研究在前面的文献综述中已梳理过。遵照乍得马赫和罗德里格斯-珀斯（Zademach and Rodríguez-Pose，2009）的思路，投资的数量和投资的数额两者均在外资流动的测量中具有重要意义。每一项投资交易都代表 1 次地点抉择，但同时每一笔投资的货币额又千差万别，这就是来源国赋能程度的显示。

4. 数据分析

为了阐明提出的问题，下文具体交代了六个模型，研究结果呈现在表 4 中。第一个迭代的目标是抓住一个十分简单的引力模型的本质。启动模型一的方法就是逐步输入指定的变量 ln（GDP）和地理距离（GEOG），对来源效应做出基本但不完整的解释。

$$FDI_{ij} = e_0^b \left(\ln GDP_{i1}^{\ b} - GEOG_{ij2}^{\ b} \right)$$

① 读者可直接向作者索取国家排序的根本理由、完整名单及各自的赋值。

表 3　变量、描述及来源列表

变量	定义（单位）	效价数据来源
FDI	FDI 金额，2000—2009 年间，1000 €	克罗地亚国家银行（2010）
FDI 0809	FDI 流入，2008—2009 年间，1000 €	克罗地亚国家银行（2010）
FDI#	每个来源国 FDI 交易数，2000—2009	克罗地亚国家银行（2010）
ln（GDP）[a]	国内生产总值年均数，2000—2008 年间，百万 $	+世界银行（2010）
GNI	人均国民总收入（2000 - 2008 年间，年均）	+世界银行（2010）
AGG	1999 年底 FDI 累积额	+克罗地亚国家银行（2010）
ln(TRADE)	同伙伴国的进口额 + 出口额 i，2000—2008 年间，年均，百万 $	+克罗地亚国家银行（2010）
HIST	南斯拉夫和奥匈帝国的假体	+ www. googlemaps. com
EU	27 国欧盟成员地位持续期，2000—2009 年度	+ www. europa. eu
TECH	科学家与工程师人数，百万人口	+世界银行（2010）
CULT	来源国$_i$与克罗地亚$_j$的文化距离	作者计算
GEOG	一国主要城市$_i$与萨格勒布的距离，公里	Google 距离测算器[b]

[a] 为控制异方差率，变量 GDP 和贸易变作了对数。

[b] http：//www. daftlogic. com/projects-google-maps-distance-calculator. htm

此表中：FDI =2000—2009 年间直接对外投资的金额；

e = 常量；

ln（GDP）= 国内生产总值（体量）的对数；

GEOG =地理距离（阻抗）。

地理距离是输入的第一个变量，表现令人满意，但一输入经济规模似乎就遭到了挫败，因为输入 ln（GDP）时，常量的系数 p 值就从 .000 上升到 .647。其原因多半在于，虽然欧洲经济体一般较大，但许多更大的经济体（比如美国、日本）距克罗地亚更远，其公司迄今所做的投资还很少。此外，在 GEOG′s p = .004 且 ln (GDP)′s p =.021 的基础上，这一无效假设可以不予考虑。因而模型一的操练为引力模型的改良提供了绝佳的基础。

模型一：简单引力模型［ln（GDP）与 GEOG，2000—2009 年间的值］

模型二：输入选择（所有变量，2000—2009 年间的值）

模型三：逐步预选，所有变量（2000—2009 年间的值）

模型四：逐步预选，所有变量，除荷兰和美国（2000—2009 年间）

模型五：逐步预选，所有变量（2000—2009 年间的交易数）

模型六：逐步选择，所有变量，以（2000—2009 年间）为因变量

表 4　各模型中变量的系数和重要程度

	模型一 系数	模型二 系数	模型三 系数	模型四 系数	模型五 系数	模型六 系数
自变量↓	FDI	FDI	FDI	FDI	FDI#	FDI0809
常量（e）	76.381	−99.030	−23.907	−12.722	−1.676	−.975
ln（GDP）	23.562[b]	−4.373				.0000552[a]
GNI		.003				

续表

	模型一 系数	模型二 系数	模型三 系数	模型四 系数	模型五 系数	模型六 系数
AGG		2.420[a]	2.390[a]	3.404[a]	.488[a]	.003[a]
ln(TRADE)		2.182			2.517[a]	.047[b]
HIST		784.270[a]	742.358[a]	770.767[a]	248.933[a]	2.079[a]
EU		59.396[a]	59.295[a]	28.647[a]	.196[b]	.196[a]
TECH		-.027				
CULT		28.498				
GEOG	.029[b]	.002				-.0000504[c]
R^2	.086[a]	.558[a]	.553[a]	.682[a]	.691[a]	.679[a]

[a]在 0.001 层级统计上显著（双尾）；

[b]在 0.005 层级统计上显著（双尾）；

[c]在 0.05 层级统计上显著（双尾）。

模型二是基于文献中发现的变量以及历史惯性（HIST）和文化距离（CULT）等做出的简单引力模型的扩展版。如前所述，历史惯性和文化距离是具有直觉意义的变量。综合方程式列述如下：

$FDI_{ij} = e + \beta_1 GDP_i + \beta^2 GNI_i + \beta_3 TRADE_{ij} + \beta_4 TECH_i + \beta^5 AGG_{ij} + \beta_6 EU_i + \beta_7 HIST_{ij} - \beta_7 CULT_{ij} - \beta_9 GEOG_{ij}$

符号意义如下：

e=拟合方程式的常量

β_1—β_9= 表 3 所列每个自变量的系数

模型二囊括该方程式中的所有变量，且与 .558 的 R^2 非常相容。简单相关系数见附录二。三个最佳预测因子是 AGG（agglomeration，体量）、EU（欧盟成员地位）和 HIST（奥匈帝国和南斯拉夫地区成员国)，它们在.000水平都很重要。对模型二中边际效应的阐释就是，关于-99,030这一常量，1999年前每百万欧元的FDI到位，到2009年底就只剩2420欧元。而且，欧盟成员地位每保住一年都收益59396欧元，而二元的HIST变量更亲和来自奥匈帝国和南斯拉夫地区成员国的FDI，平均起点为784270欧元。因为常量e是负数，且在这一特定模型中地理和文化距离均非重要的预测因子，所以其价符是正数的这一点就未必存在问题。在模型一当中，FDI与距离的关系显示为负数、重要，那么对于模型二当中其正数、负数的结果，合理的解释就是距离正得到重要的EU和HIST变量的捕获。然而，由于.441/高变幅通胀要素（“VIF”）对2.268的低容忍度，在这一模型当中变量GNI存在问题，表明GNI回归系数的变幅太高了。

在模型三当中，确定了SPSS前向算法，按解释力的高低输入变量，顺序如下：AGG（1999年同一来源FDI的价值）、EU（成员地位年份）、HIST（南斯拉夫、奥匈帝国和意大利）。这一有三个预测因子的模型产生了体面的数值.553的R^2，但优势在于简约得多。输入的第一个变量是AGG，仅此一个变量就出人意料地产生了.363的R^2。此时（仅有一个预测因子），作为排除在外的变量，距离变量是负数的、重要的，系数为-.173（p=.003）；同样，文化距离也是负数的、重要的，系数为-.128（p=.038）。这一结果表明，引力预测因子确实在起作用，且证实了先前的推测，即随着预测因子数量的增加，它们逐步被掩盖在其他变量的后面了。当EU成员地位和HIST输入模型三时，就能呈现更多证据，且这两个距离变量就变成正数（分别是.023和.045），其显著性水平分别爆升至.672 和.424。

加入EU和HIST变量，模型三就建构完成了。其系数同模型二当中的十分相近，预示着解释力随着前三个变量戏剧性地下滑。有了常量-23.907，1999年前每百万欧元的FDI到位，到2009年底就剩2.390欧元，EU成员地位平均每年产出59.396欧元的FDI，而同邻国具有相同的历史也具有价值742.358欧元的优势。

正如在第三节中承认的那样，有些来自美国及其他国家的公司利用荷兰作为税收港湾，是为了在欧洲获得优先税收待遇而在荷兰注册的。模型四与模型三有所不同，就在于排除了荷兰和美国，推导出了有趣的结果。多半是由于荷兰是欧盟创始国之一，以61.56亿欧元雄踞克罗地亚FDI第二大来源国，随着它的排除，HIST（奥匈帝国/南斯拉夫）就成了入选的第二个变量，排在EU成员地位之前，其系数从59.295下降至28.647，但仍为正数，重要程度维持在.000水平。这一模式推导出的 R^2 是.682（对比模式三当中的.553）。

毋庸多言，投资交易的数量也是重要的，因为每一笔交易都代表了地点抉择。尽管简单的皮尔森相关系数.765就把投资的数量跟总额联系了起来，但国家的排名却大相径庭。比如，来自斯洛文尼亚的外资平均额为1.39百万欧元，而荷兰项目的平均额为9.76百万欧元。因此，模型五对先前的发现进行质询，以测试每一项决定因素在所探讨的10年里对交易数量产生了多大的影响。像模型四那样，采用前向算法是为了增添变量，按突发顺序罗列如下：AGG、HIST、EU和TRADE。很显然，结果跟先前取得的发现极其相似。在 $p=.002$ 的层面，所有变量都至关重要，且这个“交易”

模型的 R^2 等于 .691，是这场推演里所有模型的最高值。而且，由于来自克罗地亚中央银行的数据显示已有 94 个国家的公司在克罗地亚投资，所以这个模型可以为研究提供充分的直观结果。

给这场推演做个总结，模型六可用来考察 FDI 的来源，仅使用最近两年的可知数据来捕获始于 2007 年的全球金融危机的任何影响，且更广泛地考察预测因子的解释力是否维持不变。沿用阿尔法罗和陈氏（Alfaro and Chen，2010）的观点，很明显各公司对全球金融危机的反应大不相同，且这场危机既对东道国也对（就此而言）来源国产生了巨大影响。简而言之，2008—2009 年间 FDI 的来源发生了戏剧性变化，促进 FDI 的要素也发生了重大改变。

模型六同模型一至模型五有戏剧性的差别，因为经分析，有更多的变量（6 个）成了 2008—2009 年间 FDI 流入克罗地亚的重要预测因子。按照重要性排列，这些变量依次是 EU、GNI、HIST、AGG、log（TRADE）和 DIST，均有预测到的价符。对数据集进行粗略考察，就能揭示这段时间排名前五位的来源国，依次是奥地利、荷兰、匈牙利、德国和斯洛文尼亚，接下来是欧洲其他 12 个国家，其中 10 个是欧盟国家。

总的说来，这些模型揭示了来源国数个促成因素的重要性：在克罗地亚即将加入欧盟前的转型期，这些因素促成了 FDI。它们包括聚集（AGG）、欧盟成员地位（EU membership）、历史关联（HL）以及贸易联系（TL），每一项均在六个模型里的至少三个当中具有重要意义。虽说这项努力取得了显著进展，有利于在引力模型的语境中更好地理解 FDI，但这类手稿视域有限，有待做出进一步的研究才能理解。

聚集（AGG）是所有模型中需选择的第一个决定要素，此处界定为始于1999年的可观的FDI初期从各来源国流入克罗地亚的FDI价值。根据尼克博克（Knickerbocker，1973）的早期考察，并综合黑德等人（Head et al.，1999）、斯卡夫里克和波特里克（Škuflić and Botrić，2006）、罗德里格斯-珀斯和克雷森兹（Rodríguez-Pose and Cresenzi，2008）以及戴希曼（Deichmann，2010）在多种语境下做出的研究成果，本文认为"牧群思想"在克罗地亚发挥了重要作用：在该国，源头相同的公司往往接踵而至。

克罗地亚的FDI由欧盟的企业主导，且包括文化和地理近缘性（这也会利于欧洲国家）在内的其他预见性的阐释曾在大多数模型中无关紧要，但很明显，克罗地亚经济一体化促成了FDI。这一发现多半证明了欧盟企业的决策者已经认为克罗地亚加入欧盟是既成事实，而且尽管对官僚作风（《克罗地亚商业》，2010）和腐败（Srdoc and Samy，2009）的忧虑尚未缓解，就已经抢先进入该国了。

此处的发现是强有力的，不仅是因为它们基于具有各自直觉参数的六个不同的模型，也是因为因变量包括了2000—2009年FDI的价值、（全球经济危机开始后）2008—2009年FDI的价值，以及来自将近100个国家的交易数量。有克罗地亚国家银行提供的精确数据，此处的分析也就遵从罗德里格斯-珀斯和克雷森兹（Rodríguez-Pose and Cresenzi，2008）的思路，既考察投资决策（交易的数量），也探讨那些决策的体量（投资的价值）。

如图1所示，流入克罗地亚的FDI的增长像其他经济活动那样，在始于2007年的全球经济危机期间遭受重创。正如阿尔法罗和陈氏（Alfaro and Chen，2010）指出的，那场衰退对来自不同国家的公司产生了不同的影响。模型六可推导出这一观点，即在此之间，解释克罗地亚 FDI 来源的变量也发生了改变。尤其是距离的冲突对投资者变得更加重要了，因为这是个负数而重要的 FDI 预测因子。除此之外，另一个引力变量——国民收入总值（GNI）——第一次成了重要的 FDI 预测因子。此外，还需要做出更多的研究，来理顺经济危机的复杂性及如何对 FDI 产生影响。而且随着项目的达成概率、投资的种类和公司的来源随着时间持续变化（Hargitai 2010），也需要继续探究与其他全球机遇相关的区位因素的动力关系。当然，对于这样一种尝试，经济计量学方法应当得到基于案例的定性研究方法的补充。

5. 结论

本章用实例论证了 FDI 研究中引力模型的相关性。在具体阐明的最简单模型中，地理距离和 GDP（对数变换，log transformation）两者都是重要的 FDI 预测因子，但不足以使人充分理解 FDI 的来源。此处沿用班德尔吉（Bandelj, 2002）对中欧和东欧各目的地的分析，也发现贸易流动是克罗地亚境内 FDI 至关重要的来源效应。在 2008—2009 年的紧缩经济环境中，国民收入总值（GNI）作为来源体量的（统计学上重要的）测算手段涌现了出来。总的说来，此处得到的关键教训源自观察到的聚集、欧盟成员国地位和历史关联作为便利 FDI 进入克罗地亚共和国的促成要素的重要性。

作为主要贡献之一，本研究质疑并证实了奥匈帝国、南斯拉夫的历史遗产及与意大利部分地区相关联的重要意义。这一变量有利于解释在六个模型中的五个里，为何 FDI 的来源处在重要意义的 p =.001 层面。由于有 1219 家公司在克罗地亚投资，奥地利就成了最重要的来源国；其次是意大利，有 949 家公司投资；斯洛文尼亚名列第三，有 767 家公司投资；匈牙利名列第十，有 213 家公司投资，波黑名列第十二，有 123 家公司投资，克罗地亚在 FDI 方面比法国突出得多。这一原创性发现反映了跨现行边界的长期经济联系的重要意义，并强调了最早由奥尤尔拉凯恩和瑞德（O' hUallachaín and Reid，1992）在美国揭示的地方知识在国际商务中的作用。这一变量同样捕获了文化近缘性，就此而言，CULT 变量没有重要意义也就可以理解，因为 OLS 前向选择算法避免了对已列入各模型的变量而言属于冗余的变量。

这一研究的政策含义是极其丰富的。显而易见，认识到有共同来源的公司之间存在“紧跟领头羊”的趋势的重要意义，克罗地亚的贸易与投资促进会也许会特地且积极地瞄准来自成功来源国的其他公司（尤其是欧盟国家和享有共同历史关联的国家的公司），以启动它们列入“投资电子手册”（粘贴在 www. croinvest. org 醒目位置）的许多项目。这家促进会有理由在其网站推广 FDI 的“成功故事”。然而，它还可以做出更多努力，帮助决策者克服在《代顿协定》签署之后的很长时间里仍然存在的对局势不稳的余悸，并指导他们处理令人畏惧的官僚体制（《克罗地亚商业》2010）和批复过程。在这种导向下，也许可以从其他区域竞争对手那儿汲取经验和教训，比如在比纳科克（Benáćek，2008）看来，捷克共和国就展现了“行政能力”。因为其透明的投资政策、流线型批复过程以及向外国公司提供有意义的“售后服务”（Deichmann，2010），捷克共和国及其促进会“捷克投资”（Czechinvest）就得到了赞扬。而且，准投资者需要防范已为全球所知的克罗地亚腐败问题（Srdoc and Samy，2009）的担保。“透明国际”（Transparency International，2010）将克罗地亚的腐败感知指数列为4.3/10，更高的数值代表“十分清明”。因而克罗地亚在投资者看来比好几个巴尔干邻国要“清明”，但比起维谢格拉德集团和土耳其等地方竞争者要更腐败。扭转这种负面声誉的担子首先落在克罗地亚政府的肩上——要澄清和强制执行自己的法律，也落在其外联机构的肩上——要说服和服务投资者。

本章探讨克罗地亚FDI的来源效应，为较小但正在增长的该共和国FDI态势的专业文献添砖加瓦。通过聚焦于并模拟来源国属性，本章填补了宏亚（Hunya，2000）和达宁（Dunning，1998）认为是达宁兼收并蓄的框架中被人忽视的一个侧面的空白，从而补充了戴希曼等人（Deichmann et al.，2003）、博曼等人（Borrmann et al.，2005）、博特里克和斯卡夫里克（Botrić and Škuflić，2006）、达比克和佩吉克-巴赫（Dabić and Pejić-Bach，2008）以及宏亚（Hunya，2010）等有关向中欧和东欧投资的国家层面竞争的研究。这些发现还能看作是对FDI的影响的并列考察（Hunya and Škudar，2006）——常常视作积极的，以及对FDI迥然不同的国家层面的（Škuflić and Botrić，2009）的探索。随着克罗地亚于2013年加入欧盟，还有相对于邻国的独特条件（比如，产业成本和薪水比率相对较高的旅游经济），未来还会有极其丰富的研究指向。

综上所述，目前对来源国条件和FDI流动所做的分析，尤其是在克罗地亚从南斯拉夫的瓦砾中脱颖而出且即将融入欧盟的背景下，将有助于从整体上对来源效应做出学术阐释。在这一独特的语境中，对FDI来源的主流阐释（比如聚集和贸易）显然在起作用。另外，奥匈帝国和南斯拉夫的遗产依然显而易见，正如在克罗地亚准备加入欧盟期间FDI从欧盟国家输入日益便捷那样。对政府政策的含义也得到了呈现，主要涉及通过提高透明性和简化审批过程来瞄准潜在投资者和理顺投资过程。

附录一　数据集所列国家和地区（N = 190）①

阿富汗	刚果（布拉柴维尔）	印度尼西亚	摩洛哥	所罗门群岛
阿尔巴尼亚	刚果（金沙萨）	伊朗	莫桑比克	索马里
阿尔及利亚	哥斯达黎加	伊拉克	纳米比亚	南非
安道尔	科特迪瓦	爱尔兰	瑙鲁	西班牙
安哥拉	克罗地亚	以色列	尼泊尔	斯里兰卡
安提瓜和巴布达	古巴	意大利	荷兰	苏丹
阿根廷	塞浦路斯	牙买加	新西兰	苏里南
亚美尼亚	丹麦	日本	尼加拉瓜	斯威士兰
澳大利亚	吉布提	约旦	尼日尔	瑞典
奥地利	多米尼克	哈萨克斯坦	尼日利亚	瑞士
阿塞拜疆	多米尼加	肯尼亚	挪威	叙利亚
巴哈马	东帝汶	基里巴斯	阿曼	中国台湾地区
巴林	厄瓜多尔	朝鲜	巴基斯坦	塔吉克斯坦
孟加拉国	埃及	韩国	帕劳	坦桑尼亚
巴巴多斯	萨尔瓦多	科威特	巴拿马	泰国
白俄罗斯	赤道几内亚	吉尔吉斯斯坦	巴布亚新几内亚	多哥
比利时	厄立特里亚	老挝	巴拉圭	汤加
伯利兹	爱沙尼亚	拉脱维亚	秘鲁	特立尼达和多巴哥

① 照原文顺序排列。——译者注。

续表

贝宁	埃塞俄比亚	黎巴嫩	菲律宾	突尼斯
不丹	斐济	莱索托	波兰	土耳其
玻利维亚	芬兰	利比里亚	葡萄牙	土库曼斯坦
波斯尼亚	法国	利比亚	波多黎各	图瓦卢
博兹瓦纳	马其顿	列支敦士登	卡塔尔	乌干达
巴西	加蓬	立陶宛	罗马尼亚	乌克兰
文莱	赞比亚	卢森堡	俄罗斯	阿联酋
保加利亚	格鲁吉亚	马达加斯加	卢旺达	英国
布基纳法索	德国	马拉维	圣基茨和尼维斯	美国
缅甸	加纳	马来西亚	圣卢西亚	乌拉圭
布隆迪	希腊	马尔代夫	圣文森特和格林纳丁斯	乌兹别克斯坦
柬埔寨	格林纳达	马里	萨摩亚	委内瑞拉
喀麦隆	危地马拉	马耳他	圣马力诺	越南
加拿大	几内亚比绍	马绍尔群岛	沙特阿拉伯	也门
佛得角	几内亚	密克罗尼西亚	塞内加尔	赞比亚
中非	匈牙利	摩尔多瓦	塞尔维亚/黑山	津巴布韦
乍得	冰岛	毛里塔尼亚	塞舌尔	
智利	圭亚那	毛里求斯	塞拉利昂	
中国	海地	墨西哥	新加坡	
哥伦比亚	洪都拉斯	摩纳哥	斯洛伐克	
科摩罗	印度	蒙古	斯洛文尼亚	

附录二 相关系数

	FDI	lnFDI	lnGDP	GNI	lnTRADE	TECH	AGG	EU	HIST	GEOG	CULT
FDI	1.000	.652	.214	.373	.378	.148	.602	.523	.425	-.245	-.309
lnFDI	.652	1.000	.338	.567	.577	.225	.367	.718	.486	-.463	-.506
lnGDP	.214	.338	1.000	.273	.477	.158	.233	.330	.125	-.229	-.302
GNI	.373	.567	.273	1.000	.428	.549	.382	.556	.076	-.247	-.418
lnTRADE	.378	.577	.477	.428	1.000	.170	.337	.469	.304	-.332	-.488
TECH	.148	.225	.158	.549	.170	1.000	.216	.272	.005	-.113	-.183
AGG	.602	.367	.233	.382	.337	.216	1.000	.316	.171	-.126	-.328
EU	.523	.718	.330	.556	.469	.272	.316	1.000	.269	-.421	-.330
HIST	.425	.486	.125	.076	.304	.005	.171	.269	1.000	-.288	-.351
GEOG	-.245	-.463	-.229	-.247	-.332	-.113	-.126	-.421	-.288	1.000	.293
CULT	-.309	-.506	-.302	-.418	-.488	-.183	-.328	-.330	-.351	.293	1.000

参考文献

Alfaro, L, Chen M (2010) Foreign direct investment and establishment performance. USITC working paper, June. Available at: http://www.usitc.gov/research_and_analysis/economics_seminars/2010/Alfaro_and_Chen_GlobalFinancialCrisis.pdf. Accessed 20 Aug

Bandelj N (2002) Embedded economies: social relations as determinants of foreign direct investment in Central and Eastern Europe. Soc Forces 81 (2): 411-444

Benácek V (2008) Management of the policies of development in the Czech Republic: CzechInvest as an example of public administration competence. In: Proceedings of the 16th NISP acee annual conference. Bratislava. http://www1.ceses.

cuni. cz/benacek/Benacek- NISPA_ Bratislava. pdf. Accessed 10 Nov 2009

Bevin, Alan A, Saul Estrin (2004) The Determinants of Foreign Direct Investment into European Transition Economies. *Journal of Comparative Economics*. 32, 775-787

Bitzenis A (2004) Explanatory variables for low western investment in Bulgaria. Eastern Eur Econ 42 (6): 5-38

Borrmann C, Jungnickel R, Keller D (2005) What gravity models can tell us about the position of German FDI in Central and Eastern Europe. Hamburg Institute of International Economics (HWWA), Discussion paper 328, August

Botrić V, Škuflic L (2006) Main determinants of foreign direct investment in the Southeast European countries. Transit Stud Rev 13 (2): 359-377

Brada JC, Kutan AM, Yigit TM (2006) The effects of transition and political instability on foreign direct investment flows: Central Europe and the Balkans. Econ Transit 14 (4): 649-680

Brenton P, Di Mauro F, Lucke M (1998) Economic integration and FDI: an empirical analysis of Foreign investment in the EU and in Central and Eastern Europe. Institut fiir Weltwirtschaft. Kiel working paper #890. Available at: http://www.econstor.eu/bitstream/10419/1046/1/252636090.pdf. Accessed 16 Sept 2010

Buch, Claudia, Kokta, Robert, Piazolo, Daniel (2003) Does the East get what would otherwise flow to the South? FDI diversion in Europe. *Journal of Comparative Economics*. 31, 94-109

Croatian Business (2010). More bureaucracy for Foreign property owners in Croatia. http://Croatiabusinessreport.wordpress.com/2010/09/30/more-bureaucracy-for-foreign-property-owners-in-croatia/. September 30, accessed 10 Oct

Croatian National Bank (2010) Statistics database. Available at: http://

www. hnb. hr/statistika/ estatistika. htm. Accessed 10 Oct

Dabić M, Pejić-Bach M (2008) Understanding the foreign direct investment environments in EU 27 + candidate country Croatia: current determinants and patters. Int J Entrepreneurship Innovat Manag (IJEIM) 8 (3): 254-271

Deichmann JI (2004) Origins of foreign direct investment in Poland, 1989-2001. J Bus Econ Stud 10 (1): 12-28

Deichmann JI (2010) Origin-effects and foreign direct investment in the Czech Republic: the role of government promotion abroad. Comp Econ Stud 52: 249-272

Deichmann JI, Eshghi A, Haughton D, Sayek S, Teebagy N (2003) Foreign direct investment in the Eurasian transition states. Eastern Eur Econ 41 (1): 5-34

Dunning J (1980) Toward an eclectic theory of international production: some empirical tests. J IntBus Stud 11: 9-31

Dunning JH (1998) Location and the multinational enterprise: a neglected factor? J Int Bus Stud 29 (1): 45-66

Dunning John (2008) Institutional reform, FDI and the locational competitiveness of European transition economies. In: Dunning J, Gugler P (eds) Progress in international business research, vol 2, Foreign direct investment, location and competitiveness. Elsevier, Boston, pp 175-201

EBRD (European Bank for Reconstruction and Development) (2010) Transition report. EBRD, London

Grosse R, Trevino L (1996) Foreign direct investment in the United States: an analysis by country of origin. J Int Bus Stud 27 (1): 139-155

Hargitai Z (2010) Informational interview with European Bank for reconstruction and development's Director for Croatia. Zagreb, 2 November

Head CK, Ries JC, Swenson DL (1999) Attracting foreign manufacturing: investment promotion and agglomeration. Reg Sci Urban Econ 29: 197-218

Hunya G (2000) Home country patterns of foreign direct investment in Central and East European countries. Russ E Eur Financ Tr 36 (2)

Hunya G, Škudar A (2006) The role of foreign direct investment in the Croatian economy (final report) A study prepared for the investment compact project "Investment and trade liberalization, strengthening development and implementation of investment and trade policy in the Western Balkans" http://www.oecd.org/dataoecd/55/33/37707398.pdf. Accessed 10 Sept 2010

Hunya G (2010) Database on foreign direct investment in Central, East and Southeast Europe, 2010: FDI in the CEECs hit hard by the global crisis. Vienna Institute for International Economic Studies. http://publications.wiiw.ac.at/files/pdf/FDI /fdi_ may10_ contents.pdf

Knickerbocker F (1973) Oligopolistic reaction and multinational enterprise. Harvard University, Boston Lewer J, Van den Berg H (2008) A gravity model of immigration. Econ Lett 99 (1): 164-167

O' hUallacháin B, Reid N (1992) Source country differences in the spatial distribution of foreign direct investment in the United States. Prof Geogr 44: 272-285

Ok ST (2010) What determines intra-EU trade? The gravity model revisited. Int Res J Financ Econ 39: 244-250

Polanec S (2004) Convergence at last? Evidence from transition economies. Eastern Eur Econ 42 (4): 55-80

Redžepagić S, Richet X (2009) Attractivity of the FDI in Western Balkans: evidence from the Central and Eastern European Countries (CEEC). Working paper. Available at: http://oliver.efri.hr/~euconf/2009/docs/Session7/3%20Redzepagic%20Richet.pdf. Accessed 20 Dec 2010

Rodríguez-Pose A, Crescenzi R (2008) Mountains in a flat world: why proximity still matters for the location of economic activity. Cambridge J Reg, Econ Soc 1: 371-388

Škuflic L, Botric V (2009) Foreign direct investment in Croatia: regional perspective. Ekonomska Istraživanja 22 (3): 9-28 20 J. I. Deichmann

Srdoc N, Samy JA (2009) Corruption in Croatia: despite the EU's assurances, Zagreb is no role model for the region. Wall Street Journal Europe. May 19. Available at: http: //online. wsj. com/ article/SB124267799642331663. html. Accessed 4 Nov 2010

Tinbergen J (1962) Shaping the world economy: suggestions for an international economic policy. Twentieth Century Fund, New York

World Bank (2010) Key development data and statistics. http: //web. worldbank. org/, data obtained from the World Bank web site on 20 July

Transparency International (2010) Corruption perceptions index. Available at http: //www. transparency. org/policy_ research/surveys_ indices/cpi/2010. Accessed 27 Oct

Zademach H-M, Rodríguez-Pose A (2009) Cross-Border M&As and the changing economic geography of Europe. Eur Plann Stud 17 (5): 765-789

Zhao H, Zhu G (2000) Location factors and country-of-origin differences: an empirical analysis of FDI in China. Multinatl Bus Rev 80: 60-73

第2章 巴尔干地区与欧盟15国收入趋同现象的实证调查

伊夫提奇亚·特萨纳纳、康斯坦蒂诺斯·卡特拉吉利迪斯、
帕纳乔提斯·潘特利迪斯①

本文从实证的视角出发，考察1989—2009年巴尔干地区各经济体与欧盟15国均值的收入趋同（convergence）现象。文中采用的经济计量学方法由纳哈尔和尹德尔（Nahar and Inder，2002）提出；与相关的传统方法相比，该方法在发掘潜在的趋同效应方面更加有效。本文发现，所考察的巴尔干地区各经济体在追赶欧盟15国的过程中存在差别。尤其是本次考察的结果表明，仅有希腊和斯洛文尼亚在收入上存在与欧盟15国趋同的现象。

---

① A. Karasavvoglou and P. Polychronidou（eds.），*Balkan and Eastern European Countries in the Midst of the Global Economic Crisis*，Contributions to Economics，DOI 10.1007/978-3-7908-2873-3-2，© Springer-Verlag Berlin Heidelberg 2013

*作者联系方式：E. Tsanana & C. Katrakilidis，Department of Economics，School of Law，Economics and Political Sciences，Aristotle University of Thessaloniki，Thessaloniki，Greece. E-mail：etsanana@ econ. auth. gr；katrak@ econ. auth. gr；P. Pantelidis，Department of Business Administration，School of Economics and Business Administration，Serres，TEI of Serres，Serres，GreeceP. Pantelidis. e-mail：pan@ teiser. gr

1. 前言

两德的统一及南斯拉夫和苏联的解体导致了中欧、东欧（CEE）社会主义阵营的剧变。1989年两个对立的趋势出现在巴尔干地区。第一个群体主张向西方开放，把社会主义阵营抛在脑后。此外，南斯拉夫各民族间再次觉醒的民族主义导致了冲突，形成了巴尔干地区与国际社会未来关系的新框架（Papasotiriou，1994）。

过去20年里，巴尔干国家在欧洲的未来吸引了学术界和欧洲委员会（EU）的高度关注。尽管有过去那些趋势，但欧盟（EU）依然认为巴尔干国家和中东欧（CEE）国家的事务应优先考虑，并创造条件向“东方集团”[①] 扩张。虽说不是GDP意义上的，但第一次扩张事实上发生在2004年，即吸收了8个CEE国家。按照格罗斯和斯坦赫尔（Gros and Steinherr，2001）的观点，CEE国家的转型于1997年完成，但中欧（CE）国家、波罗的海地区和欧洲其他国家仍存在差别。卡文奈尔和杜波依斯（Cavenaile and Dubois，2011）认为，CEE国家迈向收入趋同的道路依然漫长。虽说目标都是加入欧盟，但这些国家并未形成具有相似特征的同质经济体集团。1989年的系列历史事件震动了CEE经济体，导致生产出现重大滑坡（Rosenberg，2000）。

自从18世纪以来，趋同这一概念就一直是探讨和理论研究的话题。趋同现象是经济增长理论固有的，因为它描述了某一界定为

① 原文“the Easter Bloc”（“复活节集团”）有打印错误，欧洲历史上无此说法，应为“the Eastern Bloc”（苏联控制下的“东方集团”）。——译者注

目标的增长水平达到的过程。这一概念也可指随着时间的推移两种价值观的差异逐步缩小。

趋同概念的根源来自索罗的新古典增长模型，一种旨在阐释趋同现象的数学研究方法。现代增长理论以索罗的动态模型为基础（Solow，1956），然而新古典理论起初是由撒拉伊－马丁（Sala-i-Martin，1996）作为文献学的方法论提出来的。其核心观点是，贫困的经济体往往比富裕的经济体增长更快。一个国家向集团的领头羊方向发展，这就令人想起追赶这一话题。

关于趋同现象的实证证据，在过去的几十年里出现了相关的研究工作，那时较大的数据集（data set）刚能查询到（Baumol，1986）。具体说来，至于巴尔干经济体的研究文献，绝大多数研究工作采用了取样的方法，但其取样仅包括整个巴尔干集团中的少数国家（Amplatz C.，2004；Baldwin et al.，1997；Bjorksten，2000；Bonetto et al.，2009；Breuss，2001；European Commission，2001；Del Bo et al.，2010；Doyle et al.，2001；Figuet and Nenovsky，2006；Lejour et al.，2001；Martín et al.，2001；Marini，2003；EEAG，2004；Kutan and Yigit，2004；Fidrmuc and Korhonen，2004；El Ouardighi and Somun-Kapetanovic，2007，2009；Sarajevs，2001；Sideris，2010；Szeles and Marinescu，2010；Zbigniew and Prochniak，2004，2007）。

本文旨在探索巴尔干经济体和欧盟15国均值之间可能出现的收入追赶现象，其贡献在于采用了纳哈尔和尹德尔（Nahar and Inder，2002）提出的最新趋同现象测试方法。在允许非静态过程趋同这一点上，所采用的时间序列方法论并不那么具有约束性。而且，该方法还允许研究者从集团里辨别出未必在趋同的国家。另一贡献兴许是通过考察巴尔干地区所有国家的经济态势来丰富相关文献。

本文的结构概述如下：第二节简述1989—2009年所考察巴尔干经济体的发展状况。第三节用实例证明所采纳实证方法论的背景。第四节展现所使用的数据和实证研究的结果。最后，第五节总结全文，做出结论。

2. 巴尔干地区的经济表现

巴尔干地区位于东南欧，由13个国家组成，这些国家有的完全在这一地区内，有的部分在这一地区内，还有的则在其外。保加利亚、希腊、罗马尼亚、斯洛文尼亚、克罗地亚已经获得欧盟成员国地位，达到了接近欧盟的较高增长水平。其余国家要么是欧盟的准成员国（马其顿），要么只是潜在的候选国（阿尔巴尼亚、波斯尼亚与黑塞哥维那、塞尔维亚），或者还在就加入欧盟进行谈判。每一个国家都有自己的特点，也有增长过程的差异。

巴尔干国家参与国际组织，加强了自身在国际上的存在感。其在人均收入这一点上的表现，用人均GDP级数（series）换算成自然对数绘制成图1。

第一个印象是，所有国家均低于欧盟15国的均值，同欧盟国家的收入差距显而易见。据图1，希腊和斯洛文尼亚较接近欧盟15国的均值，而阿尔巴尼亚、波斯尼亚和黑塞哥维那呈现出最低收入水平，因而排名落后。很明显，2000年之前的那段时间有好几次波动，到2000年之后那些波动就缓和了，这一点可以从下面的图2

中看出。此外，同欧盟 15 国 GDP 均值的差距明显减少，这一点更能证明趋同现象产生了。

阿尔巴尼亚。阿尔巴尼亚自 2009 年就成了欧盟准成员国，且已加入联合国（UN）、北大西洋公约组织（NATO）、欧洲安全与合作组织（OSCE）及其他国际组织。其最麻烦的问题是，地下经济规模庞大，但活力不足，交通基础设施匮乏。基础性经济活动似乎是农业，因为农业人口占全国人口的半数以上，但令人惊讶的是，农业的产出却只占 GDP 的 1/5。此外，其经济很大程度上依赖国外的汇款。全球经济危机已数次重挫阿尔巴尼亚的经济增长，使其从 2004—2008 年的 6%下降到 2009—2010 年的 3%。

保加利亚。保加利亚是巴尔干半岛心脏地带最古老的欧洲国家之一，1989 年之前曾是“东方集团”[①] 成员。2004 年加入北约（NATO），2007 年加入欧盟（EU）；此外，保加利亚还是联合国（UN）、世界贸易组织（WTO）、欧洲安全与合作组织（OSCE）的成员，以及黑海经济合作组织（OBSEC）的创始国之一。就经济活动而已，保加利亚是个工业化的经济体，近年表现极其耀眼。然而，近来的全球危机已对其经济（尤其是石油产业）产生了负面影响。

克罗地亚。二战后，克罗地亚成了南斯拉夫的一部分。由于人口的混杂性，民族主义和民族冲突极其常见。1992 年，克罗地亚获得独立，同年加入联合国。2009 年，克罗地亚建成欧洲最大的沼气工厂。2000—2007 年，克罗地亚表现出进步的迹象，经济持续增长。克罗地亚已加入多个国际组织，并于 2013 年 7 月 1 日成为欧

① 东欧和中欧原共产主义国家联盟。

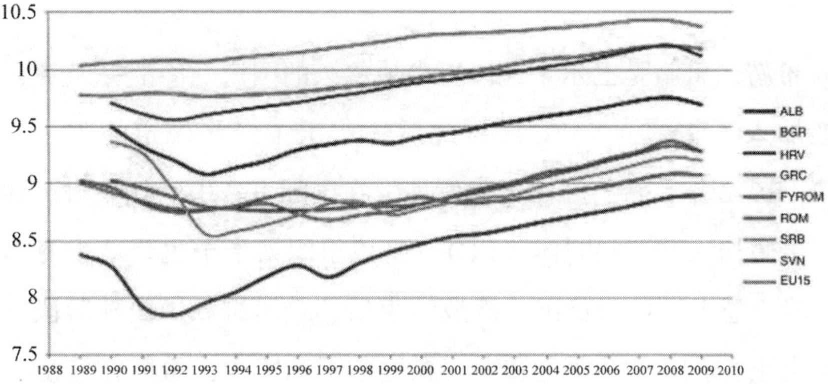

图 1　1989-2009 年间人均 GDP 级数的表现

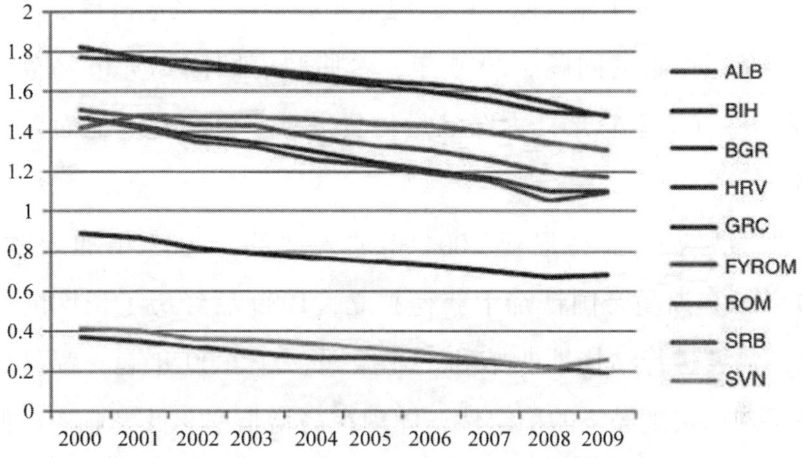

图 2　人均 GDP 的表现与欧盟 15 国均值的差距

盟成员国。

马其顿。马其顿 1991 年独立建国，自 2005 年以来一直在申请加入欧盟。大多数贸易关系是同原南斯拉夫地区其他成员国建立的，人均 GDP 一直处于欧洲最低。至于经济结构，服务行业在 GDP 中占最大份额，其次是工业，其中纺织产品和钢铁产品是基本的出口产品。农业只占 GDP 的一小部分，但葡萄酒和蔬菜是重要的出口产品。1996 年后宏观经济逐步稳定，2010 年创纪录地取得

了正增长率。

希腊。希腊是巴尔干地区历史最悠久的国家。冷战一结束，希腊就加入了北约（NATO），[①] 此后便奠定了经济稳定的基石。在1953—1972年，希腊经济迅速发展，在国际事务中稳扎稳打。1981年，希腊加入欧洲共同体（EC），是该组织第十个也是地中海国家中仅晚于意大利的成员国。冷战结束后，希腊进入历史新阶段，朝位于真正有利方位的西方转向。在巴尔干国家中，希腊在经济上最发达，人口最同质。然而，由于政府决策不当等原因，希腊的进步不如预期。2001年加入欧元区，但近年的全球经济危机揭示希腊经济存在大量严重的问题。2010年，希腊政府同国际货币基金组织（IMF）签订了备忘录，力图满足借贷需求，更加有效地面对经济困境。

罗马尼亚。罗马尼亚2004年加入北约，2007年加入欧盟。1877年从奥斯曼帝国铁蹄下获得独立，1989后经历了长期的经济失衡，需要进行结构性改革和工业振兴。自2000年起，罗马尼亚经济呈现出宏观经济的稳定性，体现在高增长率、低失业率、低通胀率等方面。全球经济危机影响了罗马尼亚的经济发展，增长率下降明显。应该指出，罗马尼亚拥有重要的自然资源和重要的工业产业，例如冶金、石化和机械制造。

塞尔维亚。1989年，史洛波登·米洛舍维奇（Slobodan Milosevic）当选塞尔维亚共和国总统，力图实现“大塞尔维亚”的梦想。随着南斯拉夫的轰然崩溃，其由塞尔维亚支配的欲望宣告终

① 必须指出的是，为了抗议土耳其进入塞浦路斯，希腊于1974年中止参与北约的军事活动，直到1980年才再次加入。

结。于是，克罗地亚、马其顿和斯洛文尼亚于1991年宣布独立，波斯尼亚和黑塞哥维那则于1992年独立。自1992起，塞尔维亚仅同黑山联合起来，但组成的是新的国家联盟，取名南斯拉夫联邦共和国（FRY）。正如预料的那样，塞尔维亚面临着族裔运动的动荡，因此FRY从联合国出局了。米洛舍维奇的领导没有改变国家的发展方向，甚至在1998年也没有——那时，该国不得不面对阿尔巴尼亚人在科索沃省造反的险境。塞尔维亚做出非国际性的反应，拒绝了解决问题的提议。这一形势导致了北约（NATO）的干预，其结果是众所周知的。

斯洛文尼亚。斯洛文尼亚于2004年成为欧盟成员国。1929年起曾是南斯拉夫的一部分，1991年赢得独立。从南斯拉夫独立出来较为容易，因为该国没有任何塞尔维亚少数族群，而且是第一个采取行动的。该国曾面临许多经济问题，现在其经济转向了服务行业，尤其是信息技术领域。最基础且最发达的经济产业是制药、汽车、食品，以及电子器件、金属加工、化工产品等。

3. 方法论问题

优选方法由纳哈尔和尹德尔提出（Nahar and Inder，2002），将趋同现象作为一组具有相似特征的国家向集团领头羊看齐的运动来考察，旨在创造一种时间趋势功能。根据内尔森和普罗瑟（Nelson and Plosser，1982）的观点，所选时间序列去除趋势之后均转换为静止项。一名研究者获许从集团中辨别也许没有趋同的国家。在涉及静止项与单位根测试的比较这一点上，采用的方法论并不那么具有限制性，因为它可包容非静止项趋同过程。经过这一测试，纳哈尔和尹德尔（Nahar and Inder，2002）指出，具有相同稳定状态的一组国家以领头羊的产出水平作为参照点，这样更加稳妥。他们还否定将静止项与趋同现象联系起来，因为他们发现当静止项真的存在时，它好几次都排斥趋同现象。他们还认为，取样经济体之间的技术性变动在以下分析中始终是常见的。

假设在 t（$t=1, 2\ldots T$）期间，y_{it}是任意经济体 i（$i=1, 2\ldots N$）人均 GDP 的对数。如果采用古典增长模式进行分析，则应该给经济体 i 加上下划线：

$$\lim_{n\to\infty} E_t\left(y_{it+n}-a_{t+n}\right)=\mu_i \tag{1}$$

在这一方程式中，a_{t+n}是定作基准的常见参数，μ_i则是经济体 i 的均衡增长路径。μ_i是非零值，除非数个国家表现类似，在绝对趋同的情况下，关系（1）的方程式表述如下：

$$\lim_{n\to\infty} E_t\left(y_{it+n}-a_{t+n}\right)=0 \tag{2}$$

就是说，差额 $y_{it+n}-a_{t+n}$ 的均数应当随着时间的流逝而趋于零。此外，领头羊可以是拥有最佳人均经济表现的国家或国家集团。因此，其他国家应当与领头羊趋同。此处我们的领头羊指欧盟 15 国的均数。这个均数取自一组拥有高增长率的发达经济体。

首先，我们要把人均产出差距定义为 d_{it}：

$$d_{it}=y_{it}-\bar{y}_{\mathrm{EU15},t} \tag{3}$$

在这一方程式中，$\bar{y}_{\mathrm{EU15},t}$代表欧盟 15 国的国家稳定状态。随着一国与欧盟 15 国集团（确定为稳定状态）人均产出（即 GDP_{PC}）的差距不断缩小，经过一段时间趋于零时，趋同现象就引人注目了。当 d_{it}逐步趋向零时，d_{it}的变化率必须是正数才能让趋同现象保持稳定：

$$\frac{\partial}{\partial t}d_{it}>0 \quad (4)$$

等式（2）中绝对趋同的定义是基于等式（3）转化而来的，用方程式表述如下：

$$\lim_{n\to\infty}E_t\ (d_{it})\ =0 \quad (5)$$

因为 $d_{it+n}>0$，且其比率为正数，$d_{it+n}\to\infty$ 变作了 $n\to\infty$。正数均值斜率函数（$\frac{\partial}{\partial t}d_{it}>0$）用来确定趋同概率。为了计算$\frac{\partial}{\partial t}d_{it}>0$，应该把 d_{it}表述为时间趋势函数 t：

$$d_{it}=f\ (t)\ +u_{it} \quad (6)$$

整个方程式（6）分解如下：

$$d_{it}=\theta_0+\theta_1 t+\theta_2 t^2+\theta_3 t^3+\cdots+\theta_{k-1}t^{k-1}+\theta_k t^k+u_{it} \quad (7)$$

在这一方程式中，θ_0，θ_1，θ_2，θ_3……θ_{k-1}，θ_k等代数依次排列，且 u_{it}是误差项，其均值等于零。取样的每个国家均有一个参数。使用一般最小平方（OLS）来进行计算。选择赤池信息准则（AIC）来寻找最佳时间趋势多项式。

而且，为了测试这一趋同现象假设，d_{it}中的变化率应是正数：

$$\frac{1}{T}\sum_{t=1}^{T}\frac{\partial}{\partial t}d_{it}>0 \quad (8)$$

进一步分解方程式（7），可得到下面的方程式：其中 r_k定义如下：

$$r_k=\frac{k}{T}\sum_{t=1}^{T}t^{k-1} \quad (9)$$

趋同现象得到测试，得出下列两组假设：

$$H_0: r'\theta \leqslant 0 \sim \text{no catching up}$$

$$H_1: r'\theta > 0 \sim \text{no catching up}$$

要回答趋同的问题，可以使用沃尔德（Wald）测试法来确定统计值。

4. 数据与实证研究结果

4.1 数据

本次实证分析使用的数据是从世界银行的数据库下载的。列入抽样的包括8个巴尔干国家：阿尔巴尼亚、保加利亚、克罗地亚、马其顿、希腊、罗马尼亚、塞尔维亚和斯洛文尼亚。分析采用人均国民生产总值（GDP_{PC}）序列，其数值以点对点模式（PPP）、美元和2005年的恒定价格来表述。当人均GDP（$GDP_{PC} = GDP/_{人口}$）与PPP相等时，所有抽样国家的共同背景就确定了，因为所有货币的转换率问题就解决了。根据麦迪森的观点（Maddison，2001），最佳的指标是在国际层面上比较相关国家的经济表现。考察的期限是1989—2009年，且确定以同一指标的欧盟15国均值为基准。应该指出，抽样的国家里并非整段时期的数据全部完整。事实上，阿尔巴尼亚、保加利亚、希腊和罗马尼亚的数据始于1989年，而克罗地亚、马其顿、塞尔维亚和斯洛文尼亚的数据始于1990年。

4.2 实证考察的结果

本文对相关国家趋同现象的检测沿用纳哈尔和尹德尔的方法论（Nahar and Inder，2002）。所做分析涉及巴尔干地区的8个国家，数据集覆盖1989—2009年。首先，我们创造了变量 d_{it}，并以等式

（7）为基础为每个国家确定一个模型。我们计算了好几个包含仿真变量的模型，以通过 AIC 手段达到时间趋势 t 变量的合适数额。接着，我们计算了 r_k 指数，且连同计算而来的时间趋势的系数做了沃尔德测试，对趋同现象的存在过程进行总结。表 1 按所选多项式顺序总结了时间趋势变量、平均倾斜度和基于产出差距值及考察时间段的趋同检测的结果：

就斯洛文尼亚和希腊而言，考察结果表明两国均存在趋同现象，因为两国呈现的平均倾斜度均为正数，且沃尔德测试也显示拒绝了无趋同现象的无效假设。就保加利亚和罗马尼亚而言，我们发现两国的平均倾斜度均为正数，但数值在统计学上无足轻重。因此，对于这两个国家，我们认为基本不存在趋同现象。

表 1　纳哈尔和尹德尔方法论的考察结果

领头羊：欧盟 15 国					
国家	t 排序	平均倾斜度	沃尔德测试	P 值	考察期限
阿尔巴尼亚	5	−0. 003072955	0. 27447	0. 600	1989—2009
保加利亚	2	0. 0012302	0. 98657	0. 321	1989—2009
克罗地亚	5	−0. 035741786	73. 1448	0. 000	1990—2009
马其顿	4	−0. 02576585	414. 3412	0. 000	1990—2009
希腊	2	0. 0037518	51. 5021	0. 000	1989—2009
罗马尼亚	2	0. 000306	0. 024158	0. 876	1989—2009
塞尔维亚	4	−0. 05776455	49. 1172	0. 000	1990—2009
斯洛文尼亚	3	0. 00537568	9. 7465	0. 002	1990—2009

对于阿尔巴尼亚、克罗地亚、马其顿和塞尔维亚，可以做出相似的结论。这些国家呈现的平均倾斜度是负数，因而没有证据表明

它们同欧盟 15 国的均值存在趋同现象。这种情况也可以通过地区差异来解释。正如比特拉托斯（Petratos，2009）所说，“……地区不公的一个重要原因是，最不发达的地区没有能力缩小发展差距，向多国均值靠近”。

5. 归纳与总结

本文探讨了巴尔干国家与欧盟 15 国均值趋同的现象，涉及 1989—2009 年巴尔干地区的 8 个国家。数据集下载自世界银行的数据库。在实证分析的语境中，采用了纳哈尔和尹德尔的方法论来考察趋同现象。考察结果显示，在巴尔干国家追赶欧盟 15 国的过程中，相关巴尔干国家之间存在差异。看来，随着许多冲突和人口流动问题伴随政局不稳涌现出来，考察对象的经济表现受到了近年政治和经济条件的负面影响。巴尔干战争和针对南斯拉夫的贸易禁运影响了整个地区，且经济改革政策不够适配（Sarajevs，2001）。尤其明显的是，实证的证据只能证明希腊和斯洛文尼亚与欧盟 15 国之间存在趋同现象。一个有说服力的解释就是，这两个国家已加入欧盟经济和货币联盟（EMU）。本文的发现与萨拉杰弗斯（Sarajevs，2001）、博内托等人（Bonetto et al.，2009）、赛里斯和马里内斯库（Szeles and Marinescu，2010）及德尔·波等人（Del Bo et al.，2010）的观点部分一致。在以上研究中，某些巴尔干经济体同欧盟的趋同现象得到了证实，那些经济体在本次实证考察所取样的国家中只是一个较小的群体。然而，艾斯特林和厄尔嘎（Estrin and Urga，1997）发现，根本没有证据表明东方集团和西方之间存在趋同现象。

20世纪90年代末期有所发展的第一缕迹象以及2000年之后的平稳局势，均有利于缩小巴尔干国家之间的差距。然而，多数巴尔干国家与欧盟15国之间的收入差距依然较大。就此看来，本次考察的结果表明，加入欧盟的进程是旨在增长和发展的诸项改革的主要驱动力之一。总之，对于巴尔干国家来说，尤其是对于准备和即将准备深化政策行动（比如货币政策中的趋同）（Brada and Kutan，2002）和金融系统改革（Bonetto et al.，2009）的国家来说，加入欧盟是必要的，这样才能制定和推行更加可行的趋同措施，更加有效地加快加入欧盟的进程。

参考文献

Amplatz C（2004）The economic convergence performance of Central and Eastern European countries. Econ Plan 36：273-295

Baldwin R，Francois JF，Portes R（1997）The costs and benefits of enlargement：the impact on the EU and Central Europe. Econ Policy 24：127-176

Baumol W（1986）Productivity growth，convergence and welfare：what the long-run data show. Am Econ Rev 76：1071-1085，European Economic Review 40，no. 6：1325-52

Bjorksten NJ（2000）Real convergence in the enlarged Euro area：a coming challenge for monetary policy. Bank of Finland Economics Department. Working paper no. 1/2000. Available at SSRN：http：//ssrn. com/abstract=233888 or doi：10. 2139/ssrn. 233888

Bonetto F，Srdjan R，Tykhonenko A（2009）Balkan countries：catching up and their integration in the European financial system. Panoeconomicus 4: 475-489

Brada J, Kutan AM (2002) Balkan and Mediterranean candidates for European Union membership: the convergence of their monetary policy with that of the European Central Bank. Eastern Eur Econ 40 (4): 31-44

Breuss F (2001) Macroeconomic effects of EU enlargement for old and new members. WIFO working paper 143

Cavenaile L, Dubois D (2011) An empirical analysis of income convergence in the European Union. Appl Econ Lett 18: 1705

Del Bo C, Florio M, Manzi G (2010) Regional infrastructure and convergence: growth implications in a spatial framework. Transit Stud Rev 17: 475-493

Doyle P, Kuis L, Jiang G (2001) Real convergence to EU income levels: Central Europe from 1990 to the long term. IMF working paper 01/146

EEAG (2004) Report on the European economy 2004. CESifo, Munich European Commission (2001) The economic impact of enlargement. Enlargement paper 4

Fidrmuc J, Korhonen I (2004) The euro goes East: implications of the 2000-2002 economic slowdown for synchronisation of business cycles between the euro area and CEEs. Comp Econ Stud 46: 45-62

Figuet JM, Nenovsky N (2006) Convergence and shocks in the road to EU: empirical

investigations for Bulgaria and Romania. William Davidson Institute Working Paper, No. 810

Gros D, Steinherr A (2001) The first ten years of transition: planting theseeds of economic reform in Central and Eastern Europe. MIT Press, Cambridge, MA 32 E. Tsanana et al.

El Ouardighi J, Somun-Kapetanovic R (2007) Do Balkan countries have a European future? An analysis of real economic convergence 1989–2005. South East Eur J Econ Bus 2：23–30，ISSN：1840–118X

El Ouardighi J，Somun-Kapetanovic R（2009）Convergence and inequality of income：the case of Western Balkan countries. Eur J Comp Econ 6（2）：207–225，ISSN 1722–4667. Available online at http：//eaces. liuc. it

Estrin S，Urga G（1997）Convergence in output in transition economies central & Eastern Europe 1970–1995. CEPR Discussion Papers，1616

Kutan AM，Yigit TM（2004）Nominal and real stochastic convergence of transition economies. J Comp Econ 32：23–36

Lejour AM，De Mooij RA，Nahuis R（2001）EU enlargement：economic implications for countries and industries. CBP document no. 011

Marini M（2003）Convergence of candidate countries to European Union：an analysis on industrial production index using dynamic factor model. Paper presented at the Eurostat Colloquium on modern tools for business cycle analysis，Luxembourg

Martı'n C，Velazquez FJ，Funck B（2001）European integration and income convergence. Lessons for Central and Eastern European countries. World Bank technical paper 514

Maddison A（2001）The world economy：a millennial perspective. OECD，Paris

Nahar S，Inder B（2002）Testing convergence in economic growth for OECD countries. Appl Econ 34：2011–2022

Nelson C，Plosser C（1982）Trends and random walks in macroeconomic time series：some evidence and implications. J Monet Econ 10：139–162

Papasotiriou H（1994）The Balkans after the cold war. Library of the International Relations' Institution/Papazisi，Athens

Petratos G（2009）Regional growth and inequalities in the European Union.

Discussion paper series, 15 (2): 23-44. Available online at: http: //www. prd. uth. gr/research/DP/2009/uth-prd-dp-2009-2_ en. pdf

Szeles MR, Marinescu N (2010) Real convergence in the CEECs, euro area accession and the role of Romania. Eur J Comp Econ 7 (1): 181-202, ISSN 1722-4667

Rosenberg D (2000) Eastern enlargement of the European Union: problems of convergence. Massachusetts Institute for Social and Economic/University of Massachusetts-Amherst/ Institute for International Economic and Political Studies/Russian Academy of Sciences, Moscow

Sala-i-Martin X (1996) Regional cohesion: evidence and theories of regional growth and convergence. Europ Econ Rev 40 (6): 1325-1352

Sarajevs V (2001) Convergence of European transition economies and the EU: what do the data show. Bank of Finland, Institute for Economies in Transition. Discussion paper no. 13 (all opinions expressed are the author's and do not necessarily reflect bank's opinion)

Sideris D (2010) The Western Balkans on the road to the EU: an assessment of their integration with the euro zone using the generalized purchasing power parity approach. Bank of Greece. http: //economics. soc. uoc. gr/macro/docs/Year/2010 /papers/paper_ 1_ 67. doc

Solow RM (1956) A contribution to the theory of economic growth. Q J Econ 70: 65-94

Zbigniew M, Prochniak M (2004) Economic convergence between the CEE-8 and the European Union. East Eur Econ 45: 59-76

Zbigniew M, Prochniak M (2007) Real economic convergence in the EU accession countries. Int J Appl Econ Quant Stud 1-3 www. europa. eu

第3章 《奥赫里德协议》和《代顿协议》框架下波黑及马其顿与原南斯拉夫其他成员国的经济关系：贸易与经济关系中的“南斯拉夫怀旧”现象

乔治·D. 博罗瓦思[1]

1. 前言

自从铁托（Tito）领导下的南斯拉夫联邦建立以来，其多元文化、多种族群的结构组成了建构国内政策的关键特征。族群关系总是让南斯拉夫共产党忧虑：在联邦建立后的数十年里，该党建构并努力推行所谓“南斯拉夫身份”，以解决民族问题（Stanimirović，1987；Hristidis，2003）。在“南斯拉夫身份”这一意识形态框架下，该党还建构了“兄弟关系与统一性”（Bratstvo i Jedinstvo）这一理念，以及该党就反法西斯斗争确立的立场——根据该立场，南

① A. Karasavvoglou and P. Polychronidou（eds.），*Balkan and Eastern European Countries in the Midst of the Global Economic Crisis*，Contributions to Economics，DOI 10.1007/978-3-7908-2873-3_ 3，

＊作者联系方式：G. D. Borovas，Department of Balkan Studies，University of Western Macedonia，3rd klm Florinas-Nikis，53100 Florina，Greece；E-mail：gborovas@ uowm. gr

斯拉夫联邦所有民族均平等地为反对侵略者的斗争做出贡献（Lampe，2000）。

该党持之以恒地工作，努力制定治理国家的大政方针。从1945年建国到1989年解体，该国由四个机构——宪法机制来治理。事实上，那些机制前后连贯，旨在解决问题，维持平衡，消除各民族之间的歧见，尤其是塞尔维亚人与克罗地亚人之间的隔阂（Hristidis，2003）。1960年开始了一段以扩大民主化为特征的时期，1963年甚至通过了新宪法，对“社会主义民主”进行规定，给予各共和国更大的自治权，并将国家的政治生活定义为“社会主义自我管理”。这些改革意在创造一种不同于苏维埃联盟的治国模式，缓解构成该国多元文化社会的众多民族之间的紧张关系（Ivanović，2002）。

尤其在20世纪60年代，南斯拉夫执行的去中心化政策促进了民族身份的加强，但也导致统一的国家分裂为不同的族群，降低了对不同族群成员的包容度（Kuzmanović，1995）。因此，民族身份是在集体——南斯拉夫——身份的基础上强化的；在铁托领导下的南斯拉夫的第一个阶段，这正是南斯拉夫共产党力图提升和推行的（Stanimirovic & Stanisavic，1987）。

1974年制定了新的宪法，该宪法从根本上体现了解决南斯拉夫各共和国之间的问题的意图，只是最终事实上加剧了各成员国之间的矛盾。根据该宪法，科索沃省和伏伊伏丁那省改制成了事实上几乎独立的共和国，这一点刺激了联邦内各共和国的独立行为。也就是说，这两个省开始逐渐像独立国家那样行事和作为了（Borovas，2008）。

这些态势大大削减了塞尔维亚影响和干预其他共和国的能力，导致国内的塞尔维亚人日渐不满。塞尔维亚人领导全国的观念遭到了严重打击，逼迫塞尔维亚族群将自己局限于中央权力管辖中的次要角色，从而促进了内部的民族主义思想不断抬头，也导致该国塞尔维亚族裔的南斯拉夫意识逐步削弱。

铁托治国方略的推行落得了这样的结局，就是民族主义甚嚣尘上，从长远上挖空了国家统一的基石，导致国家最终于 1989 年解体——在铁托于 1980 年去世后，某些政客登上该国的政治舞台，其演讲中宣扬民族主义和分裂的腔调胜过维护国家统一（Ivanović，2002）。民族主义力量的强势存在于 1986 年达到顶峰，其标志就是史洛波登·米洛舍维奇（Slobodan Milosevic）在塞尔维亚共产党中央委员会第八届会议上当选为塞尔维亚共产党领导人。

在 1987—1991 年间，南斯拉夫社会出现了许多显而易见的变化，其特征就是一党执政的制度结束了，民族主义的需求以及克罗地亚和斯洛文尼亚提出的要求都得到了放大。

接下来几年的关键抉择促成了南斯拉夫危机的爆发。随着民族主义情绪和对回归两次世界大战期间的治国形式的担心日益高涨，由于米洛舍维奇在科索沃自治区实施的政策带来的压力，在南斯拉夫共产党第二十三届代表大会上，其他联邦共和国做出了严重的反应。这些争执最终导致了南斯拉夫共产党联盟于 20 世纪 90 年代崩溃，标志着南斯拉夫解体的开端。

很明显，从 1945—1990 年，南斯拉夫久拖未决的内部问题就是各族群之间的族裔关系的形成以及社会稳定的问题，这是一个所有多元社会都面临着的难题（Borovas，2008）。

南斯拉夫解体后，国际社会应约直面这一问题在新成立国家的爆发，尤其是在波斯尼亚和黑塞哥维那、马其顿和塞尔维亚问题的解决，因为那些族群之间爆发了武装冲突。在这些情况下，国际社会有两种反应：对波斯尼亚和黑塞哥维那与马其顿而言是外交努力，对塞尔维亚和科索沃而言就是军事干预。

2.《代顿协定》和《奥赫里德协定》、李普哈特的协合式民主理论模型与南斯拉夫怀旧情绪

《代顿协定》与《奥赫里德协定》代表了国际社会插手解决问题的两种方案：一方面力图达成和平的宗旨，另一方面通过旨在弥合境内居住族群之间的差别的措施，确保另两个国家——波斯尼亚和黑塞哥维那与马其顿的领土完整（Ni Aiolain，2001：63）。为了达成目标，这两份协定必须竭力在一体化遭到了跨国武装冲突沉重打击的这些国家重构多元族群社会。在波斯尼亚，武装冲突爆发得尤其激烈，所采取的方法以及冲突的严重性导致国际公共舆论产生了反应。

为了重构两国多元种群社会的一体化，选择通过两项协定来实施的方法基于冲突族群之间的“权利分享”理念；在《多元社会中的民主》一文中，李普哈特（Lijphart）将这一理念定义为“协合式民主”（Consociational democracy），但每个国家对民主的理解都略有不同。

李普哈特的解决方法基于以下四项原则（Lijphart，1977）：

（a）创建大型政府联盟：通过这一方式，在推动政府工作的过

程中表达最大社会群体的观点，这一能力得到了保障。

（b）在决策过程中允许双方行使否决权：按照这一原则，在做出决定的过程中所有团体都能够行使否决权，因为李普哈特相信，这样制度的稳定性就得到了保障。但与之形成对比的是，这一能力也会导致政策无法落实，使这些国家最终出现政治停滞的局面，因为许多决策可能触及不同人口群体的特权或既得权益。

（c）比例原则：按照这一原则，一国的公民根据所属群体在总人口中的比例入选下级议会，然后再根据比例入选国会和国家政府。这一原则使得政策和决策能依据各团体政治领袖之间相互退让和妥协的方式闭门进行，而且既然政府基本上是由各党团领袖组成的，那么这一原则就能预防社会—民族之间的紧张关系：假如决策是由具有广泛代表性的机构（比如议会）做出的，那么紧张关系就不会出现了。这项原则以及创建大型联盟的原则已遭到严厉批评，因为有人认为李普哈特的这两个观点非常不民主，并指出：一方面，国家政治精英做出的决策对国会团体具有强制性；另一方面，还有巨大的弱点足以将脆弱的反对派反转过来，使其否决票事实上发挥不了作用，迫使反对派向政治上效忠国家赖以建立的制度迈进。与此同时，这样的话，选举过程就变成了类似由组成某国社会的无数团体分享权力的清单了。

（d）联邦制或部分自治：按照这一原则，难以统计的人口群体被划分为一国省州以内的独立行政结构。尽管李普哈特没有提及，但这一原则组成了最根本的相互行使否决权的先决条件，因为这样一来，这一过程就绝不会导致死结和无效。

在这一点上，我们应该大体上参照李普哈特就出现了深刻的族群裂痕的国家提出的这些解决问题的原则。根据他的观点，有三种方法可以不抛弃民主就解决一个分裂社会的族群—政治问题：

· 第一种方法是同化：按照李普哈特的观点，只要有一个占主导地位的大型族裔群体，在其边缘还有一个较小的族裔群体，这时就会发生同化；由于同居一国且互有交往，占主导地位的族裔群体最终会同化较小的族裔群体。

· 第二种方法是协合式民主。

· 第三种方法是像捷克斯洛伐克那样分裂成民族国家。假如前两种方法没有解决问题，那就应当采用这最后的避免流血冲突的方法。然而，这一方法在实施过程中存在一个大问题，因为各族群的成员并不是生活在隔开的区域里，即各区域里的族裔人口并非同一的、排他的，于是多民族国家就无法划分为单民族国家。就南斯拉夫来说，尤其是就波斯尼亚和黑塞哥维那来说，这一点是绝对明了的。

显而易见，甚至从李普哈特的理论视角来看，解决原南斯拉夫地区的族裔矛盾是存在困难的：一方面，在南斯拉夫的环境下通过创建共同的民族身份——“南斯拉夫身份”（Yugoslavism）——来同化不同族群的努力已经失败了，但另一方面，通过分享权力而非流血冲突来决定性地解决问题的努力也造成了相反的结果。

由于以上原因，为了解决原南斯拉夫境内的族裔矛盾，应当寻求新的方案。起初，在国际公共舆论的压力下，曾匆忙寻求办法解决波斯尼亚境内的冲突，但后来议案经过更新后，就选择了新方案解决马其顿共和国（FYROM）的问题，历史结果表明这一方案可以用于促使居住在这两个地区的族裔群体和平共处。

另一个影响理论模式选择的因素，即影响选择协合式民主作为解决南斯拉夫境内族裔矛盾的理论模式的因素，就是不改变现有边境的承诺（Owen，1995）。既然克罗地亚和波斯尼亚人乐于分割其位于克罗地亚境内的领地，那么作为国家共享，波斯尼亚和马其顿两者也会乐于改变现有的边界，于是为了创建“大塞尔维亚”，就此有清晰观念的波斯尼亚和塞尔维亚人也会照葫芦画瓢。马其顿的阿尔巴尼亚人也有相似的目标，他们的观点似乎跟科索沃境内的阿尔巴尼亚人的想法——创建“大阿尔巴尼亚”—— 如出一辙，在此期间，协合式民主似乎是解决原南斯拉夫地区这一复杂难题的绝好方法，因为它回答了如何在遭受了如此之多的武装冲突伤害的地区恢复社会一体化的关键问题，而且两国的领土完整有望保全。

李普哈特的协合式民主模式看似与社会主义自治模式相似，后者自 1960 年以来就在南斯拉夫实施了（见表 1）。正因为如此，人们认为这一模式是最适合构建社会一体化同时又保障两国领土完整的模式，可以奠定一种两国公民熟知、可以接受且能创造安全感的治国制度。

有这种可能，就是波斯尼亚和黑塞哥维那与马其顿达成的这两个框架性协议确立的结构性治国制度，与南斯拉夫的治国制度显得有些相似，这一点为两国某些地区出现的“南斯拉夫怀旧”（Yugonostalgia）现象提供了理论依据。

南斯拉夫怀旧情绪刚刚涌现时，让大家都吃了一惊，因为大家认为这种情绪一方面让人怀念南斯拉夫的共产党治国理政制度，另一方面让人怀念共同的民族身份“南斯拉夫人”——尤其在克罗地亚和波黑发生致命冲突以后，这种情绪就愈加是一种复杂的事实。

然而，这一现象牵涉的是社会因素，而非政治和民族因素。正如坦佳·比特洛维奇（Tanja Petrović）在论文《对空间的怀念》（“Nostalgia for Space”）中所说，“……当南斯拉夫分裂时，原南斯拉夫人丧失了许许多多的空间。在南斯拉夫，塞尔维亚人出行到海滨度假极其简便，但现在，海滨不再是合适的去处了……”（Petrovic，2007）。就是说，本质上南斯拉夫未必好过今天的民族国家，但这并不意味着民族国家的生活就好过前者。有鉴于此，当原南斯拉夫人谈及南斯拉夫时，他们就进入一种安全的空间，在里面感到极其舒适，分享各自的价值观，带着尊严地沉浸在民族团结的时代（Petrovic，2007）——那时失业率很低，人们生活在稳定、富裕的国家里，而国家的教育体系非常完善。这些特征基本上通过原南斯拉夫人的集体记忆来再现，展现了南斯拉夫怀旧现象。因此，这一现象与重建南斯拉夫及其政治制度毫无关系，而仅仅与南斯拉夫分裂后出现的民族国家里重构已经失去的社会结构和价值观有些关联。

表1　协合式民主原则、《代顿协定》《奥赫里德协定》及社会主义自治概要

协合式民主	代顿协定	奥赫里德协定	社会主义自治
大政府联盟	创建国内各民族均参与的治国体制	国内各族裔均参与治国体制	国内各族裔均参与治国体制
在决策过程中实施相互否决的权力	相互否决的权力	就与国内各民族相关的决策相互否决	

续表

协合式民主	代顿协定	奥赫里德协定	社会主义自治
比例原则	国内所有族裔群体按比例选出代表	国内所有机构中合法民族按比例选出代表	在各级决策中国内所有民族、所有公民均按比例选出代表（集体治国）
联邦制或部分自治	国家自治，创立两个实体	加强地方治理，允许占主导地位的族裔群体使用自己的语言和民族符号	

3. 波黑和马其顿与原南斯拉夫共和国经济合作的形成条件

南斯拉夫不是“东欧经济互助委员会”（Comekon）的成员，因而是唯一与西方国家有着紧密商贸关系的中央金融计划国家。于是，欧盟国家便成了其最重要的经济伙伴，相关进出口活动的总额高达其商贸总额的40%（Papazoglou，2005；Udovicki，1996）。与此同时，与其他中央金融计划国家相比，在贸易结构方面南斯拉夫也是一个例外，因为在加工产品、机械和设备方面的贸易构成了其所有商业交易的主体（Papazoglou，2005）（表2）。

南斯拉夫解体之后，在相关独立国家的转型期内，马其顿共和国（FYROM）和波斯尼亚和黑塞哥维那（BH，波黑）展现出了与区域内其他国家相似的特征（Uvalic，1992；Hinic，1994）。像克罗地亚那样，马其顿的出口额最初的下降是最小的，但随后其他国家就显现了更加适度的增长，而马其顿的出口则走上了一条极其崎岖不平的道路（Uvalic，2002a，b）。与马其顿相反的是，巴尔干与东欧国家（BE）的出口则显示出一种戏剧性、现象性的增长，这是因为受战争的影响，其出口基础极其薄弱，出口额达到 3600 万美元（Papazoglou，2005）就是显著的增长了。相比之下，尽管起初进口额下降了，但后来增长的步伐却快得多，尤其 BE 更是如此，而马其顿连同保加利亚一起成为本地区贸易赤字最小的国家（Papazoglou，2005）。这一事实表明这两个国家的经济体缺乏竞争力，但事实上，贸易赤字的扩大反映了其生产系统的崩溃，因而反映了其在产品市场上面对国际竞争时的能力的匮乏（Uvalic，1997；Jovicic et al.，2001）。这一结果是由改革步伐的缓慢和本地区数次武装冲突的爆发造成的（Uvalic，1992；2001b）（表 3）。

表 2　1989 年部分东南欧（SEE）国家的一些指标

	面积（km^2）	人口（百万，1990 年）	人均 GDP（美元，1989 年）	向 CMEA 的出口（%）	从 CMEA 的进口（%）	向东南欧的出口（%）	从东南欧的进口（%）
阿尔巴尼亚	28.7	3.2	723	46.3	44.8	无	无
保加利亚	110.9	8.9	2，320	83.0	71.5	13.4	6.5
罗马尼亚	237.5	23.2	1，730	40.5	38.5	3.2	4.4
南斯拉夫	255.8	23.8	2，490	29.9	26.3	2.1	2.2

来源：Uvalic（1997b），基于多种来源（World Bank 2002，OECD，UNECE，IMF，EIU）

表 3　1987 年南斯拉夫各共和国贸易额，按目的国列表（GMP 的百分比）

南斯拉夫各共和国	向国内市场的分发额	向其他共和国的分发额	向海外市场的分发额(出口额)
波黑	56.1	24.2	19.8
克罗地亚	67.0	18.7	14.3
马其顿	60.8	21.4	17.8
黑山	57.5	25.0	17.5
塞尔维亚（含科省、伏省）	69.0	13.4	17.6
塞尔维亚（本身）	62.3	17.4	20.3
科索沃省	64.6	24.0	11.4
伏伊伏丁那省	58.1	28.8	13.1
斯洛文尼亚	57.5	20.3	22.2

来源：Uvalic（1993），基于塞尔维亚统计局的数据。

在 1993—2006 年期间，马其顿和 BE 的共同特征是仍维持东南欧（SEE）国家商务交易的较高比例，同时保持同原来的南斯拉夫各共和国广泛的传统贸易，只是同欧盟国家商务交易的增长率有所提高，其中马其顿是唯一提升了地区内部交易份额的国家（Imf，2003；Wiiw，2003；Anastasakis & Dzelilovic，2002）（表 4）。

更具体地说，2003 年波黑将绝大多数本地区内的交易集中在两个国家——塞尔维亚和黑山（塞黑，S&M）与克罗地亚，而同其他国家的贸易却维持在较低的水平（Bartlett，2001，2003；Central Bank of Bosnia）。这一点引人关注，因为这表明了这两个实体——现在组成这一国家的实体与过去通过《代顿协定》构成的实体之间的贸易关系（Cristie，2001；Damijan and Masten，2002）。马其顿共和国也在本地区内的贸易中有积极表现，但这部分贸易在2003年主要指向塞黑（Wiiw，2003；Economist intelligent unit）。展现这两个国家之间的本地区内部贸易状况的，是塞黑、马其顿和波黑之间的贸易量有所增长——从2003年至2004年的155百万美元达到190百万美元，即增长率等于6%（Miljković，2006）（表5、表6）。

表4 欧盟（EU）和东南欧（SEE）在东南欧国家总贸易额中的份额

（按百分比计算，1998年）

国家及来源	欧盟出口份额	欧盟进口份额	东南欧出口份额	东南欧进口份额
阿尔巴尼亚（IMF，BH除外）	88.8	77.9	3.0	7.2
波斯尼亚和黑塞哥维那（波黑中央银行及IMF）	21.9	29.5	66.6	52.8
保加利亚（IMF）	51.7	46.5	7.7	3.4
克罗地亚（IMF；阿尔巴尼亚和马其顿除外）	48.7	62.6	25.2	12.2
马其顿（IMF）	50.3	46.4	23.4	32.8
罗马尼亚（IMF；马其顿除外）	64.6	57.9	1.9	1.0
斯洛文尼亚（IMF；马其顿和克罗地亚除外）	65.5	69.5	15.1	1.9
南斯拉夫（南斯拉夫统计局和IMF）	32.9	38.7	35.1	16.3

来源：Uvalic（2001）。国际货币基金组织（IMF）的数据只要公布，本文就予以采用（*IMF Direction of Trade Statistics Quarterly*，September 1999）。

在有关波斯尼亚与黑塞哥维那及南斯拉夫的 IMF 统计数据严重残缺的情况下，相关数据就与各国家的数据综合统计：就波斯尼亚而言，两个实体未公开的外贸数据直接来自波斯尼亚和黑塞哥维那中央银行 2000 年 1 月中旬的统计；至于南斯拉夫，数据来自联邦统计局 1999 年一号指数。

2001 年 6 月 27 日，如下国家在布鲁塞尔签署了合约，为在东南欧建立自由贸易区奠定了基础：阿尔巴尼亚、波斯尼亚和黑塞哥维那、保加利亚、克罗地亚、塞尔维亚和黑山、马其顿共和国、摩尔多瓦及罗马尼亚（Commission of European Communities，2002）。这份合约规定，到 2008 年时贸易自由化水平应达到 90%。2006 年 1 月，欧洲委员会提出了旨在促进西巴尔干国家之间经济合作的一系列措施。这一点有利于塞黑（含科索沃）、波黑、阿尔巴尼亚、克罗地亚和马其顿之间签署自由贸易协定，这些协定将取代这些国家之前签订的 32 个单项贸易合作协定。同年 12 月 19 日，《自由贸易协定框架》（CEFTA）在布加勒斯特签订，该《框架》除现在的克罗地亚和马其顿双方外，还将于 2007 年 5 月 1 日包括阿尔巴尼亚、波黑、黑山、塞尔维亚及代表科索沃的联合国临时特派团（UNIMIK）。对于参与各国，该《框架》的签订是一个积极的经验，因为它通过贸易给各经济体注入了新的活力，给予各经济体发展经济的机遇，同时又因为欧盟是该地区主要的贸易伙伴，从而为该地区创造了同欧盟国家开展经济、贸易合作的框架（表 7）。

表 5 欧盟在东南欧（SEE）8 国贸易总额中的份额

（百分比，1999—2003 年）

欧盟在出口中的份额						欧盟在进口中的份额					
	1999	2000	2001	2002	2003		1999	2000	2001	2002	2003
阿尔巴尼亚	93. 64	93. 34	90. 96	92. 14	93. 35	阿尔巴尼亚	80. 18	74. 81	74. 70	70. 72	68. 22
波黑	46. 70	53. 06	56. 82	51. 42	57. 17	波黑	38. 62	39. 99	39. 00	37. 75	36. 42
保加利亚	54. 20	51. 74	55. 19	56. 13	57. 09	保加利亚	50. 01	44. 93	49. 77	50. 53	49. 82
克罗地亚	49. 09	53. 43	52. 55	50. 52	52. 92	克罗地亚	56. 49	55. 76	55. 47	55. 54	56. 00
马其顿	44. 72	42. 58	48. 75	42. 99	48. 93	马其顿	40. 14	38. 13	42. 74	54. 76	51. 60
摩尔多瓦	20. 56	21. 66	21. 29	22. 36	23. 36	摩尔多瓦	26. 65	29. 10	27. 42	26. 41	28. 38
罗马尼亚	65. 48	63. 95	67. 95	67. 29	67. 90	罗马尼亚	60. 49	56. 68	57. 42	58. 65	57. 86
塞黑	36. 40	36. 80	41. 46	39. 12	41. 28	塞黑	41. 50	36. 89	36. 88	37. 26	40. 62

来源：据 IMF（2004）和《贸易统计指南——年鉴》（2004）的数据计算，有几处补充了南斯拉夫、克罗地亚和波黑国家统计局的数据。塞尔维亚和黑山的数据不含科索沃。

表 6 东南欧国家在本地区内部贸易中的份额

（百分比）

东南欧国家在出口中的份额						东南欧国家在进口中的份额					
	1999	2000	2001	2002	2003		1999	2000	2001	2002	2003
阿尔巴尼亚	2. 91	4. 24	5. 30	3. 88	3. 16	阿尔巴尼亚	6. 68	7. 15	5. 86	7. 18	6. 10
波黑	38. 94	30. 76	29. 77	36. 39	29. 56	波黑	32. 11	28. 36	29. 18	31. 02	32. 58
保加利亚	10. 42	13. 09	10. 19	9. 58	9. 90	保加利亚	2. 23	4. 48	3. 03	2. 85	3. 33
克罗地亚	15. 15	15. 64	16. 67	19. 32	19. 52	克罗地亚	2. 73	2. 44	2. 90	3. 25	3. 94
马其顿	30. 70	33. 74	32. 38	35. 85	35. 36	马其顿	19. 85	17. 60	19. 43	20. 35	21. 31
摩尔多瓦	10. 17	8. 84	7. 48	9. 53	12. 40	摩尔多瓦	15. 83	17. 55	13. 18	11. 10	9. 52
罗马尼亚	4. 28	6. 04	4. 59	3. 55	4. 25	罗马尼亚	1. 58	1. 62	1. 53	1. 29	1. 53
塞黑	34. 36	30. 71	27. 40	29. 70	31. 46	塞黑	24. 15	22. 03	14. 93	12. 24	9. 01

来源：据 IMF（2004）和《贸易统计指南——年鉴》（2004）的数据计

算，有几处补充了南斯拉夫、克罗地亚和波黑国家统计局的数据。塞尔维亚和黑山的数据不含科索沃。

《自由贸易协定框架》（CEFTA）的签订分别影响了波黑和马其顿的贸易，但对两国与邻国尤其是与原来的南斯拉夫成员国的交易的发展却是有利的因素。正因为如此，如希腊驻各国使馆的金融报告所显示的那样，波黑和马其顿与原来的南斯拉夫的贸易构成了其国际商务交易中举足轻重的一部分（UNECE）。然而，促成这一事实的不只是 CEFTA 的存在，还有其他因素共同造就了这一现象，比如商品的低成本、通过共同语言（即塞尔维亚和克罗地亚语）进行交流的能力，等等。此外，马其顿和波黑还签订了双边协定，防止在下列国家两次征税：克罗地亚、塞尔维亚、斯洛文尼亚和波斯尼亚和黑塞哥维那（Uvalic，2003a，b）（表 8）。

表 7　东南欧国家地区贸易占总贸易额的份额

（百分比，2000 年）

国家集团	出口额	进口额	进出口总额
东南欧 5 国与本集团内其他国家的贸易额（百万美元）	1671. 2	1823. 2	3494. 4
东南欧 5 国的世界贸易总额（百万美元）	6885. 5	14652. 6	21538. 1
东南欧 5 国集团内贸易额占其世界贸易总额的份额（百分比）	24. 3	12. 4	16. 2
东南欧 7 国与本集团内其他国家的贸易额（百万美元）	2762. 2	2260. 2	5022. 4

续表

国家集团	出口额	进口额	进出口总额
东南欧 7 国的世界贸易总额（百万美元）	22012.5	32882.6	54895.1
东南欧 7 国集团内贸易额占其世界贸易总额的份额（百分比）	12.5	6.9	9.2

来源：除波黑和南斯拉夫采用国家统计局的数据外，均据 IMF（2004）和《贸易统计指南——年鉴》（2004）的数据进行计算。

表 8　2007—2009 年按目的国分别统计的马其顿出口额

（百万美元）

	国家	2007	2007/06（增长率%）	2008	2008/07（增长率%）	2009	2009/08（增长率%）	2009（占总额%）
1	德国	484.0	28.7	563.2	16.4	450.4	-20.0	16.7
2	塞尔维亚*	639.4	14.6	934.7	46.2	337.6	-53.9	12.5
3	科索沃	-	-	-	-	314.5	-	11.7
4	希腊	420.4	16.4	535.0	27.3	290.0	-45.8	10.8
5	意大利	346.8	46.5	321.0	-7.4	218.0	-32.1	8.1
6	保加利亚	242.5	85.3	376.6	55.3	217.0	-42.4	8.1
7	克罗地亚	163.9	32.0	229.0	39.7	152.7	-33.3	5.7
8	波黑	88.0	36.0	104.8	19.1	86.6	-17.0	3.2
9	阿尔巴尼亚	72.7	79.1	106.8	45.9	83.9	-17.4	3.1
10	荷兰	71.8	29.6	70.6	-1.7	51.5	-12.9	2.3
11	英国	75.1	104.6	70.0	-5.8	42.9	-38.7	1.5
12	土耳其	53.2	-3.6	31.6	-40.6	40.8	29.1	1.5
13	斯洛文尼亚	68.7	65.7	65.1	-5.2	34.3	-47.3	1.3
14	俄罗斯	23.6	-7.9	32.7	38.6	22.5	-31.2	0.8
15	罗马尼亚	19.3	44.2	33.5	73.6	20.0	-40.3	0.7

续表

16	其他国家	586.8	106.8	503.6	-14.2	318.8	36.7	11.9
	总额	3356.2	39.0	3978.2	18.5	2691.5	32.3	100.0

来源：马其顿国家统计局。

注：截至2006年，塞尔维亚和黑山。

* 塞尔维亚含/不含科索沃。

由于这些原因，2006—2009年马其顿贸易伙伴的构成始终未变。这些伙伴包括西欧国家和相邻的原来的南斯拉夫成员国，尤其在《自由贸易协定框架》提出了优惠条件还有为避免商品遭两次收税而签订的各项双边协定这一环境下更是如此。自2006年以来，在波黑的贸易中也出现了类似的情形（表9）。

表9 2007—2009年马其顿的进口额，按来源国分类

（百万美元）

	国家	2007	2007/06（增长率%）	2008	2008/07（增长率%）	2009	2009/08（增长率%）	2009（占总额%）
1	德国	525.3	42.2	650.3	23.8	517.5	-20.4	10.3
2	俄罗斯	643.3	12.9	930.9	44.7	495.0	-46.8	9.8
3	希腊	413.4	29.2	510.8	23.6	439.2	-14.0	8.7
4	塞尔维亚*	448.4	58.6	532.0	18.6	397.1	-25.4	7.9
5	意大利	303.	33.8	382.9	26.2	361.7	-5.5	57.2
6	中国	242.7	74.1	314.8	29.7	289.4	-8.1	5.7
7	土耳其	194.8	57.2	268.7	37.9	250.7	-6.7	5.0
8	保加利亚	267.1	6.7	327.1	22.5	242.6	-25.8	4.8
9	斯洛文尼亚	154.5	19.4	203.4	31.7	190.9	-6.1	3.8
10	瑞士	114.3	93.4	292.7	156.1	123.1	-57.9	2.4

来源：马其顿国家统计局。

注：截至2006年，塞尔维亚和黑山。

* 塞尔维亚含/不含科索沃。

1999年中期，欧盟发起“稳定与协作过程”（SAP），通过签订《稳定与协作协定》这一新的金融支持（CARDS）计划，为东南欧5国提供了慷慨的贸易优惠和合同关系，并且自转型期开始以来，首次呈现了未来成为欧盟成员国的愿景（Milikovic and Vladimir，2006）。今天，区域合作已成为SAP和《东南欧稳定条约》的主要支柱之一，因为两项倡议均注重区域合作对于马其顿和波黑这样的东南欧国家取得更持久的和平、稳定和发展的重要性。

4. 结论

马其顿、波黑与南斯拉夫解体后涌现的其他各共和国之间存在着密切的贸易关系，其数额之大无法从单维的角度阐释清楚，因为这一事实是许多因素共同作用的结果（Gligorov，1999）。

第一，要解释这一现象，它们与原来的南斯拉夫其他成员国共享的历史是不能忽略的。共同的过往创造了共同的贸易准则，这种准则得到了在共存于南斯拉夫这一统一的国家结构期间发展起来的共同消费习惯的强化（Gligorov，1997）。这一事实绝非把商务、金融部类的交易变作“南斯拉夫怀旧”现象的一部分，因为该现象局限于市民生活的社会构成，而社会构成主要处理安全感之类的社会因素。

影响这两个国家贸易关系的第二个因素与这两个经济体的特征直接相关，因为这些特征是在转型期内形成的。国民经济整体上缺乏竞争力，加之工人薪资低廉，使得消费者转向低成本产品市场，其中许多产生于南斯拉夫解体时出现的国家里（Gligorov，1998）。尤其在波黑，在决定贸易平衡关系中至关重要的是武装冲突，那些暴力冲突摧毁了国家的生产结构，导致产品因政治信仰问题只能从塞尔维亚和克罗地亚进口（Kaminski and de la Rocha，2002）。

第三个即最重要的因素在于两个框架协定——《代顿协定》和《奥赫里德协定》，事实上这两个协定是国际社会强加的，目的在于解决已涌现的族裔冲突问题。作为这些协定的延续，也是在经济合作框架内签订的是2001年的备忘录，该备忘录旨在创造一个自由贸易区以及《自由贸易协定框架》（CEFTA）（Messerlin and Miroudot，2003）。假如我们细致考察旨在解决族裔冲突的框架协议与旨在创造自由贸易区的框架协定之间的关系，那我们就会清楚地发现，在国家间的贸易这一方面后者是前者的自然延续，因为它们创造了一种激发南斯拉夫时期当时各成员国（现在的独立国家）之间贸易框架的环境（Michalopoulos，2002）。

波黑及马其顿与原来的南斯拉夫各共和国之间的贸易数额巨大，这主要是由于制定了旨在谋求该地区持久和平与稳定的政治规划（Miljovski and Uzunov，2001）。创建自由贸易区的政治可行性参见乌瓦利奇的《论东南欧的区域合作》和阿纳斯塔萨基斯与波基希奇-泽里洛维奇的《巴尔干的区域合作与欧洲的统一》两篇论文（参见Uvalic，2001a；Anastasakis，2002）。这些论文细致地辨析了种种歧见，认为东南欧的政治统一有助于解决该地区的政治和安全问题，因为政治统一提升了稳定、和平与发展的观念；与此同时，这些论文也分析了欧盟与国际社会提升该地区经济合作水平的各种原因（Muco and Fresher，2003）。

综上所述，我们认为波黑和马其顿的贸易额较高，主要是基于旨在谋求该地区持久和平与稳定的规划政策。

参考文献

Anastasakis, O, Vesna Bojicic-Dzelilovic (2002) Balkan Regional Cooperation & European Integration. London, The Hellenic Observatory, The European Institute, The London School of Economics and Political Science: 86

Bartlett W (2001) Regional co-operation in South-East Europe: panacea or dysfunction? Banka Mag, Zagreb, January

Bartlett W (2003) Regional cooperation and economic development in South East Europe: obstacles and opportunities. Paper presented at the Second EACES Dubrovnik conference, Inter-University Centre, 10-12 Apr

Bianchini S, Uvalic M (eds) (1997) The Balkans and the challenge of economic integration-regional and European perspectives. Longo Editore, Ravenna

Borovas G (2008) ‘Οι συμφωνίεζ Dayton και ΑΧρίδαζ ωζμουτέλα επίλνσ ηζ συγκρούσεων. Αξιολόγηση και σύγκριση [The Dayton and Ohrid agreements as models to resolve ethnic conflicts. Evaluation and comparison] (University of Western Macedonia)

Central Bank of Bosnia and Herzegovina, Foreign Trade Statistics of Bosnia and Herzegovina, unpublished material, Sarajevo, 12 Jan 2000

Christie E (2001) Potential trade in Southeastern Europe: a gravity model approach, Vienna, WIIW projects on ‘Long-Term Development in Southeast Europe’ and ‘Regionalism in Southeast Europe’ (http://www.wiiw.ac.at/balkan/)

Commission of the European Communities (2002) ‘Report from the commission-the stabilization and association process for South East Europe-first annual report', Brussels, 4 Apr, COM (2002) 163 Final

Commission of the European Communities (2003) Report from the commission-the stabilization and association process for South East Europe-second annual report', Brussels, 26 Mar, COM (2002) 139 Final

Damijan J, Masten I (2002) Time-dependent efficiency of free trade agreements: the case of Slovenia and the CEFTA agreement. LICOS discussion paper no. 117/2002, Katholieke Universiteit Leuven, LICOS Centre for Transition Economies

Economist Intelligence Unit, Country Forecast-Economies in Transition-Eastern Europe and the former Soviet Union-Regional Overview, London, various issues

European Bank for Reconstruction and Development (2003) Transition report 2003. Integration and regional cooperation, London

Gligorov V (1997) Trade in the Balkans. WIIW Monthly Report no. 3, Vienna

Gligorov V (1998) Trade and investment in the Balkans. In: Vladimir G, Vidovic H (eds) On the way to normality-the states on the territory of former Yugoslavia in the Postwar period. WIIW Paper no. 250, October

Gligorov V, Kaldor M, Tsoukalis L (1999) Economic reconstruction and European integration. Paper presented at the LSE-WIIW conference reconstruction and integration in Southeast Europe-economic aspects, Vienna, WIIW, November

Hinic B (1994) Ekonomski tokovi na prostoru SFRJ i modaliteti njihovog obnavljanja ('Economic flows in the area of SFR Yugoslavia and means for their renewal'). In: Tomislav P (ed) Strategija povratka Jugoslavije na svetsko trziste (Strategy for Yugoslavia's return to the world market). Institut ekonomskih nauka, Belgrade, pp 88-115

Hristidis G (2003) Τα κομμουιστικ ά Βαλκ ά υια. Εισαγωγ ή στηυ εσωτερικ ή και εξωτερικ ή πολιτικ ή στηυ Αλβαυία, Βουλαρία, Γιουγκοσλαβία και Ρουμαυία ιηυ περίοδο 1945-1989 [The communist Balkans.

Introduction to domestic and foreign policy in Albania, Bulgaria, Yugoslavia and Romania in the period 1945-1989]. Thessaloniki Vanias (in Greeks)

Ivanović N (2002). Vlast i drzava. Beograd. s. n

(IMF) I. M. F. (2003) International Monetary Fund (IMF). Fromhttp://www. imf. org/external/

(wiiw), T. V. I. f. I. E. S. (2003) The Vienna Institute for international economic studies (wiiw). From http://www. wiiw. ac. at/

(I. M. F.) Direction of trade statistics yearbook, Washington, various issues

(I. M. F.) Direction of trade statistics quarterly, Washington, various issues

Jovicic M, Zdravkovic M, Dragutinovic Mitrovic R (2001) Federal Republic Yugosalvia: trade potentials and comparative advantages, Vienna, WIIW projects on 'Long-Term Development in Southeast Europe' and 'Regionalism in Southeast Europe' (http://www. wiiw. ac. at/balkan/)

Kaminski B, de la Rocha M (2002) Policy-induced integration in Balkans: policy options and their assessment, in World Bank (2002), June

Kuzmanović B (1995) Social distance towards individual nation: ethnic distance. Society in crisis: Yugoslavia in the early 90s. L. Mladen. Beograd, Višnjić

Lampe JR (2000) Yugoslavia as history. Twice there was a country. Cambridge University Press, Cambridge

Lijphart A (1977) Democracy in plural societies. Yale University Press, New Haven

Messerlin P, Miroudot S (2003) Trade liberalisation in South East Europe: from a network of 23 FTAs to a full free trade area? A summary. Paper presented at the WIIW conference, 21 Nov The Economic Relations of Bosnia-Herzegovina 47

Michalopoulos C (2002) The Western Balkans in world trade-an essay in memoriam of Bela Balassa. World Bank, Washington, DC

Miljovski J, Uzunov V (2001) International and regional economic integration in South East Europe-the case of Macedonia', Vienna, WIIW projects on 'Long-term development in Southeast Europe' and 'Regionalism in Southeast Europe' (http://www.wiiw.ac.at/balkan/)

Miljkovi c D, Vladimir Vu c kovi c (2006) Serbian Foreign Trade, Competitiveness and Exchange Rate Policy. Agora without frontiers 12 (2): 13

Muc, o M, Frasheri A (2003) Does economic cooperation in the Balkans follow ethnic lines? An alternative. In: Franicevic V, Kimura H (eds) Globalisation, democratization and development-European and Japanese views of change in South East Europe. Masmedia, Zagreb, pp 325-348

Ni Aiolain F (2001) The fractured soul of the Dayton peace agreement: A legal analysis. Reconstructing multiethnic societies: The case of Bosnia-Herzegovina. D. Š. F. Bieber. Hampshire, Ashgate Publishing Limited

Owen D (1995) Balkan odyssey. Gollancz Victor, London

Papazoglou C (2005) Οι οικονομίεζ τηζ Νότιο-Ανατολικήζ Ενρώπηζ [The economies of Southeast Europe]. s. i., Kritiki Publication (in Greek)

Petrovic T (2007) The territory of the former Yugoslavia in the mental maps of former Yugoslavs: Nostalgia for space. Sprawy Narodowošciowe, Seria Nova

Stanimirovic BM, Stanisavic (1987) Marksizam i Socijalisticko Samoupravljnje (Marxism and Socialist self-management) Beograd, Naucna Knjiga in Serbian

Udovicki K (1996) Market forces and economic integration: lessons from Yugoslavia, 1970-1987. In: Crnobrnja M, Papic Z, Bogetic Z (eds) The cost of war in former Yugoslavia. Peace and Crisis Management Foundation/Europa Press, Paris and Belgrade UNECE, Economic survey of Europe, Geneva, various issues

Uvalic M (1992) Investment and property rights in Yugoslavia-the long transition to a market economy. Cambridge University Press, Cambridge

Uvalic M (1993) The disintegration of Yugoslavia: its costs and benefits. Communist Econ Ec Trans 5 (3): 273-293

Uvalic M (1997a) European economic integration-what role for the Balkans? In: Bianchini, Uvalic (eds) pp 19-34

Uvalic M (1997b) Economic problems and prospects of the successor states of former Yugoslavia. In: Bianchini, Uvalic (eds) pp 161-184

Uvalic M (2001a) Regional co-operation in Southeastern Europe. In: Veremis T, Daianu D (eds) Balkan reconstruction. Frank Cass, London

Uvalic M (2001b) Regional co-operation in Southeast Europe. J Southeast Eur Black Sea Stud 1 (1): 23-40

Uvalic M (2002a) Economic integration in Southeastern Europe. Ekonomski Anali XLVI: 121-147, October 2002

Uvalic M (2002b) Regional cooperation and the enlargement of the European Union: lessons learned? Int Polit Sci Rev 23 (3): 319-333

Uvalic M (2003a) Trade liberalisation in Southeastern Europe-recent controversies and open questions. In: Proceedings of the conference organised by the Peace and Crisis Management Foundation, Cavtat, Croatia, May

Uvalic M (2003b) Trade liberalisation in the Balkans-a blessing in disguise? In: Conference on trade & economic integration of the Western Balkan countries in the European Union organised by the Albanian Center for International Trade (ACIT) in cooperation with the Ministry of Economy, Tirana, ACIT Research Paper, Tirana, 12 - 13 Dec 2003 (www. acit-al. org/publications/Research _ papers /dec_ 2003).

World Bank (2002) Trade policies and institutions in the countries of South Eastern Europe in the EU association and stabilization process-regional report, Washington, 28 June

第 4 章　土耳其通胀目标制政策对通胀曲线的影响

奥兹坎·卡拉翰、奥尔凯·克拉克①

1. 前言

自从 20 世纪 90 年代以来，由于感觉到先前的政策即货币供应与兑换率目标失败了，越来越多的发达国家和发展中国家采用了通胀目标制（Inflation Targeting，IT）政策作为货币体制。与其他策略相比，"通胀目标制政策的特征可以概括为广泛地通告官方中长期通胀率量化目标，且明明白白地承认偏低、稳定的通货膨胀才是货币政策的基本长期目标。通胀目标制政策的其他重要特征包括努力就货币管理部门的计划和目标与公众进行充分沟通，且在许多情况下，还需就加强中央银行对达成那些目标的责任机制进行沟通"

① A. Karasavvoglou and P. Polychronidou (eds.), *Balkan and Eastern European Countries in the Midst of the Global Economic Crisis*, Contributions to Economics, DOI 10.1007/978-3-7908-2873-3_ 4, © Springer-Verlag Berlin Heidelberg 2013

* 作者联系方式：Ö. Karahan, Bandırma Faculty of Economics and Administrative Sciences, Balıkesir University, 10100 Bandırma-Balıkesir, Turkey; E-mail: okarahan@balikesir.edu.tr; O. çolak, Department of Economics, Rize University, 53100 Rize, Turkey; E-mail: olcay.colak@rize.edu.tr

(Bernanke et al., 1999, p. 4)。因此，评判通胀目标制的基本准则是向公众通告通胀的数字目标，将维持价格稳定作为货币政策至高无上的宗旨，在货币政策行动中采用信息包容策略和透明性、责任心原则（Amato and Gerlach, 2002, p. 782）。

对于通胀目标制的效果与表现（即上文概述的基本性质），在经济学文献中有各种争论。至关重要的探讨是就通胀目标制规划对通胀曲线的影响展开的。中央银行既然选择了通胀控制目标作为象征性锚定，就必然致力于实现这一货币政策战略中预先确定的目标，而且这一承诺原则意味着要消除价格水平的波动性。从这一角度来看，既然公众对价格水平或通胀率的理解更加到位了，那么就可以说通胀目标制增强了透明性（Bernanke and Mishkin, 1997, p. 6）。

确实，“透明性”是通胀目标制实施主体为降低波动性提供的最为至关重要的事实。通过明明白白地公布中央银行的宗旨，这一事实使得未来的货币政策道路更清晰得多。尤其是在通胀目标制政策的框架下，中央银行通过给未来的通胀水平提出正式的目标，来增强透明性，从而降低通胀的波动性，因为这样有利于锚定面对通胀休克时的期待值。2001 年之后，土耳其中央银行（CBRT）就采纳了通胀目标制（IT）作为货币管理体制——2002—2006 年是暗中实施，后来就公开推行了。随着基于爬行钉住汇率制的稳定政策于 2001 年崩溃，暗中实施的通胀目标制政策首次受到青睐，直到 2006 年满足了一套合理的条件（Kara, 2006, p. 3）。因此，土耳其提供了一个难得的案例研究机会，便于探究通胀目标制政策对于控制通胀曲线的有效性。从这一视角来说，本文力图分析的是土耳其采纳通胀目标制之后，通胀曲线是否有所下降。最后，本文也总结了土耳其在实施通胀目标制以降低通胀曲线方面的成功经验。

本章框架如下：第二节为文献综述，第三节呈现数据、方法论和实证调查的结果，第四节做出总结。

2. 文献综述

在相关文献中，有不计其数的文章探讨了通胀目标制政策对控制通胀曲线的作用。在确定通胀目标制政策对控制通胀曲线的影响这一过程中，预期的通胀率得到了测量或测定，使用的数据要么来自职业预测员的调查反馈，要么来自时间序列。研究人员先期测量了通胀曲线，将其作为通胀率的标准偏差和通胀预报与职业预报员调查的横切面离差。最近，“广义自回归条件异方差”（GARCH）模型时兴起来，用来解释随时间变化的通胀曲线或变动率。就通胀目标制政策对于控制通胀曲线的功效而言，实证考察的结果通常有些含混，但有些研究却表明，这样的考察有时又十分有益。

在整体框架上，伊万斯和瓦西特尔（Evans & Wachtel，1993）探讨了货币政策调整和通胀曲线的关系。两位作者运用调查数据开发了一个通胀过程模型，据此可以得出控制通胀曲线应采取的措施，解释调整货币管理体制的愿景。这一模型可以推导出 1953 年至 1993 年间美国在通胀曲线中转换货币管理体制过程中展现的结构变迁。两位作者指出，在通胀曲线中对通胀预期值的调整与通胀条件方差的管理体制波动各函数是密切匹配的。有鉴于此，他们认为有关货币管理体制的波动兴许就是观察到的通胀曲线的底层原因。

约翰逊（Johnson，2002）也依据众位专家在目标和非目标国家进行的通胀调查，用数据来测量通胀预期值和通胀可变性，并测定通胀目标制对职业通胀预报共识的影响。作者认为，通胀目标管理机制降低了通胀预期值的水平；然而，与非目标国家（法国、德国、意大利、日本、荷兰、美国）相比，在目标国家（澳大利亚、加拿大、新西兰、瑞典、英国）里，通胀预报错误的可变性（通胀可变性的变动）并不显著降低。在另一项研究中，约翰逊（Johnson，2003）再次依据职业预报员的调查反馈给出通胀预期值的水平，测定了公布通胀目标对五国（澳大利亚、加拿大、新西兰、瑞典、英国）通胀预期值水平的效果。结果显示，公布通胀目标后，通胀预期值的水平在澳大利亚、加拿大、新西兰和瑞典都下降了，但在英国没有下降。

卡皮斯特朗和拉莫斯-弗兰西亚（Capistran & Ramos-Francia，2010）也考察了采纳通胀目标制框架对职业预报员所做通胀预报的离差的效应。他们分析了 25 国——其中 14 国是通胀目标制国家——有 16 年月度信息的组别数据集，发现为针对特定国家的效应而采取控制措施后，长远通胀预期值的离差在目标管理体制中要小些。把发达国家和发展中国家的效应区分开来时，采取通胀目标制之后通胀预期值的离差就小些，且在统计学上只在发展中国家至关重要。迪特玛等学者（Dittmar et al.，1999）分析了 1957 年至 1997 年间的月度通胀数据，认为就 10 国集团（G-10）国家的证据来说，采纳通胀目标制计划后通胀可变性（作为通胀的标准偏差）就降低了。诸位作者发现，通胀波动性的体量正是普遍推荐的通胀目标管理机制预料中的结果，并指出通胀减小、通胀可变性降低，这一成绩离不开目标管理体制在世界范围内的采纳。

除了依靠调查或对基于可变性的通胀曲线措施的研究外，近年“广义自回归条件异方差”（GARCH）技术也流行起来了。康托尼卡斯（Kontonikas，2004）分析了通胀目标制政策的作用，他以1972—2002年间英国的时间序列数据为研究目标，采用“广义自回归条件异方差”方法来模拟通胀曲线的规律。波动性是一种使用来自对称、非对称和构成式通胀 GARCH-M 模型的估测条件变动率的代理模式。结果显示，采纳明确的目标，就会消除通胀持续性，减少长远的波动性。埃尔图尔克和奥兹拉里（Erturk & Özlale，2004）也使用具有 GARCH 技术参数的时序参数模型，力图测试1980—2003年间在5个工业化国家中（澳大利亚、加拿大、新西兰、瑞典、英国）实行通胀目标制之后，在通胀预期值和通胀曲线当中是否出现了结构性中断。测试结果表明，通胀目标管理体制在减少通胀预期值方面尤其成功，但较少有证据证明实施通胀目标制显著减少了通胀波动性。

最近几年，贝鲁蒙特和余克赛尔（Berument & Yuksel，2007）力图考察在实施了通胀目标计划的5个发达国家（澳大利亚、加拿大、新西兰、瑞典、英国）和4个新兴经济体（巴西、智利、哥伦比亚、南非）中，通胀目标计划是否已改变通胀波动性的模式。他们用一个 GARCH 参数来模拟通胀波动性，但除了澳大利亚、智利和瑞典处在不同的参数下，他们找不到更低的有条件通胀预期值。因此，他们为通胀目标管理体制下更低的通胀率和波动性寻找的实证证据是有限的。迈尔斯（Miles，2008）使用 GARCH-M 和 T-

GARCH 方法，重点探讨了通胀目标制对通胀曲线的作用以及加拿大的通胀持久现象。他指出，通胀目标制能缩减通胀持久现象，但令人惊讶的是，也能增加波动性。他强调运用通胀目标制来降低波动性的失策，也指出这种效应也许源自前期正式目标（M_1货币供应）没能成功遏制通胀的失败。作者认为，就加拿大而言，与过去的通胀水平相比，通胀目标制实际上已提高了通胀曲线，之后才是较低的通胀水平，只不过通胀目标制有助于降低通胀休克的持久性。佩恩（Payne，2009）采用 ARIMA-GARCH 模式探索了泰国通胀目标制对通胀曲线的作用。他认为，2000 年 5 月泰国实施通胀目标制，只无足轻重地降低了波动持久性相对于通胀休克的程度（比如通胀曲线）。塔斯（Taş，2009）采用条件方差（PARCH）的方法，研究了 19 个国家的通胀目标制对通胀曲线的影响。所做的单个和分组数据分析都指向这一结论，即实施了通胀目标制的国家都显著地降低了通胀方差。此外，与发达国家相比，通胀波动性的降低在新兴经济体中要显著得多 。

3. 数据、 方法论和实证调查结果

笔者从土耳其统计局（TURKSTAT）获得了土耳其 1990 年 1 月至 2011 年 2 月的月度“消费价格指数”（CPI）数据。为了辨明通胀目标制政策对于通胀曲线的作用，我们将数据集按时段分成两个组别，即前通胀目标制时期（1990 年 1 月至 2001 年 12 月）和通胀目标制时期（2002 年 1 月至 2011 年 2 月）。对于第一个分期，我们的 CPI 数据集基于 1987 = 100，对于第二个分期，则基于 1994

= 100。我们取得 CPI 的对数，并计算通胀的月度时间序列，1990 年 1 月至 2001 年 12 月为 LINF1，2002 年 1 月至 2011 年 2 月为 LINF2。

2001 年之后，土耳其中央银行（CBRT）采纳了通胀目标制（IT）作为货币管理体制，2002—2006 年只是悄无声息地实施，后来就开始大张旗鼓地推行。因此对土耳其而言，2002 年之后的时期可以称作通胀目标制时期。表 1 呈现的是前通胀目标制时期（1990—2001）和通胀目标制时期（2002—2011）的概括统计量。从表 1 可以看出，在 2002 年之后的通胀目标制时期，土耳其取得了平均通胀率下降多达 80 % 的显著成就（从 4. 58%到 0. 89%）。而且标准偏差相对于前通胀目标制时期下降多达 65%（从 2. 51%到 0. 88%）。偏度（Skewness）和峰度（Kurtosis）也在通胀目标制时期有所下降。概要统计量呈现的结果也得到了图 1 的证实：该图表明，与前通胀目标制时期相比，通胀目标制时期的通胀（作为 CPI 的月度百分比变动）呈现的平均数和波动性更低。归结起来，概要统计量中平均数和标准偏差的显著降低表明，在通胀目标制时期土耳其的通胀显然没有那么持久、那么多变了。

表 1　前通胀目标制时期和通胀目标制时期的通胀序列概要统计量

概要统计量	前通胀目标制时期（1990—2001）	通胀目标制时期（2002—2011）
观察数	144	110
平均数	4. 58%	0. 89%
中位数	4. 43%	0. 79%
最高值	22. 07%	3. 41%

续表

概要统计量	前通胀目标制时期（1990—2001）	通胀目标制时期（2002—2011）
最低值	-0.92%	-0.73%
标准偏差	2.51%	0.88%
偏度	2.391443	0.551300
峰度	17.82175	3.007707

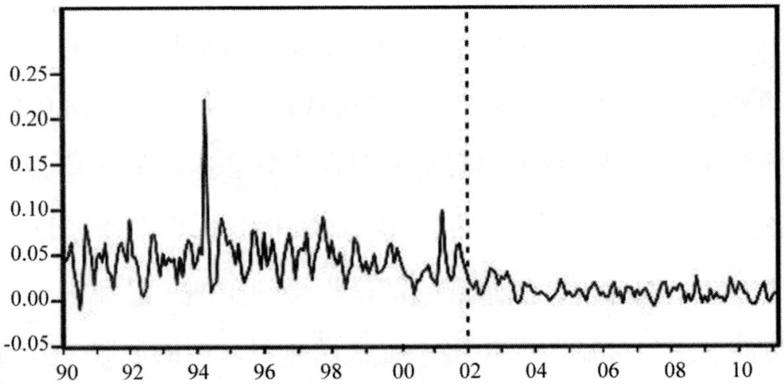

图 1　前通胀目标制时期（1990—2001）和通胀目标制时期（2002-2011）通胀序列的路径

为了准确统计通胀目标制政策对于通胀曲线的作用，除了以上的概要统计数据之外，我们还应当在一个随时期变动的参数模式语境下，用 GARCH（广义自回归条件异方差）参数来获取新的通胀曲线数据。自从恩格尔（Engle，1982）对 ARCH（自回归条件异方差）进行研究及博勒斯列夫（Bollerslev，1986）随后对 GARCH 进行拓展以来，有许多研究都采用了源自诸种通胀 GARCH 模型的预先一步估算的条件方差，来代理通胀曲线（Taş，2009，p. 4）。

在模拟变量的条件方差或波动性的过程中，恩格尔设定了下列关系式：

$$\sigma_{ut}^2=\alpha_0+\alpha_1 u_{t-1}^2+\cdots+\alpha_p u_{t-p}^2 \tag{1}$$

前一个时期的波动性通过余数平方的滞后阶数来测量。条件干扰方差是 u_t 的方差，该方差取决于截至时段 $t-1$ 前所获的信息。这一点可写成下列方程式：

$$\sigma_u^2=\mathrm{Var}\ (u_t \mid u_{t-1}\cdots u_{t-p}) \tag{2}$$

$$\sigma_u^2=\mathrm{E}\ (u_t^2 \mid u_{t-1}\cdots u_{t-p}) \tag{3}$$

最近的扰动项影响现时扰动项的方差，进而影响因变量的方差。上文描述过的过程叫作 ARCH（p）过程。另一方面，单位方差并非制约项，因为任意其他方差都能通过对其他参数的合理调整而重新调试得整齐划一。出于简洁的目的，我们继续探讨 ARCH（1）模型的属性。这一模型的方程式为：

$$\mathrm{Y}_t=\beta_1+\beta_2\mathrm{X}_{t2}+\cdots+\beta_K\mathrm{X}_{tK}+\mathrm{u}_t \tag{4}$$

$$\mathrm{u}_t=\varepsilon_t\sqrt{\alpha_0+\alpha_1\mathrm{u}_{t-1}^2} \tag{5}$$

在两个方程式中，扰动项 u_t 通常由 0 均方差和 $x_o+x_1u_{t-1}^2$ 方差做正态分布（Vogelvang 2005，p. 193）。自从 1982 年“发现”以来，ARCH 模型分析就成了朝阳产业，原来的模型上出现了各种各样的方差。已经盛行起来的就是“广义自回归条件异方差”（GARCH）模型，该模型最早是由博勒斯列夫提出来的。最简单的 GARCH 模型是 GARCH（1，1），该模型可写成如下方程式：

$$\sigma_t^2=\alpha_0+\alpha_1 u_{t-1}^2+\alpha_2\sigma_{t-1}^2 \tag{6}$$

方程式（6）表明，u 在 σ_t^2 时段的条件方差不仅依赖前一时段 σ_{t-1} 错误项的平方，也依赖前一时段 σ_{t-1}^2 的条件方差。这一模型可以概括为 GARCH（p，q）模型，其中既有错误项平方的多个 p 滞后项，也有滞后条件方差的多个 q 项（Gujarati，2004，p. 862）。根据上文列出的 GARCH 等式（6），移动平均值函数（ARCH 项）是 σ_{t-1}^2，代表前一时期的通胀波动性。自回归函数（GARCH 项）是 σ_{t-1}^2，代表前一时期的预报通胀方差。这一条件方差等式中，各项系数（$\chi^1+\chi^2$）的总和决定了源自通胀休克的通胀曲线（动荡）的持久性。如果 χ^1 和 χ^2 的总和略等于休克，那么休克就变得更加持久（Payne，2009，p. 235）。

表 2　ADF 单位根测试

	水平	第一差分	麦克金依临界值		
LINF1	-0.8202	-8.3569	1%	-3.47	-4.02
			5%	-2.88	-3.44
			10%	-2.57	-3.14
LINF2	-2.4115	-5.8218	1%	-3.49	-4.04
			5%	-2.88	-3.45
			10%	-2.58	-3.15

因此，GARCH 时间序列计算等式提供了更为复杂的依时间变化的曲线的计算方法，或者说更为复杂的模拟方差变化的方法。大多数对通胀曲线的现代考察采用的都是 GARCH 模型。的确，在对通胀曲线的实证考察中，GARCH 技术深受欢迎，因为计算出来的条件波动能作为通胀曲线的代表。换言之，通胀的 GARCH 模型经过了计算，且源自这一计算的条件方差用作通胀曲线。除此之外，既然多个 GARCH 模型提供了通胀曲线的参数测量手段，那么就可以大大方方地进行测试，以判断条件方差是否在统计学上具有重要意义。

在GARCH之前，捕获随时间变化的条件标准偏差和条件方差的首要描述工具，是滚动标准偏差或滚动方差。这种标准偏差或方差是采用最新观察的固定数字计算出来的。根据其背后的理念，方差随着时间缓慢变化，并在较短滚动时间窗口上接近恒定。然而，在现代方差测算中，假定权重均等是不大有说服力的。在预测方差中该采用哪些最佳权重，这些GARCH模型允许由数据来做出决定。

在本文中，我们采用源自消费价格指数（CPI）的土耳其通胀生产的时间序列，以GARCH模型来建构一种测量通胀曲线的方法。第一步，对静止条件的通胀序列进行ADF单位根测试。接着，使用自回归模型对前通胀目标制时期和通胀目标制时期两项均为最佳的通胀模型做出具体描述。然后，我们进行ARCH-LM测试，为的是检验ARCH在各模型余差中的效果。最后，我们从GARCH模型（1，1）的技术参数中得出方差等式，并分析通胀目标政策对通胀曲线的效应。

3.1　ADF单位根测试

在静止条件下对序列进行了单位根测试，并在表2中列出前通胀目标制时期和通胀目标制时期两者的扩展版迪基-富勒（ADF）测试的结果。我们对单位根测试所做的无效假设是 $H_0: \delta = 0$，或者通胀的时间序列是非静止的。

表3　前通胀目标制时期通胀模型测试的结果

因变量：DLINF1 方法：最小平方				
变量	系数	标准误差	t-统计值	概率
C	0.045596	0.002074	21.98209	0.0000

续表

变量	系数	标准误差	t-统计值	概率
AR（1）	0.895460	0.081533	10.98276	0.0000
AR（2）	-0.852160	0.071093	-11.98655	0.0000
MA（1）	-0.633025	0.111467	-5.679015	0.0000
MA（2）	0.691539	0.097692	7.078769	0.0000
R-平方	0.243089	因变量均值		0.045802
调整 R-平方	0.220827	S.D. 因变量		0.025328
回归的 S.E.	0.022357	赤池信息准则		-4.728532
总数平方余差	0.067978	施瓦茨信息准则		-4.623966
对数似然值	338.3615	F-统计量		10.91944
德宾-瓦特逊统计	1.743826	（F-统计量）测试		0.000000

通过将截距纳入模型相应位置，发现 ADF-测试统计的值在每一处关键节点上都小于麦克金侬临界值，表明对无效假设序列的接受是非静止的。ADF 单位根测试的结果证明，吸纳两个序列（分别为 DLINF1 和 DLINF2）的第一个差之后，1990 年 1 月至 2001 年 12 月期间的 LINF1 序列和 2002 年 1 月至 2011 年 12 月期间的 LINF2 序列就变得静止不动了。

3.2 自回归通胀模型技术参数

为了配置最佳通胀模型，笔者检测了余差的相关函数值，并考虑了如下准则：（1）参数的重要性；（2）高测定系数；（3）赤池信息准则（AIC）和施瓦茨信息准则（SIC）的最低限度；（4）最高限度对数似然值比率；（5）F-测试统计值。

在这些情景下，说到前通胀目标制时期，最合适的案例是

ARMA（2，2）通胀模型，因为这一模型满足上述所有准则。对于前通胀目标制时期，ARMA（2，2）通胀模型得到了测算，结果列入表3。正如我们看到的，ARMA（2，2）参数的所有系数在每个重要性层面上都至关重要。甚至表示这一模型的解释力的决定系数数值看来也比较低；但在其他模型中依然是最高的。F-测试统计值是最为关键的，对数似然函数值是最大值，AIC和SIC信息准则在其他模型中是最低的。

表4 通胀目标制时期通胀模型的测试结果

因变量：DLINF2 方法，最小平方				
变量	系数	标准误差	t-统计量	概率
C	0. 009075	0. 000942	9. 633054	0. 0000
AR（1）	1. 002657	0. 0465995	21. 51647	0. 0000
AR（2）	-0. 914793	0. 044427	-20. 59086	0. 0000
MA（1）	-0. 687876	0. 007960	-86. 41626	0. 0000
MA（2）	0. 994985	0. 007627	130. 4500	0. 0000
R-平方	0. 434536	因变量均值		0. 008807
调整 R-平方	0. 412361	S. D. 因变量		0. 008868
回归的 S. E.	0. 006798	赤池信息准则		-7. 098784
总数平方余差	0. 004714	施瓦茨信息准则		-6. 973885
对数似然值	384. 7849	F-统计量		19. 59569
德宾-瓦特逊统计	1. 614662	（F-统计量）测试		0. 000000

表 5　前通胀目标制时期的 ARCH-LM 测试

ARCH 测试				
F-测试统计值	0. 106974	概率		0. 744111
Obs * R-平方	0. 108441	概率		0. 741926
因变量：RESID^2				
方法：最小平方				
变量	系数	标准误差	t-测试统计值	概率
C	0. 000498	0. 000209	2. 385779	0. 0184
RESID^2（-1）	-0. 027832	0. 085095	-0. 327069	0. 7441

对于通胀目标制时期，考虑上述准则，将最合适的案例或者通胀模型优选出来作为 ARMA（2，2）。浏览表 4 中通胀目标制时期的通胀模型，可以看出优选的模型满足上述所有准则，且通胀序列遵从 ARMA（2，2）过程。在满足上述大多数准则方面，这一模型优于其他模型；其参数的系数在每个重要性层面都至关重要，其决定系数为 43%，在其他模型中是最高的，AIC 和 SIC 信息准则是最低值，对数似然函数值在其他模型中是最高值，而且其 F-测试统计值为最高值，是至关重要的数值。

3. 3　ARCH-LM 测试

在估算通胀的曲线之前，我们应当检验一下这一模型中通胀序列的余差是否展现 ARCH 效应。在这一语境中我们进行了 ARCH-LM 测试，把测试的结果列入了代表前通胀目标制时期的表 5 和代表通胀目标制时期的表 6。

表 6　通胀目标制时期的 ARCH-LM 测试

ARCH 测试				
F-测试统计值	2.934463	概率		0.089687
Obs * R-平方	2.908819	概率		0.088096
因变量：RESID^2				
方法：最小平方				
变量	系数	标准误差	*t*-测试统计值	概率
C	3.69E-05	6.74E-06	5.469792	0.0000
RESID^2（？1）	0.165934	0.096866	1.713027	0.0897

通过估算均值方程式的余差（$\hat{e}_t$），获取余差的平方（$\hat{e}_t{}^2$），来进行 ARCH-LM 测试。两个无效备选假设是：H_0：$\gamma_1=0$，H_1：$\gamma_1\neq0$。

如果没有 ARCH 效应，那么 $\gamma_1=0$ 和均数方程式的拟合就会偏弱，方程式 R^2 也会偏低。如果有 ARCH 效应，那么 $\hat{e}_t{}^2$ 的量则有望依赖其滞后值，且 R^2 也会相对较高。假如无效假设为真数，那么测试统计值（$T-q$）R^2 则分布（在大抽样中）为 X_q^2；其中，q 是滞后顺序，$T-q$ 是完整观察的次数。假如（$T-q$）$R^2\geqslant X_{1-a,q}^2$，那么我们就认为无效假设 $\gamma_1=0$ 不成立，判定存在 ARCH 效应（Hill et al. 2008，p. 369）。对于表 5 对应的前通胀目标制时期，LM-测试统计值比 χ_1^2 在各重要层面的表格参数值都低 0.10，因此对余差没有 ARCH 效应这一无效假设没有得到否定，且前通胀目标制时期的通胀模型没有包含 ARCH 效应。至于表 6 对应的通胀目标制时期，测试统计值在 10%的重要性层面上比 χ_1^2 表格参数值大 2.90，因此对余差没有 ARCH 效应这一无效假设是不成立的，意味着 ARMA（2，

2）通胀模型的余差包含 ARCH 效应。

3.4 GARCH（1，1）模型具体参数

检测到每个模型中的 ARCH 效应后，我们就能进一步调试 GARCH 模型，将前通胀目标制时期和通胀目标制时期的通胀曲线规律绘制出来。GARCH 技术在对通胀曲线的实证考察中用得非常普及，因为估算出来的条件波动可以作为波动的代理模式。使用 GARCH（1，1）模型来绘制通胀曲线的优势，就是在 GARCH 模型的主要等式中展现 ARCH 效应。在这一语境下，通胀和条件方差的等式呈现在分别对应前通胀目标制时期和通胀目标制时期的表 7 和表 8 中。

浏览表 7 中方差等式的各项参数时，我们会发现这些参数非常重要，而浏览表 8 中方差等式的各项参数时，则会发现除了通胀目标时期的 GARCH 项，那些参数都无足轻重。在方差等式中，ARCH 的系数，即 RESID（-1）^2，给出了通胀曲线的幅度，而 GARCH 的系数则表明这一波动的持续性。前通胀目标时期 ARCH 和 GARCH 系数的总和超过 1，表明与通胀目标时期的对应值 0.87 相比，其波动休克相当持久。因此，2002 年之后土耳其实施通胀目标制政策带来了通胀曲线的递减，其比率得到 GARCH 模型中方差等式各项系数的数值的支撑。

表 7　前通胀目标制时期 GARCH（1，1）模型的测试结果

因变量：DLINF1				
方法：ML-ARCH（马夸特）-正态分布				
GARCH=C（6）+C（7）＊RESID（-1）^2+C（8）＊GARCH（-1）				
	系数	标准误差	z-测试统计值	概率
C	0.046229	0.000806	57.38153	0.0000

续表

	系数	标准误差	z-测试统计值	概率
AR（1）	0.881082	0.058862	14.96857	0.0000
AR（2）	-0.829007	0.049337	-16.80312	0.0000
MA（1）	-0.631780	0.088382	-7.148272	0.0000
MA（2）	0.653772	0.074109	8.821732	0.0000
方差等式				
C	-2.61E-06	9.67E-07	-2.697371	0.0070
RESID（-1）^2	-0.011657	0.001112	-10.48367	0.0000
GARCH（-1）	1.030550	0.002688	383.4066	0.0000
R-平方	计量均值	S.D 计量值.	AIC	SIC
0.240088	0.045802	0.025328	-4.808307	-4.641002
Adj. R-平方	余差平方和	对数似然值	F-测试统计值	DW-测试统计值
0.200093	0.068248	346.987	6.002898	1.707901

表 8 通胀目标制时期 GARCH（1，1）模型检测的结果

因变量：DLINF1				
方法：ML-ARCH（马夸特）-正态分布				
GARCH=C（6）+C（7）*RESID（-1）^2+C（8）*GARCH（-1）				
	系数	标准误差	z-测试统计值	概率
C	0.008171	0.000840	9.732335	0.0000
AR（1）	0.985270	0.040633	24.24811	0.0000
AR（2）	-0.950760	0.041738	-22.77897	0.0000
MA（1）	-0.699619	0.038987	-17.94477	0.0000
MA（2）	0.919654	0.038415	23.93968	0.0000

续表

方差等式				
C	5. 13E-06	8. 23E-06	0. 623882	0. 5327
RESID（-1）^2	0. 179655	0. 139536	1. 287520	0. 1979
GARCH（？1）	0. 706046	0. 252747	2. 793488	0. 0052
R-平方	计量均值	S. D 计量值	AIC	SIC
0. 370946	0. 008807	0. 008868	-7. 046583	-6. 846745
Adj. R-平方	余差平方和	对数似然值	F-测试统计值	DW-测试统计值
0. 326467	0. 005244	384. 9922	8. 339883	1. 464351

从图 2 呈现的 GARCH 序列所体现的趋势里也可获得通胀或通胀曲线的递降波动持续性。图 2 左边一列表明了 1990—2002 年前通胀目标制时期通胀曲线的趋势，而右边一列则表明通胀目标制时期的趋势。图 2 还说明 2002 年土耳其实施通胀目标政策后，通胀曲线降低了。在通胀目标制时期，通胀曲线或波动幅度降低了，在 0. 0001 上下循着一条平稳的路径延伸；与前通胀目标制时期的趋势

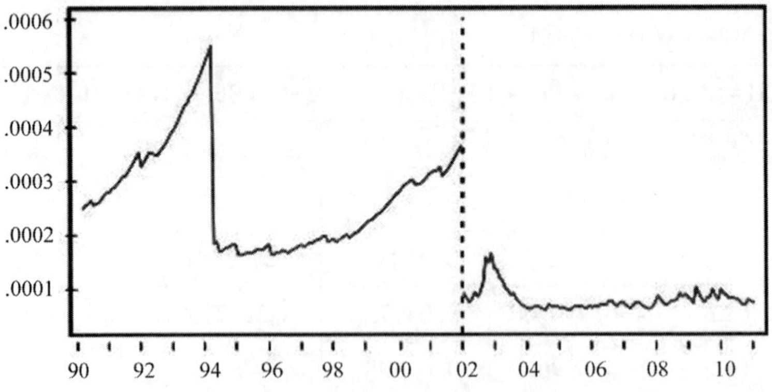

图 2　GARCH 模型产生的 1990—2011 年间的通胀曲线

相比，这个数字是相当低的。因此，显而易见的是，在通胀目标制时期，通胀曲线总在较低数率的上下波动。总而言之，通胀目标制政策起到了作用，降低了土耳其的通胀波动率。

4. 结论

通胀目标制政策越来越普及了，常作为取得价格稳定的手段。在这一环境中，在满足了通胀目标制特征的货币纪律的帮助下，采纳了这一管理体制的许多国家有望稳定各自的经济体。还可以轻松地判定，这些管理体制还能降低通胀过程中可能涌现的波动率。

本论文使用 GARCH 方法来模拟基于月度消费价格指数的通胀曲线，考察了 2001 年之后实施的通胀目标制政策是否改变了土耳其经济体的通胀波动模式。对数据集的实证分析表明，自 2001 年之后（2002—2006 年间悄无声息地实施，此后就大张旗鼓地推行）土耳其中央银行采取通胀目标制作为货币管理体制以来，通胀波动幅度有明显的降低。换言之，我们的发现证明了这一观点，即通胀目标制政策成功地降低了通胀波动的幅度。

参考文献

Amato JD, Gerlach S (2002) Inflation targeting in emerging market and transition economies: lessons after a decade. Eur Econ Rev 46: 781-790

Bernanke B, Mishkin F (1997) Inflation targeting: a new framework for monetary policy? National Bureau of Economic Research Work Pap, 5893

Bernanke B, Laubach T, Mishkin F, Posen A (1999) Inflation targeting: lessons from the international experience. Princeton University Press, USA

Berument H, Yuksel E (2007) Effects of adopting inflation targeting regimes on inflation variability. Physica A 375: 265-273

Bollerslev T (1986) Generalized autoregressive conditional heteroskedasticity. J Econ 31: 307-327

Capistran C, Ramos-Francia M (2010) Does inflation targeting affect the dispersion of inflation expectations? J Money Credit Bank 42: 113

Dittmar R, Gavin WT, Kydland FE (1999) Price-level uncertainty and inflation targeting. Fed Reser Bank of St Louis Rev 81: 23-33

Engle R (1982) Autoregressive conditional heteroskedasticity with estimates of the variance of UK inflation. Econometrica 50: 987-1008

Ert € urk B, Ozlale U (2004) Do inflation targeting regimes reduce inflation uncertainty: evidence from five industrialized countries. Mimeo/Bilkent University, Ankara

Evans M, Wachtel P (1993) Inflation regimes and the sources of inflation uncertainty. J Money Credit Bank 25: 475-511

Gujarati D (2004) Basic econometrics. McGraw-Hill, New York

Hill C et al (2008) Principles of econometrics, 3rd edn. Wiley, New York

Johnson DR (2002) The effect of inflation targeting on the behavior of expected inflation: evidence from an 11 country panel. J Monet Econ 49-8: 1521-1538

Johnson DR (2003) The effect of inflation targeting on the level of expected inflation in five countries. Rev Econ Stat 85-4: 1076-1081

Kara HA (2006) Turkish experience with implicit inflation targeting. Resear and Monet Pol Dep Work Pap, 06/03, Central Bank of Turkey, Ankara

Kontonikas A (2004) Inflation and inflation uncertainty in the UK evidence from GARCH modeling. Econ Model 21-3: 524-543

Miles W (2008) Inflation targeting and monetary policy in Canada: what is the impact on inflation uncertainty? North Amer J Econ Fin 19: 235-248

Payne EJ (2009) Inflation targeting and the inflation-inflation uncertainty relationship: evidence from Thailand. Appl Econ Lett 16-3: 233-238

Taş KO (2009) Inflation targeting and inflation uncertainty. TOBB University of Economics and Technology, Department of Economics Work Pap, No.: 09-07, Ankara

Vogelvang B (2005) Econometrics: theory and applications with EViews. Financial Times, London

第5章　经济与货币联盟下的财政政策：事实与愿景

乔治斯·马克里斯、康斯坦蒂诺斯·菲利皮迪斯①

1. 经济与货币联盟：　历史背景

欧洲的“经济与货币联盟”（EMU）不同于历史上任何一个货币统一的案例。欧盟主权国家保有很大程度上的财政自主权，而货币政策实行中央集权且受委任于独立的中央银行——欧洲中央银行（ECB），其明确职责是维持价格稳定。

《罗马条约》建立了“欧洲经济共同体”（EEC），里面没有明确包含建立单一货币的条款。早在20世纪60年代，关于形成货币联盟和统一货币的计划就开始讨论了。其中，一个用来解释欧洲国家领导者们对加入这个货币联盟感兴趣的原因，就是为了保护欧洲经济免受因当今国际货币体系的失衡而导致强烈的外汇汇率的

---

① A. Karasavvoglou and P. Polychronidou（eds.）, *Balkan and Eastern European Countries in the Midst of the Global Economic Crisis*, Contributions to Economics, DOI 10.1007/978-3-7908-2873-3_5, © Springer-Verlag Berlin Heidelberg 2013

* 作者联系方式：G. Makris & K. Filippidis, Department of Balkan Studies, University of Western Macedonia, 3rd km N. Rd, Florina, Niki 53100, Greece. E-mail：gmaksris@uowm.gr; kost_philip@hotmail.com

波动。

1971 年，在“布雷顿森林”（Bretton Woods）体系瓦解时，欧洲许多国家都尝试过稳定其外汇汇率。如在 1979 年建立了欧洲货币体系，这个体系在黑莱纳（Helleiner，2004）看来，就像是“迷你版的布雷顿森林”。欧共体的大多数国家达成这一约定，将其国家的货币联系起来，使其汇率波动不超过 2.25%，稳定汇率和应对通货膨胀。这一约定的主要内容有实现“货币蛇形浮动”、完善汇率机制、延长欧洲信贷、建立欧洲货币合作基金。

到了 20 世纪 80 年代后期，欧洲各国领导人开始考虑经济与货币联盟项目。1989 年 6 月，在汉诺威的欧洲理事会上，欧洲委员会主席雅克·德洛尔（Jacques Delors）受委托制定一项经济货币联盟计划。这是一项重要的措施，促使了后来《欧洲联盟条约》（TEU）的建立。

1989 年 4 月，《德洛尔计划》的出台，先是通过采取稳定的汇率机制，再通过采用共同货币本身的稳定性，从而确立了经济与货币联盟的目标。这个建议最终导致《马斯特里赫特条约》（*Maastricht Treaty*）于 1992 年 2 月签署（1993 年生效），并确定了货币和财政标准，这是经济与货币联盟成功的必要条件。《欧洲联盟条约》明确定义了经济与货币联盟的货币和金融原则。根据该条约，为了成功实现经济与货币联盟，欧盟成员国必须满足特定的标准。这些标准要求经济体成员国在低通胀率、相似利率、稳定汇率方面“趋同”，并展现严格的财政责任，保证公共赤字不超过国内生产总值（GDP）的 3%。

1999 年 1 月，11 个欧盟成员国（希腊在 2001 年、斯洛文尼亚在2007年、塞浦路斯和马耳他在2008年、斯洛伐克在2009年和爱沙尼亚在2011年）正式采用单一货币，在引进纸币和硬币之前有3年的转型期，这一举动是欧洲经济和政治一体化进程中的关键一步。从这个意义上说，经济与货币联盟不仅是朝着“更紧密的联盟”迈进的一步，而且可能是迄今为止最大胆的一步（Ballabriga and Martinez-Mongay，2002）。

货币一体化的潜在成本促使经济学家和政界人士一致认为，有必要在经济与货币联盟候选成员国之间阐明某种预先的“趋同”意识。此外，为确保经济与货币联盟成员国的财政政策持续趋同，阿姆斯特丹欧洲理事会于1997年6月通过了《小额赠款》（SGP），通过该文件，所有成员国都认识到有必要制定健康有效的财政政策，以确保经济与货币联盟的顺利运行。引入小额赠款是对经济与货币联盟在货币和预算方面保留意见的回应。实施小额赠款的基本原因是，为了加强TEU对EMU财政纪律的规定。小额赠款是经济与货币联盟的财政支柱，一系列制度安排补充了这一基本规则的框架，以实现欧元区成员国的中期财政目标。这反映了货币政策需具有远见性、中长期的定位。它同时也承认短期价格波动并不能被货币政策所控制。

虽然经济与货币联盟的创立，不符合最优货币区的标准（Bukowski，2011），但现在已经成为现实，它构成了从2002年开始建立共同货币的漫长过程中的第三步。对于欧洲公民来说，经济与货币联盟不仅仅是对一种共同货币的采用，它还是一个多方面的过程，其中国家财政政策独立性的定位与机遇，在很大程度上取决于小额赠款所设定的优先权和规则。

如今，欧洲中央银行（1998 年成立）仍在执行货币政策，而财政政策受国家政府管辖。这一基于规则的框架工作得到了一系列制度安排的补充，以实现采用欧元的成员国的中期财政目标。由此反映出货币政策需要具有前瞻性的中期定位。它还承认价格存在短期波动，而货币政策无法控制这种波动。

根据小额赠款计划的标准，欧洲央行制定的财政政策确保财政可持续性和稳定的货币联盟。小额赠款计划的严格性，可能是由于处理许多成员国公共财政不稳定局势的短期目标所致。

2. 财政政策与货币政策、小额赠款规则的对比

小额赠款有两个方面：一是在透支造成赤字超过国内生产总值（GDP）的 3%即《欧盟条约》设定的上限（European Commission，2002）之前，预防、预警系统识别和纠正预算控制不力；二是一套劝诫的规则，为防止过度赤字而对成员国施压，万一出现这种事态则迅速采取措施予以纠正。

小额赠款的主要担忧是，尽管制定货币规则的货币稳定的守护者是欧洲央行，但仍须加强财政纪律，这是经济与货币联盟的一个永久性特征。在这一框架下，随着欧洲央行体系（ESCB）的建立，经济与货币联盟得到了加强。该体系由参与国的国家央行和欧洲央行组成。按照欧洲央行的政策，这些央行将继续作为 ESCB 的成员存在。

在过去 20 年里，欧盟内部对于稳定宏观经济的框架的存在达成了越来越多的共识，这意味着价格稳定和央行独立性。据此，价

格稳定是经济持续增长的必要条件。与此同时，欧盟通过强调价格稳定，使人们相信货币政策能够对实体经济变量产生影响。此外，欧洲央行的建立，对欧洲和国家政府层面政策的制定也产生了影响。

要理解财政政策与货币政策之间的关系，一方面，要了解小额赠款成立的基本原因；另一方面，要理解成员国遵循自己财政政策的愿望。同时，财政当局与欧洲央行之间存在很强的相互依赖关系。而经济与货币联盟的财政当局与单一货币政策之间的相互作用问题仍悬而未决。这一事实的后果是造成了欧盟内部在治理和经济决策方面的中央和国家控制之间的严重紧张关系（McNamara, 2002）。

欧洲央行的主要职责是制定规则，并在欧元区内部制定货币政策计划。欧洲央行的官方战略和主要目标，是在中期内将通胀指标稳定在较低水平。

欧洲央行实施货币政策依赖于两套经济指标：（1）货币总量。（2）一系列其他变量——国内生产总值增长、失业率、工资增长等（欧洲议会 1999 年）。欧洲央行设定低通货膨胀率的目标，是为了实现有利于欧元区经济增长的低利率。财政稳定的贡献和小额赠款在这一领域发挥着重要的作用。小额赠款的规则在货币联盟（如EMU）中是必要的，可以防止经济学家所称的个别国家的“搭便车”行为（Tanzi, 2003）。经济与货币联盟所有成员国的利率往往都是一样的，如果一个成员国有财政赤字，尤其是巨额公共债务，这种情况会影响到整个联盟的利率水平。换句话说，一个国家运行着巨大的财政赤字，积累了大量的公共债务，它将对所有的欧盟成员国征收更高的利息成本，而这些成本将由这个国家与其他成员国共同承担（Tanzi，2003）。

欧元的采用，为欧元的支持者和反对者之间的广泛辩论提供了机会。此次对话不仅关注欧元的采用，也关注经济与货币联盟的中长期影响。许多新自由主义者将放弃使用本国货币视为一种保持进口价格稳定的方式。欧元的支持者还辩称，欧元将有助于使各国免受投机性资金流动的影响，并将吸引稳定的长期外国投资。为了保持金融自由化和汇率稳定，经济与货币联盟成员国放弃了国内货币政策的独立性。2002 年，随着欧元的采用，欧元区国家有一个最强的货币单位和一种稳定的经济路径来打击投机者。

20 世纪 90 年代初，新自由主义政策制定者将经济与货币联盟视为一种确立其财政政策信念的方式，同时也是一种阻止国家政策制定者推行“旧的”（凯恩斯主义的）宏观经济政策的方式。他们还认为，这将有助于使各国免受投机性资金流动的影响，并将吸引稳定的长期外国投资。小额赠款采用的原因显而易见。各国政府同意取消本国货币，并根据小额赠款制定本国财政政策。新自由主义者认为，该协议消除了本国货币贬值的可能性。但一些左翼政客表达了他们对该项目的担忧，担忧国家福利的削减、国内管制放松以及国家无法解决就业和其他社会和经济问题，因为该协定削弱了各国政府执行其财政政策的自由。小额赠款通过惩罚那些在大家不认为是例外的时期内财政赤字超过国内生产总值 3%的国家，从而消除实施更灵活政策的机会（Tanzi，2003）。

另一方面，小额赠款的创始者似乎特别关注财政赤字和财政政策的稳定作用。实际上，欧盟成员国的财政政策，经常被认为是支持周期性的，即会造成不断增长的赤字，以及对债务比率的压力。而财政赤字只能用限制来解决时，这一问题便成为了欧洲人的主要担忧。经济与货币联盟财政政策框架的采用，将是实现可持续性时所必须关注的因素。

这些协定的严格性，虽然有利于货币政策的实施，但对公共当局创造和实施货币政策的能力，还有它们的财政政策有负面影响。一开始，小额赠款就受到了批评。首先，有人担心成员国能否设法达到符合公约规则的强制立场；其次，无论小额赠款是否实施，本身对经济与货币联盟和各成员国都有好处。艾肯格林和威普洛斯（Eichengreen and Wyplosz，1998）回答说，尽管福利可能很少，但是可以通过其他方式实现。5 年后，沃尔特（Walter，2002）提出，在欧元货币和财政政策上进行的彻底改革是错误的，但他提出目前的经济与货币联盟框架应进行一些改进。也有人指出，目前的经济与货币联盟框架不够灵活，只适用于经济领域（Graue，2005）。

财政政策无法摆脱货币政策的限制，这一观点并非没有受到人们的批判。根据统计收集程序的标准，欧洲央行制定的财政政策确保了财政的可持续性和货币联盟的稳定性。巴利亚夫里加和马丁内斯-蒙加伊（Ballabriga and Martinez-Mongay，2005）认为，20 世纪 90 年代初，小额赠款的严格性已经确立。实证结果表明，可能是出于处理许多成员国公共财政中的不稳定局势，在一些欧元国家欧盟公共财政从《马斯特里赫特条约》和小额赠款计划的财政规定中得到了加强。一些人认为，这一观点仅在少数欧元区国家有效。

乌利希（Uhlig，2002）也认为，小额赠款受到成员国的财政政策的影响，而且各成员国在实施“公约”的战略目标时也存在差异。这是因为目前小额赠款政策的实施依赖于欧洲经济及财政事务理事会（Ecofin），即欧盟财政部长会议——它可以谴责一个国家或处罚过度赤字的国家。按照乌利希（Uhlig，2002）的思路，欧洲经济及财政事务理事会对小额赠款的前几个违规者进行了重大处理。当我们看到3个欧元区国家的公共债务占国内生产总值的比率时，似乎就是这种情况：2004年，各国的公共债务与国内生产总值的平均比率达到70.7%，意大利为106.2%，希腊为109.9%，比利时为100.7%，这一案例显然支持上述观点。

乌利希（Uhlig，2002）认为，为了实现稳定的经济与货币联盟，有必要使小额赠款的规则与国家政府的财政政策更为一致。然而，可以说，在一定程度上，灵活地应用小额信贷协议的执行情况更好。这种灵活性可以让一些国家改变规则。过去也是如此。在欧元启动之前，小额赠款一直将其作为稳健财政政策的方向。尽管如此，2001年和2002年，法国、德国、葡萄牙和意大利都很难遵守占国内生产总值3%的赤字限额（Walter，2002）。但是，我们是否应该建立一个不能适应特殊国情的制度？

黑莱纳（Helleiner，2004）、巴利亚夫里加和马丁内斯-蒙加伊（Ballabriga and Martinez-Mongay，2005）一致认为，在经济与货币联盟里，货币政策未能使财政政策得以服从。正如乌利希（Uhlig，2002）总结的那样，国家监管机构必须成为更大的协议和网络的一部分，以维护财政稳定。

也许有些人认为，经济与货币联盟意味着丧失主权利率和汇率工具。有些人认为这个论点是正确的，但无关紧要，因为加入货币联盟会给成员国带来潜在的成本。货币政策的主要目标是价格稳定，基于这一点，货币政策可以支持一般的宏观经济政策。

此外，考虑货币和财政的有效性也是必要的。莱恩（Lane，2002）认为，一方面货币政策对产出和就业等宏观经济变量的影响具有重要意义，这一点在 ESCB 的报告中便可以看出来。然而，财政政策对宏观经济变量的有效性，尚未得到实证研究的证实。布可夫斯基（Bukowski，2011）认为，中长期财政政策无法保证宏观经济的稳定，因为，它可能导致内外失衡和货币扭曲。在财政政策方面，预算纪律对于支持欧洲央行的货币政策是必要的（Walter，2002）。此外，宏观经济政策的整体表现还受到财政政策和货币政策相互作用的影响。

3. 经济危机的后果

3.1 机构的强化

经历了 2008 年的世界经济危机及其所带来的经济的负面影响后，欧盟的经济治理能力就受到了广泛的关注，并由此引发了对提高欧盟经济治理能力的广泛讨论。这次危机表明，欧盟组织的运转过程中存在条件性的、重要的、结构性的问题。许多成员国的外债，结构性的和预算性的赤字，以及脆弱的银行体系，都没有按照《稳定与增长公约》框架内所要求的严重程度予以处理。而且，这次危机又带来了一个新问题：对流动资金的需求，以及对既能够防止投机者的攻击，又能保证具有可行性的债务重组的救助机制的需求。

欧盟试图通过建立新的机构来应对这些挑战，如欧洲金融稳定基金（EFSF）和欧洲金融稳定机制（EFSM）。通过这一框架并在国际货币基金组织（IMF）的贡献和合作下，受到经济危机严重影响的国家（主要是希腊、葡萄牙和爱尔兰）被迫向这些机构借款，以克服其结构性问题的恶化。为了使援助有效，这些国家必须执行严格的预算方案和结构改革。另一方面，欧洲央行购买了希腊、葡萄牙和爱尔兰的政府债券。然而，由于危机规模和银行系统相互依赖的复杂性，这种回应大家认为是低效的和拖延的。

为了继续努力进行更加有效的经济治理，欧盟委员会和欧盟经济金融理事会（Ecofin Council）27 国财政部长通过了《良好经济治理》的六项条例草案，以确保欧盟国家——主要是欧元区成员国——将在未来避免不负责任的财政行为，并将公共债务限制在可控的水平。2011 年 3 月，随着希腊、葡萄牙和爱尔兰等国面临的危机的爆发，一项竞争力协定得到提出，最终被采纳为《欧元附加公约》。它是欧盟对危机后果的回应，试图捍卫欧元的地位，并为进一步的经济增长奠定基础。在最近的这些事态发展以及随后就欧元区成员国面临的财政问题进行的辩论下，对威胁到欧元区稳定的问题，人们更加强调更严格的财政政策措施和规则。然而，这些新规则和政策措施能够在多大程度上保证经济增长和欧盟成员国的趋同呢？2011 年 3 月 15 日，欧盟经济金融理事会就以下六项加强经济治理的措施达成了协议：

（1）通过一项条例草案，修正关于监督成员国预算和经济政策的第 1467/97 号条例；

（2）起草一项新规定，修正有关欧盟过度赤字程序的第 1466/97 号条例；

（3）起草一项关于在欧元区实施预算监督的新法规；

（4）起草一项关于预防和纠正宏观经济不平衡的条例；

（5）起草一项为纠正过度的宏观经济失衡而执行起草有关措施的监督的规定；

（6）起草一项关于成员国预算框架要求的指示（New Europe，2011）。

这是一项企图在所有领域强加新自由主义的主张。除拟议的规则外，最重要的措施是：从法律上巩固预算平衡，放宽工资指数化管制，提高退休年龄以及调节公司税收。

此外，由法国和德国发起的共同提案——《竞争力协定》得到采纳。3月25日，比此提案力度更轻的《欧元附加公约》（EPP）由欧元区成员国以及丹麦、波兰、保加利亚、罗马尼亚、立陶宛和拉脱维亚共同通过，它们持同一立场。该《公约》旨在以更强的竞争力和趋同性来加强经济政策协调性，以如下四项指导原则为基础：

（1）该公约将符合并加强欧盟现有的经济治理；

（2）该公约将重点突出，以行动为导向，并涵盖促进竞争力和趋同的政策领域；

（3）每年，每个国家元首或政府首脑都将做出具体的国家承诺；

（4）该公约将充分尊重单一市场的完整性。

除这些问题外，还将注意税收政策的协调和共同企业税收基础的发展。

资源增值计划的目标是促进竞争力和就业，进一步促进公共财政的可持续性，并加强财政稳定。为了表现出对变革的真正承诺，并确保实现共同目标所需的政治动力，每年参加会议的成员国将在最高级别商定一套将在12个月内实现的具体行动（European Council，2011）。选择要执行的具体政策措施仍将是每个国家的责任，但选择时将特别考虑上述问题。这些承诺也将反映在每年提交的国家改革计划和稳定计划中，将由委员会、理事会和欧洲集团进行评估。欧洲稳定机制（ESM）的建立也是可以预见的，并且将于2013年6月后生效，以取代欧洲金融稳定基金（EFSF）和欧洲金融稳定机制（EFSM）。

3.2 理论方面

这些措施的理论背景基于这一理念，即降低那些面临长时间结构性财政赤字的国家的劳动力成本，可解决成员国之间的宏观经济失衡。这样，面对非对称冲击可能需要依靠市场的灵活性，而非结构性资金。另一方面，成员国预算不可透支，且应由欧元债券提供资金。欧元债券将为欧盟长期发展目标提供财政支持并保护成员国不受投机攻击。

然而，为了消除经济危机的影响，增强欧元的地位，以提高竞争力和加快发展，欧盟已经进入了一个经济管理更加严格的新阶段。为了支持这种政策选择，需要首先确定理论方法，然而就其准确性人们提出了许多问题。实际上，成员国是否有能力就解决主权危机等严重问题达成协议备受关注，尽管这些国家可能受到违反财政纪律限制的处罚。此外，还将更加强调小额赠款的债务标准，即债务超过国民生产总值60%的成员国即使赤字低于国民生产总值的3%，也必须采取措施以预先确定的速度减少债务。为了确定债务比率是否正朝着占国民生产总值60%的门槛大幅下降，或许会引进一个数字基准。另一方面，在不对称冲击中观察到的延迟反应，可能构成对高风险国家发起投机性攻击的风险。

从理论的角度检验这一问题，我们能够意识到实现共同的预算纪律和其他各国的经济措施会对宏观经济产生消极影响的危险。这一危险会随着国内需求的减少而产生，对生产力和就业产生累积的负面效应。更进一步来说，这些负面效应会愈演愈烈，如果因这些国家无法实现它们中短期的财政目标，而造成持续增长的政府贷款这一恶性循环，就可能会成为一个部门陷阱。

有一个风险，就是那些已经是欧盟成员国的欧洲南部、中部和东南部的外围经济体所面临的负面压力会变得更大。诚然，这些意见有分歧的国家在危机开始时面临着不同的困难和挑战：发达国家的结构问题或外资在其本国的经济问题，这些问题与中央的计划经济到市场经济的转变有关。尤其是后者即市场经济，在经济快速扩张的背景和全球化环境下，与欧洲平均水平趋同，具有通货膨胀压力和外部不平衡特点（Marcris，2009）。通货膨胀压力，伴随着最初阶段的转变而来，由经济增长而产生，是资本流入和西欧银行合作化的结果。外国直接投资（FDI）（Lane and Milesi-Ferretti，2002）和政府的顺周期经济政策与汇率制度相结合。此外，我们不应该忽视巴拉萨-萨缪尔森效应（Balassa-Samuelson effect）：虽然没有得到普遍接受（参见 Chung and Lai，2000；Ěgert，2000a，b；Mihaljek and Klau，2003），但助长了通货膨胀压力的增加；也即在危机前夕导致该区域许多经济体过度膨胀的那些因素。如果我们算上许多国家上升的劳动力成本，出口竞争力的丧失——对贸易平衡造成明显的后果——变得十分严重了。

这场危机最初是从欧元区蔓延开来的。由于转型期经济的这些结构性问题，情况急剧恶化。正如分析视图表明的那样，我们认为，危机在各国经济中蔓延的原因是：

——主要对欧盟（主要的贸易伙伴）出口的减少，会导致需求的减少、出口领域规模的比例问题，以及投资与就业的减少。

——在投资者避免高风险投资的时期，资本流动的高波动性会导致重要资本的外流和与外商直接投资相对应的内流资本的减少；这种情况会更进一步逐渐削弱保持外部失衡的能力。

——由于母公司银行业、企业和家庭的谨慎，以及汇率波动体制下的国家货币贬值趋势，私营部门货币借贷能力被削减。

总的来说，这一协议的修改将加强财政政策的顺周期性，破坏各社会的保护网络。同时也阻碍了财政自动稳定机制的运行。在南欧、中欧和东南欧脆弱的经济体中，这一现象正在加剧。降低工资的政策是欧洲伙伴关系方案中的一项措施，旨在提高出口竞争力和增加欧盟在世界出口中的份额。然而，在特定时刻，当欧洲的产量与生产能力不相适应时，这种政策将导致产量的提高、需求的减少和经济的衰退（Jones，2011）。毕竟，竞争力更多地受生产力水平差异的影响（Jamet，2007），而非受劳动成本水平的影响。至于竞争力，“劳动力”只是影响国家和企业竞争力的决定性因素之一（Prokopenko，1998）；特别是它的“人力资源质量”与其发展的政策行动有着积极的关系。此外，除汇率货币因素外，竞争力与宏观经济生产力的关系也取决于其他因素，例如一个国家融入全球经济的方式，技术进步的好处，结构调整或对可持续发展的增长需求。

4. 结论

2008 年全球经济危机事件对欧盟经济治理产生了重大的影响。1997 年通过的小额赠款政策，加强了经济与货币联盟框架内的预算纪律；但是，事实证明，这无法及时有效地处理危机后的事件。2010 年，欧洲主权债务危机是经济与货币联盟修订计划的开端。这些担忧导致了新制度和机制的建立，因此，第一反应导致了 2011 年 3 月 25 日欧洲人民党的《欧元区附加公约》通过，旨在支持竞争力和就业。根据新公约的规定，欧元区的 17 个成员国及欧盟的其他 6 个国家将实施严格的预算纪律。处于《公约》框架逻辑中心的新自由主义观点，即宏观经济失衡必须通过劳动力市场的灵活性来恢复这一观点，同样值得继续探讨，因为在财政政策的作用下，国内需求下降也有可能导致经济衰退。尽管涉及提高生产率和竞争力的决定性因素还有待进一步整理，但公约成员国之间未能实现一体化的风险越来越大，特别是涉及中南欧和东南欧脆弱的国家经济体的风险。

参考文献

Ballabriga F, Martinez-Mongay C (2002) Has EMU shifted policy? Resource document. European Commission, Directorate-General for Economic and Financial Affairs, Economic paper 166, http: //europa. eu. int/comm/economy_ finance. Accessed 3 Apr 2011

BallabrigaF, Martinez-Mongay C (2005) Sustainability of EU public finances.

Resource document. European Commission, Directorate-General for Economic and Financial Affairs, Economic paper 225. http://europa.eu.int/comm/economy_finance. Accessed 3 Apr 2011

Bukowski S (2011) Economic and Monetary Union-current fiscal disturbances and the future. Int

Adv Econ Res. doi: 10.1007/s11294-011-9310-7

Cheung YW, Lai KS (2000) On cross-country differences in the persistence of real exchange rates.

J Int Econ 50 (2): 375-397

Ěgert B (2002a) Estimating the impact of the Balassa-Samuelson effect on inflation and the real

exchange rate during the transition. Econ Syst 26 (1): 1-16

Ěgert B (2002b) Investigating the Balassa-Samuelson hypothesis in the transition: do we understand what we see? A panel study. Econ Transit 10 (2): 273-309

Eichengreen B, Wyplosz C (1998) The stability pact: more than a minor nuisance? Economic Policy 13 (26): 65-104

European Council (2011) Conclusions. Resource document. Brussels, EUCO 10/1/11 REV 1. www.cosilium.europa.eu/uedocs/cms_data/docs/pressdata/en/ec/120296.pdf. Accessed 22 Apr 2011

European Commission, Directorate General for Economic and Financial Affairs (2002) Co-ordination of economic policies in the EU: a presentation of key features of the main procedures. Resource document. Euro papers, 45. ec.europa.eu.int/comm/economy_finance/publications/publication1022_en.pdf. Accessed 2 Apr 2011

European Parliament, Commitee on Monetary and Economic Affairs (1999) An analysis of the ECB's monetary strategy and its contribution to growth and employment. Resource document. Project No.: IV/99/32a. http: //www. europarl. eu. int/comparl/econ/pdf/emu/speeches/991129/gros/default_ en. pdf. Accessed 2 Apr 2011

De Graue P (2005) Economics of monetary union, 6th edn. Oxford University Press, Oxford

Helleiner E (2004) The evolution of the international monetary and financial system. In: Ravenhill

J (ed) Global political economy. Oxford University Press, Oxford, pp 213-240

Jamet JF (2007) Lacompétitivité des entrepriseseuropéennes. Resourcedocument. Fondation Robert Schuman, Les policy papers de la Fondation. http: //www. robert_ schuman. eu/question _ europe. pho? num = qe-60. Accessed 17 Apr 2011

Jones E (2011) Euro Plus: old wine in old bottles, Public Service Europe. http: //www. jhubc. it/

facultypages/ejones/2011_ 04_ 07_ Public_ Service_ Europe. pdf. Accessed 17 Apr 2011

Lane P (2002) Monetary-fiscal interactions in an uncertain world: lessons for European policymakers. http: //www. Economics/TEP/2002 _ papers/TEPNo13PL22. pdf. Accessed 20 Mar 2011

Lane PR, Milesi-Ferretti GM (2002) External wealth, the trade balance, and the real exchange rate. Eur Econ Rev 46: 1049-1071

Makris G (2009) Mondialisation et la crise financiére internationale actuelle: une approche théoriquede leurs liens. In: Les Annales de l' Université Valahia de Targoviste-Section Sciences Economiques. Bibliotheca, Targoviste, pp 83-92

McNamara KR (2002) Managing the Euro-The European Central Bank. In:

Peterson J, Shackleton M (eds) The Institutions of the European Union. Oxford University Press, Oxford

Mihaljek D, Klau M (2003) The Balassa-Samuelson effect in Central Europe: a disaggregated analysis. Bank for International Settlements, Working papers, 143

New Europe (2011) Securing euro-zone's financial future. The six new regulations are the only tangible new measures. http://www.neurope.eu/articles/105316.php. Accessed 10 Apr 2011

Prokopenko J (1998) Mondialisation, compétitivitéet stratégies de productivité. Organisation Internationale du Travail, Document de Travail, EMD/22/F. http://www/ilo-mirror.library.cornell.edu/public/french/employment/ent/papersemd22/htm. Accessed 22 Apr 2011

Tanzi V (2003) Critics of EU budgetary limits are wrong. www.european institute.org/ 20030602380/Summer/Fall - 2003/critics-of-eu-budgetary-limits-are-wrong.html. Accessed

10 Mar 2011

Uhlig H (2002) One money, but many fiscal policies in Europe: what are the consequences? CEPR, Discussion paper series, 3296

Walter N (2002) EMU Pact: no big bang reforms, but more flexibility, http://www.euractiv.com/

euro/emu-pact-big-bang-reforms-flexibility/article-117014. Accessed 2 Apr 2011

中篇
金融与银行业

第6章　介于古典主义与现代性之间的中央银行

菲利克斯-康斯坦丁·布尔恰、维克多·巴老、克里斯蒂娜·巴尔丹、提卜留-克里斯蒂安·阿弗拉米斯库、艾米莉亚·乌恩吉瑞怒①

1. 前言

现代中央银行的功能与特性在某种程度上反映历史进程。中央银行过去的主要职能，例如货币政策，开始呈现与其初期有点不同的情况。起初，中央银行是钞票的发行者和归属政府的银行管理者。事实上，很多时候这些职能是并行的。对钞票的支配地位赋予央行足够的级别，使其自然成为承担政府银行业务的部门。奥地利、丹麦、法国、西班牙等国的国家银行最初的职能，是在过度发行钞票和可兑换性崩溃后，恢复货币的稳定和钞票的信誉。

---

① A. Karasavvoglou and P. Polychronidou (eds.), *Balkan and Eastern European Countries in the Midst of the Global Economic Crisis*, Contributions to Economics, DOI 10.1007/978-3-7908-2873-3_6, © Springer-Verlag Berlin Heidelberg 2013

*作者联系方式：F. -C. Burcea; V. Bălău; C. Băldan; T. -C. Avrămescu; E. Ungureanu University of Pitesti, Pitesti, Romania. Email: felixburcea@yahoo.com; victorbalau_200x@yahoo.co.uk; baldan.cristina@gmail.com; cristiavr@yahoo.com; emiliaungureanu@yahoo.com

保持货币稳定和可靠的货币体系是早期中央银行的核心任务，只是运行方式与现在有所不同。这些银行通过调整利率来保持稳定，但目的是为了生存，而不是为了更广泛的宏观经济利益。

随着时间的推移，这些主导银行成为银行系统的赢家。由于商业原因，占主导地位的银行偶尔会向客户发放银行贷款，以弥补暂时的资金流动不足，这一活动自然引发了人们对客户银行安全的关注。

在20世纪以前，各国央行都是为盈利而建立的。公共政策的目标和财政利益之间会存在冲突，这是显而易见的。在商业竞争中，最后贷款人会提出中立的问题。在货币的管理中也会有类似的问题，因为明眼人都知道，在货币政策和金融状况起伏不定的时期，占主导地位的银行更加有利可图。

在20世纪初，由于两次世界大战之间的经济危机、金本位制的崩溃以及人们对政府在经济管理中所扮演角色的看法发生了变化，央行向公共政策机构的转变得以完成。

随着公共政策聚焦逐渐占据主导地位，金本位制的崩溃导致了货币政策职能性质的变化。在没有可兑换规则或限制的情况下，各国可以通过其央行来选择如何更好地维持本国货币的内部和外部价值。如何行使这一选择，这是现代央行的核心。

监管和协调功能变得越来越正规，越来越直接，另一个推动力是人们对政府在规范和指导经济活动中的职责的态度发生了转变。转变对政府角色与直接干预的态度，是为了获得经济上的发展。许多中央银行开始直接或通过银行系统来补贴那些由政府政策定位的经济行业，以谋求更迅速的工业化进程。通常，特惠待遇涉及直接提供的银行服务，尤其是资本和贸易融资，主要面向行业范围内的企业，尤其是国有企业。

2. 货币政策的作用

在所有以市场为导向的经济体中，货币政策只是国家经济政策的一个组成部分。从本质上讲，货币政策是由一套影响经济总需求的措施组成的，对消费和投资都会产生影响。货币政策的目标是通过各种方法和具体手段，来影响经济中的货币供给。

考虑到通货膨胀对宏观经济变量的不利影响，多数国家的货币管理部门认为，保持通货膨胀率在可控范围内是当下货币政策中最主要的目标。在经济转型期，随之出现的问题也更加尖锐，在非常不利的情况下，比如结构性经济失衡、长期性的普遍贫困、价格体系的扭曲、不可持续的收支平衡等，则更有可能出现这样的问题（Isărescu，2003）。

由此看来，有必要从其目标出发，对货币政策做出一些调整，以纠正由财政货币政策系统造成的失衡。在这种情况下，我们讨论的是无保障货币供给的过剩、货币的供求失衡以及汇率机制的扭曲，这些可能会受到货币管理部门可用的特定杠杆的影响。

回顾上述分析，可见国家银行的货币政策遵循同样的目标：限制货币供给的增长，平衡货币供给，利用利率政策实现货币的供求平衡，通过调整货币兑换机制来实现货币的外部均衡。

外部失衡通常是在不利的环境下产生的，以及由货币机制不可能快速适应新的市场环境造成的。而且，在新兴经济体中，通常很难实现货币政策与经济政策其他组成部分的完美同步。

例如，在罗马尼亚的对外商业领域，政府为保护国内市场而采取的措施已经被推迟实施了。因此，在货币资源获取和价格扭曲维护自由化的条件下，一部分资源会被提供给在特定情况下重要性微乎其微的进口贸易。

从短期来看，价格的演化依然受到多种因素的影响。这些因素来自影响总供求的国家经济和外部环境。但是，无论从中期还是从长远来看，货币政策依然是确保价格稳定的基石。货币政策的传导机制是指中央银行运用货币政策工具影响中介指标，进而最终实现既定政策目标的传导途径与作用机制。

从经济文献中确认的货币政策传导渠道（或具体机制）来看，实践经济揭示了金融机构如下传导渠道的巨大影响力：信贷渠道，汇率渠道，对福利和平衡产生影响的渠道，经济主体预测通货膨胀的渠道（Bernankeet al.，1999）。

中央银行和经济主体层面有一种共识，认为价格稳定是有益的，而货币政策有权实现价格稳定。这一普遍性建议对工业化经济体和新兴经济体都是有效的，只是在新兴经济体中，国家银行可能面临一项更加艰巨的任务，即对实际和名义上的冲击做出反应，因为金融市场还不够成熟，其运作工具也不够多样化。

这几类冲击可能是由食物、能源和管制价格的意外变化造成的，尤其是资本的大规模流动。应有效解决货币政策方面的局限性，使得在新兴经济体的情况下，政策执行的连贯组合由必要变为重要。如果没有其他经济政策的支持，货币政策在确保以可持续的方式来降低通胀时，可能会面临很大的困难（Atuk and Ozmen，2009）。

3. 基于汇率的稳定

在货币大幅贬值之后，人们注意到实际汇率大幅下跌的主要原因是非贸易商品和服务价格的缓慢调整（Burstein et al.，2007）。我们可以分析四个国家的数据：墨西哥（1994）、韩国（1997）、巴西（1999）和阿根廷（2001）。关于汇率变化的“发现”可以总结如下：在汇率危机开始的前3个月，以美元计算的非贸易商品和服务的价格，在韩国、巴西和墨西哥大约降低了45%。在阿根廷则大幅下降，达到了85%（Ca’ Zorzi et al.，2007）。

与此形成鲜明对比的是，以美元表示、以“入港”为单位的进口商品价格相对变化不大，从阿根廷下降18%到巴西上升6%不等。即使是中期内（1~2年），韩国、巴西和阿根廷的非贸易货物的汇率调整也非常低。

考虑到新兴经济体在全球商业中的重要性越来越高，准确估计新兴经济体的汇率变动程度和市场价格具有越来越重要的政治意义，主要有如下三个原因。

首先，与汇率相比的价格弹性决定了汇率在处理全球失衡问题上的潜在作用，因为它影响着商业资产平衡（Betts and Devereux，2000）。

第二，当评估新兴经济体在全球通货膨胀中的作用时，新兴经济体的汇率变动程度以及其在市场上的贸易价是一个非常重要的参数（Vigfusson et al.，2007）。

具体来说，新兴市场在全球贸易中所占份额的增加，可能与大多数发达经济体中汇率调整幅度持续下降有关。特别是对1998年以来受金融危机影响的亚洲国家来说，经由美国传播而来的汇率下降主要是由于市场价格的上升而导致的（Bussière and Peltonen, 2008）。

第三，新兴经济体报告的出口和进口价格弹性，是监测和预测可能受到全球汇率波动重大影响的实际生产的一个重要参数（Campa and González, 2002）。消费品的分销成本非常高：在美国，分销成本比售价高出40%以上，在阿根廷，分销成本比售价高出约60%（详见下文）。分销服务需要当地劳动力和土地，因此这些劳动力和土地将导致不同国家的价格自然出现差异。

在稳定汇率的基础上，将汇率以标准模式引入分销部门，可通过观察汇率动态极大地提高其合理化能力（Ihrig et al., 2006）。

有各种研究基于汇率稳定来探讨宏观经济影响。在解释当时的消费行为、投资和活期存款账户方面，专业文献的研究都取得了实质性进展（Burstein et al., 2003）。

在兑换计划之后，阿根廷的经济行为与基于汇率稳定的典型模型非常相似：它是一种经济扩张，带来了消费的空前繁荣和活期存款账户的恶化。

企业面临的成本调整，直接影响价格——边际成本的水平。了解价格对这种成本变化的反应方式，对于理解单个市场的运作方式及之后理解宏观经济至关重要。

大多数关于汇率影响的研究都假定在其变化方向上各公司的行为是对称的。它们可以对哪些公司能采取不对称的行为给出更多解释。作为确定市场价格战略的一部分，如果公司试图提高其市场份额，可以在进口商货币升值时扩大价格区间，在进口商货币贬值时缩小价格区间（Chari et al., 2000）。

利用当地或者重要输入的公司都会采取这样的行动。另一方面，由于商业限制或生产限制，处在定量约束下运营的公司可以在进口商货币贬值时扩大价格区间，并在进口商货币升值时缩小价格区间（Pollard and Coughlin, 2004）。公司也可以在汇率调整区间方面做出不对称的反应，只在发票价格有很大变化时才调整发票价格。这种情况下，不对称的方向取决于公司为商品价格开具发票的方式——使用本国货币还是进口货币。

国内价格并不总是遵循汇率变动的趋势而发生变动。因此，在1986年，我们注意到这样一个事实：美元走强，但进口商品的价格并没有下降。比如，尽管美元升值了，但豪华汽车在欧洲的价格却大大超过它本身的价值却是不争的事实。这种现象被称作市场价格依赖。

接下来要分析的问题，是美元贬值对通货膨胀的影响。虽然许多经济学家确信，国内货币贬值是以通货膨胀的形式传递的，但也有人反对这一观点。他们的主要论点是，一旦国内货币升值，价格就不会下降，尽管与汇率相比，价格的弹性很低（Krugman, 1986）。

就不平衡竞争和每种情况的特定动态而言，根据市场定价，必须通过各经济体之间出现的差异来理解。

保罗·克鲁格曼（Paul Krugman）认为，在本国货币升值的情况下，进口价格会随之小幅度下跌。平均估计显示，1980—1986年间，美元升值36%到40%，导致与出口到其他经济体的出口商相比，出口到美国的出口商提高了出口价格。

对市场价格依赖的最为恰当的解释，一是强调需求动态的不公平竞争——源自为了销售某些进口产品而做出的市场调整和基础设施分配的成本，二是源自公司声誉投资需求的报价动力。

但是，由于本国货币升值，在该国从事出口贸易的出口商发现出口企业股票的吸引力变小，所以更倾向于投资利润更高的行业。此外，对本国货币贬值的预期会影响到未来的收入，使外国公司提高本国货币的价格。

另一方面，当今货币的持久性升值不会产生能够带来未来收入的行动。由于向同一国家出口的出口商之间的竞争加剧，商品价格可能会下降。研究表明，一旦本国货币升值最终确定下来，任何被视为是持久性的货币贬值都会导致价格汇率的上升，并会加快各国商业平衡关系的改善。

研究表明，公司市场份额的变化决定了汇率变动对价格的影响方式。公司为赢得市场份额而进行的投资是根据汇率变化的预期进行的。

此外，1981年至1985年间，美元升值，并且与之相关的进口货物价格也上升。与其他市场相比，美元贬值预测在出口商决定提高美国市场价格方面发挥了重要作用（Froot and Klemperer，1988）。

汇率的变化会根据不同的经济主体政策而产生不同的影响：这些变化完全可以通过价格来传导（完全传导）；它们可以得到经济主体的充分支持，以便不修改价格（零通过）或者得到中介调解（部分通过）的充分支持（Mishkin，2008）。

人们普遍认为，按照上面提到的其中一个方面来行动是个耗时的过程，并且不同国家和不同行业之间都有差别。汇率变化对国内价格产生的影响取决于市场结构、公司行为以及宏观经济条件等因素（Lian，2006）。

了解相对于汇率的内部价格弹性，对于制定货币政策以及年度通胀预测是至关重要的（Freedman and Laxton，2009）。

根据安联的研究，价格的汇率变化实现完全传导的案例是极少的。国内价格的增长弹性不仅与那些有大量进口联系的小型经济体有关，这些经济体对货币冲击和高通胀都有很大影响。

4. 来自欧元区的外部冲击与通货膨胀——以罗马尼亚为例

研究外部冲击（从汇率波动带来的汽油价格冲击，到非石油进口价格对欧元区通货膨胀的冲击）在不同分布时段（进口价格，生产价格，销售价格）（Hahan，2003）的传递途径，是极其重要的。

外部冲击可以在很大程度上解释价格指数变动。在欧洲经济与货币联盟（EMU）刚刚成立的时候，它们可能对欧元区的通货膨胀产生了极大的催生作用。有关维度和向欧元区传播的速度的研究结果，似乎是最经得住时间考验的。

深入了解汇率和价格基础的关系，即了解通过汇率及其速度，这对于相应地评估货币政策在价格上的传导以及通货膨胀预测至关重要。考虑到1999年欧洲经济与货币联盟推出的欧元汇率的波动，该主题成为欧洲中央银行（ECB）货币政策优先考虑的因素（Coricelli et al., 2006)。

除了从1999年开始欧元汇率大幅贬值外，欧元区也遭受外部冲击，即价格冲击，以及非石油产品进口价格冲击。在直接评估价格演变和在价格稳定解决方案中的风险等方面，欧元区通胀冲击的规模和传递速度似乎具有很大意义。

在罗马尼亚，汇率和物价有着直接的联系。国家货币贬值在通胀中以何种方式转变，正在为货币政策决策创造前提条件。

罗马尼亚加入欧盟之前，其国内价格相对于汇率的弹性是较高且相当快的。生产价格变化率最大为59.72%，消费价格变化率最大为27.43%。同时，汇率变动对消费价格通胀的影响为40%~60%，对生产价格的影响则更大。

通过采用60/40欧元/美元的货币篮子（Gueorguiev, 2003），实现了对通货膨胀的小幅度影响。一个经济体中的通货膨胀对弹性有很大的影响（Taylor, 2000）。泰勒认为，通过交错的价格模型和强大的垄断竞争，弹性可以随着通货膨胀而有所降低。更重要的是，周德里和哈库拉（Choudhri and Hakura, 2001）正在对更多国家进行更深层次的分析，他们得出的结论是，平均通货膨胀和弹性之间存在着强大的相关性。

因此，在一个由通胀失衡为主导的经济体中，通过内部价格的汇率变动传递的信息量会更高。和汇率相比的价格弹性，是与经济开放程度、经济周期和通货膨胀水平有关的。在发展中国家和新兴市场，内部价格的交换汇率差异比发达国家更为显著。

按照格奥格涅夫的说法，如果我们考虑1997—2002年间，汇率传递对罗马尼亚物价的影响是非常大又非常快的，对生产价格的影响是60%~70%，对消费价格的影响是30%~40%。通常情况下，12~15个月后效果会达到顶峰。由于这段时间大家认为太短，货币政策无法通过影响信贷来借参考利率去调整通货膨胀，因此在分析期间，通货紧缩的唯一替代方法是汇率平衡。

由于必须实现可持续的通货紧缩，所以进一步采取通货膨胀目标货币政策，这一选择是合理的（Canova and De Nicolo，2002）。在金融危机爆发和财政主导、资本大量流入、NBR在银行体系中的净负债状况以及货币政策传导机制相结合之前，实施通货膨胀目标战略并非易事。因此，在2005年至2007年间，我们可以注意到通胀预期和本国货币升值加剧并存。

这一状况给国家银行带来了严重的困境。提高利率，使预期达到与通货膨胀目标一致的水平，吸引了越来越多的外国资本，使得罗马尼亚货币出现不可持续地升值（Uhlig，2006）。

2007年7月，金融危机爆发后，其中一些条件就消失了。如今，NBR往往是银行体系的净债权人，外国资本的投入也大大减少。但是，这并没有简化货币政策的实施。相反，金融危机增加了货币政策和汇率市场的波动性，并加剧了经济活动的放缓。

一方面，外部资金的减少及存在的巨大外部失衡导致货币贬值，从而助长了通货膨胀，并创造了相对较高的利率。此外，面对国际货币的大幅贬值，欧元及其他外国货币的经济债务主体及由此产生的金融系统，都是非常脆弱的。另一方面，更高的利率会减缓经济增长的速度，甚至给负债人带来更大的经济损失，还有动摇金融业的风险。在这种情况下，出现了货币政策目标之间相互妥协的微妙问题：是保证价格稳定，还是保证金融稳定？

5. 结论

虽然在某些情况下，来自不同国家的央行政策由于政治或转型问题而失败了，但这些政策在现代经济特别是目前的全球经济状况中起到了非常重要的作用。

在过去一个世纪的最后 20 年里，以及在新世纪的开端，全球经济就一直面临许多重大事件。这些事件不可逆转地影响了宏观经济学稳定的方法模式，促使各国中央银行率先使用可用手段，在大多数情况下容许纠正所存在的失衡问题，并为健康、持续的经济增长创造前提条件。

货币政策——特别是“12 月后罗马尼亚”实施的通货膨胀政策和汇率政策表明，罗马尼亚国家银行在宏观经济和货币稳定方面发挥了极其重要的作用。

参考文献

Lian An（2006）Exchange rate pass-through：evidence based on vector auto-regression with sign restrictions. MPRA paper，527

Atuk O，Ozmen U（2009）Design and evaluation of core inflation measures for Turkey. IFC working paper，3

Bernanke BS，Laubach T，Mishkin FS，Posen AS（1999）Inflation targeting：lesson from the international experience. Princeton University Press，Princeton

Betts C，Devereux M（2000）Exchange rate dynamics in a model of pricing-to-market. J Int Econ 50：215-244

Burstein A, Neves J, Rebelo S (2003) Distribution costs and real exchange rate dynamics during Exchange Rate Based Stabilizations. Journal of Monetary Economics, 50, p. 1189-1214

Burstein A, Eichenbaum M, Rebelo S (2007) Modeling exchange rate pass through after large devaluations. J Monet Econ 54: 2

Bussière M, Peltonen T (2008) Exchange rate pass-through in the global economy The role of emerging market economies. ECB working paper, 951

Canova F, De Nicolo G (2002) Monetary disturbances matter for business fluctuations in the G-7. J Monet Econ 49: 1131-1159

Ca' Zorzi M, Hahn E, Sanchez M (2007) Exchange rate pass-through in emerging markets. ECB working paper, 739

Campa J, González J (2002) Differences in exchange rate pass-through in the Euro area. CIIF research paper, 479

Chari VV, Kehoe P, McGrattan E (2000) Can sticky price models generate volatile and persistent exchange rates? NBER working paper No. 7869

Choudhri EU, Hakura D (2001) Exchange rate pass-through to domestic prices: does the inflationary environment matter? IMF working papers 01/194, International Monetary Fund

Coricelli F, Jazbec B, Masten I (2006) Exchange rate pass-through in EMU acceding countries: empirical analysis and policy implications. J Bank Finance 30: 1375-1391

Freedman C, Laxton D (2009) Why inflation targeting? IMF working paper, 86

Froot K, Klemperer A (1988) Exchange rate pass-through when market share matters. NBER working paper series, 2542

Gueorguiev N (2003) Exchange rate pass through in Romania. IMF working paper, 130

Hahn E (2003) Pass-through of external shocks to Euro area inflation. ECB working paper, 243

Ihrig JE, Marazzi M, Rothenberg A (2006) Exchange rate pass-through in the G-7 countries. Boardof Governors of the Federal Reserve System, International Finance discussion papers, 851

Isărescu MC (2003) Reflecţii economice, vol III. Contribuţii la teoria macrostabilizării

Krugman P (1986) Pricing to market when the exchange rate changes. NBER working papers eries, 1926

Mishkin F (2008) Exchange rate pass-through and monetary policy. NBER working paper series, 13889

Pollard P, Coughlin C (2004) Size matters: asymmetric exchange rate pass-through at the industry level. Federal Reserve Bank of St. Louis, Working papers 2003-029

Taylor JB (2000) Low inflation, pass-through, and the pricing power of firms. Eur Econ Rev44 (7): 1389, Elsevier

Uhlig H (2006) Sign restrictions and Bayesian VARs. Bonn University, ZEI

Vigfusson RJ, Sheets N, Gagnon J (2007) Exchange rate pass-through to export prices: assessing some cross-country evidence. Board of Governors of the Federal Reserve System, International Finance discussion papers, 902

第7章　罗马尼亚银行系统的信用风险：来自“自回归分布滞后”模型的证据

伊夫提奇亚·尼克莱多、索夫克里斯·D. 沃加扎斯①

1. 前言

由于大家认为金融稳定是可持续经济发展的必要条件，因此东南欧（SEE）各国中央银行有责任促进其各自银行系统的稳定。在2008年全球金融危机的毁灭性影响之后，对银行业脆弱性的调查在各国央行的议程上得到了更大的重视。众所周知，由于贷款质量差，银行的偿付能力容易受到信贷风险冲击的影响。因此，监测金融机构的健康与宏观经济稳定之间的相互作用是必要的，毕竟东南

① A. Karasavvoglou and P. Polychronidou (eds.), *Balkan and Eastern European Countries in the Midst of the Global Economic Crisis*, Contributions to Economics, DOI 10.1007/978-3-7908-2873-3_ 7, © Springer-Verlag Berlin Heidelberg 2013. 三位作者基于东南欧中央银行的报告做出估算，结果显示在2005—2007年间，罗马尼亚和保加利亚的年均信贷增长分别达到49%和41%。 87

* 作者联系方式：E. Nikolaidou, Business Administration and Economics, CITY College-International Faculty of the University of Sheffield, Thessaloniki, Greece. E-mail: enikolaidou@ city. academic. gr; S. D. Vogiazas, South East European Research Centre, Research Centre of the University of Sheffield and CITY College, Thessaloniki, Greece. E-mail: svogiazas@ seerc. org

欧区域金融系统之间存在着相互联系。发达经济体商业周期的经验表明，不良贷款随着衰退的发展而上升，而在衰退结束后达到顶峰。在这一方面，鉴于全球经济危机使大多数国家经济过热，造成前所未有的信贷扩张，预计到 2010—2011 年，东南欧区域的不良贷款将达到非常高的水平。

本文的主要动机是在探讨希腊债务危机的潜在传染效应的同时，提高我们对罗马尼亚银行系统不良贷款的确定性因素的理解。更具体地说，希腊银行的子公司持有 30.7%的外国资本总额，而它们在罗马尼亚银行体系中占据第二大市场份额（NBR，2011）。最近，沃加扎斯和尼科莱多（Vogiazas and Nikolaidou，2011a，b）关于罗马尼亚信贷风险决定因素的研究工作表明，宏观经济变量——特别是建筑和投资支出、通货膨胀和失业率、该国外债与国内生产总值、M2 的外债以及希腊特有的变量——影响罗马尼亚银行系统的信贷风险。

该研究通过“自回归分布滞后”（ARDL）协整方法检验在罗马尼亚银行系统中，准备金占贷款总额的比率反映出的事后信贷风险与在宏观经济层面上罗马尼亚银行系统呈现的一系列具体变量之间的关系，以此拓展作者之前的研究成果。这种方法让我们能够调查信贷风险长期以及短期的决定要素，并且最近该方法已运用在相关文献中了。为了探寻希腊银行系统对罗马尼亚银行系统的潜在影响，检测来自希腊经济危机的潜在传输通道，我们还引进了相关代理。在此方向上，我们利用了从 2001 年 12 月到 2010 年 11 月的月绩数据，如此一来，相关数据自然涵盖了希腊经济在繁荣期、金融危机时以及在随之而来的低迷期的表现。

论文的组织结构如下：第 2 节为文献综述。第 3 节提供基于实证发现的详细数据和方法论框架。第 4 节是实证考察的发现。第 5 节总结全文。

2. 文献综述

本节的目的是回顾基于宏观经济变量与信贷风险两者关系的实证发现。许多学者通过检验银行宏观经济与指标相关变量的潜在联系，研究诱发经济危机的诸多因素。加文和豪斯曼（Gavin and Hausmann，1996）认为，过度的信贷增长是造成银行危机的主要因素，而过度的信贷增长又与信用标准的下降有关。学者们的研究表明，在其他变量中，利率、预期通胀、信贷增长、货币和汇率制度限制借款人的贷款偿付能力。德米尔古茨-昆特和德特拉贾凯（Demirgüc-Kunt and Detragiache，1998）认为，当银行借款人因经济受到不利冲击而无法偿还债务时，银行将因资产价值下降而面临破产。与加文和豪斯曼（Gavin and Hausmann，1996）的看法相似，他们的研究结果表明，通货膨胀和实际利率与银行危机呈正相关，而国民生产总值（GDP）与危机呈反相关。哈代和帕扎巴斯格鲁（Hardy and Pazarbasioglu，1998）探讨了银行业困境的宏观经济和金融状况。其研究结果表明，银行危机出现的可能性随经济增长的放缓而增加。此外，资本流入和对私营部门的信贷扩张，伴随着消费和实际利率的上升，通常都发生在银行业危机之前。

最近，评估金融部门脆弱性的宏观压力测试[①]方法，受到了各国中央银行和监督机构的极大关注。这些研究考察了不良贷款与宏观经济因素之间的潜在联系。最初，该过程涉及评估银行资产负债表对基于历史数据的宏观基本面不利变化的敏感性。在后期，可以利用评估系数来模拟可能的压力情景对金融系统的影响。相关文献研究主要集中在信贷风险上，总而言之，信贷风险是世界范围内银行系统面临的重大风险。

分析银行或不良贷款（NPLs）的宏观经济决定因素的研究人员，包括北欧国家的佩索拉（Pesola，2001），奥地利的卡利莱和施莱克尔（Kalirai and Scheicher，2002）以及西班牙的德尔加多和索日娜（Delgado and Saurina，2004）。这些研究发现，准备金与国民生产总值（GDP）增长负相关，与利率正相关。例如，卡利莱和施莱克尔（Kalirai and Scheicher，2002）将准备金总额的时间序列模型估算为一系列宏观经济变量的函数。结果表明，短期利率上升、股市下跌和工业生产下降对奥地利银行的损失贷款准备金产生了不利影响。

最近的一些研究采用西姆斯（Sims，1980）提出的VAR建模方法研究各国宏观基本面的传导机制。[②] 这些模型包括一系列的宏观经济因素，通常从二个到五个不等，视国家的宏观经济情况而定。在这一方面，诸如经济增长、失业、利率、股票价格和公司债券利差等变量都会增加违约风险（Foglia，2008）。近年来，在信用风险

① 这些术语指的是一系列用来评估财政体系的脆弱性在“例外却貌似合理的”宏观经济冲击上的技术。

② 这些模型被用来在英国、日本、西班牙、荷兰的中央银行和欧洲央行开展研究。

模型中[①]引入了基于市场的指标。

布拉施克等人（Blaschke et al., 2001）提出采用VAR方法，研究通货膨胀、利率、输出量和其他变量对银行业不良贷款的影响。甘贝拉（Gambera, 2000）采用双变量VAR模型，研究宏观经济变量对美国银行贷款拖欠的大量样本的影响。银行资产质量的重要预测因子是失业率、农业收入、住房许可证、国家年度产品和破产补偿金等。同样，在对英国的研究中，霍格斯等人（Hoggarth et al., 2005）将VAR方法应用于调查贷款冲销与产出缺口、零售与房价通胀、名义短期利率与实际汇率的相关性。

巴布瑟克和简卡（Baboucek and Jancar, 2005）应用无限制VAR[②]模型，调查宏观经济冲击对捷克银行业贷款质量的影响。作者通过脉冲响应函数分析，发现资产质量与一些宏观经济变量之间存在很大的联系。失业率和通货膨胀率对不良贷款都有负面影响，从而证实了该理论及相关研究。但是，其他宏观经济变量，例如债权股额、实际汇率和货币供应量，都与经济学理论不一致，除货币供应量外所有变量的创新似乎都提高了贷款质量。

数篇论文（Boss, 2002; Virolainen, 2004）分析了宏观基础思想对银行债务人信贷质量的影响。维罗莱宁（Virolainen, 2004）在1986—2003年间为芬兰公司经济部门估算了一个宏观经济信用风险模型。SUR模型的结果表明，公司部门违约率和主要宏观经济因

① 将利率、汇率、股权、房地产价格等市场变量引入信用风险模型，将市场与信用风险分析结合起来的一种方法。

② VAR模型是一种基于实际有效汇率、出口、货币总量M2、进口、银行客户贷款总额、失业率、消费价格指数、国内实际3个月利率和不良贷款在银行贷款总额中所占比例等9个内生变量的模型。

素——包括国内生产总值、利率和企业负债等——之间有着重大的关系。与大多数研究一样，估计模型用于分析基于当前宏观经济条件的企业信贷风险。该调查结果与之前的研究结果一致，这些研究都是使用了所观察到的破产率来衡量违约率。博斯（Boss，2002）对奥地利银行业的总体企业违约率的宏观经济信贷风险模型进行了评估。调查结果显示，工业生产、通货膨胀、股票指数、名义上的短期利率和油价，都是企业违约率里面最重要的决定因素。在维罗莱宁（Virolainen，2004）方法论之后，特伦卡和本约夫斯基（Trenca and Benyovszki，2008）在2002—2008年间，为罗马尼亚的企业部门估计了一个宏观经济的信用风险模型。结果显示，行业特定的违约率与宏观经济的因素之间（例如国民生产总值（GDP）的增长率、消费者价格指数、贷款收取的实际利率、汇率和行业特定的债务）存在显著的关系。

通过与世界银行（the World Bank）合作，国际货币基金组织（IMF）在压力测试的发展中发挥了主导作用。2005年，国际货币基金组织首次在希腊实施了一项金融部门评估计划（Kalfaoglou，2006）。与博斯（Boss，2002）相似，卡发格罗（Kalfaoglou，2006）强调，信贷风险仍然是希腊银行业的关键风险。尽管压力测试的结果令人满意，但作者指出，跨境业务增加了银行承受外部冲击的脆弱性，而要承受外部冲击，就要加强风险管理。国际货币基金组织（IMF，2010）的罗马尼亚压力测试[①]得出结论，金融体系特别容易

① 罗马尼亚压力测试基于截至2008年6月底（IMF，2010）的数据。这样，模拟测试就不考虑自那时以来宏观经济变量的进展和资产负债表。而且，这次测试没有明确评价借贷的急剧下降，这一下降要么由于紧张的信贷标准，要么对外国央行已减少的资金做出反应。

受到资本流入放缓或逆转以及相关汇率下行压力的影响。

令人惊讶的是，协整分析只在相关文献中得到了有限的关注。尽管有几种方法可用于进行协整检验，最常用的方法是恩格尔-格兰杰检验（Engle-Granger test）和基于最大似然的约翰逊协整检验（Johansen test），但是，近年来，越来越受欢迎的是“自回归分布滞后”模型（ARDL）。佩萨兰和希恩（Pesaran and Shin，1999）重新审视了后一种方法，提出了灵活性以及在其他协整技术中无法找到的其他有利方面。① 尽管在其他经济领域中（例如在经济增长关系中）得以广泛使用，在探讨信用风险决定要素的文献中，协整分析在大体上受制于几乎不存在的自回归分布滞后模型。这种情况对自回归分布滞后相对较新这个事实有着独立的贡献，就好像这是一个在信贷风险和宏观经济上的文献个案。在所有运用到协整技术中用来研究不良贷款和一系列宏观经济变量——例如国内生产总值、失业率、利息的短期和长期关系——的优先课题中，可以确定，德尔加多和索日娜（Delgado and Saurina，2004）以及泽曼和米加（Zeman and Jurca，2008）都运用了向量误差模型来减慢在不良贷款和斯洛伐克银行系统中实际国民生产总值、利率和兑换率的影响。约翰逊的协整检验所用变量表明，存在一个协整方程（Zeman and Jurca，2008）。因此，阿贝多拉等人（Abedola et al，2011）转向采用自回归分布滞后模型来进行协整研究，调查马来西亚不良贷款的决定因素——那可是一个伊斯兰银行系统，而格林尼治和格罗斯芬诺（Greenidge and Grosvenor，2009）则采用 ARDL 巴巴多斯预测框

① 只要 ARDL 模型免除残余的相互关系，内生性问题就更少。佩萨兰和希恩（Pesaran and Shin，1999）论证了在 ARDL 模型中，适当的滞后对于序列相互关系和内生性问题是正确的。

架。在一个相当小的样本中，阿贝多拉等人指出了利率不良贷款的长期影响。另一方面，格林尼治和格罗斯芬诺得出结论，多变量自回归分布滞后模型略微优于单变量时间序列模型，该研究的主要局限是巴巴多斯没有对不良贷款进行标准处理而无法获得大数据集。

总的来说，上述研究证实了宏观经济因素对贷款投资组合质量以及银行稳定性的理论假设。以下介绍所使用的数据和采用的方法框架。

3. 数据和方法论

3.1　数据

从文献回顾中可以明显看出，信用风险对宏观经济、金融和银行特有的因素很敏感。同样，沃加扎斯和尼科莱多（Vogiazas and Nikolaidou，2011a，b）指出，宏观经济变量，特别是建筑和投资支出、通货膨胀和失业率以及国家外债占国内生产总值和M2的比例，影响到了罗马尼亚银行体系的信用风险。此外，鉴于希腊银行业系统在罗马尼亚银行业中的重要存在，作者在他们的研究中介绍了希腊危机特定的变量。研究结果表明，上述宏观经济变量与希腊银行业系统的信用风险、贷款损失准备金和总贷款率之差，以及希腊与德国主权债务之间的利差等因素，对解释罗马尼亚的资产质量都非常重要。在前人工作的基础上，本文采用拨备方法对信用风险进行评估。[①] 图一呈现的是 LLP 曲线图，该曲线具有明显上升的趋势，

① 信用风险可定义为损失和可疑贷款与贷款总额的比率（LLP）。沃加扎斯和尼科莱多（Vogiazas and Nikolaidou 2011 b）都认为选择代理人是正当的。

反映了罗马尼亚银行的资产质量不断下降，特别是在全球金融危机开始以后。

在本次研究中，使用的宏观经济变量为“失业率”和“广义货币供应量”（M2）。其中，“广义货币供应量”由“狭义货币供应量”（M1）与具备高度流动性的存款组成，代表经济活动。研究认为，不断上升的“失业率”对贷款组合的质量造成巨大负面影响（Quagliariello，2004；Baboucek and Jancar，2005；Vogiazas and Nikolaidou，2011a，b）。鉴于罗马尼亚的银行板块活力十足，极具竞争力，我们从各种罗马尼亚银行指标中选取信贷增长率。因此，它要求那些希望市场份额保持显著地位的机构采取积极的措施。不可避免的是，这种积极主动转化为信贷扩张，而信贷扩张反之又在私营部门主导的增长中发挥着至关重要的作用。东南欧（SEE）中央银行统计数据显示，2005 年至 2007 年间，罗马尼亚的年均信贷增长率达到 49.3%，远高于该区域的其他国家。因此，预计信贷增长率将与 LLP 比率相互作用，从而为“贷款繁荣常常以泪水结束”这一假设提供支持。换言之，这一情况引发了一个问题，即在金融危机前的繁荣时期里，这个银行体系是否正确地评估了贷款发放的质量（Louzis et al.，2010）。如前所述，希腊的银行拥有罗马尼亚银行体系的绝大部分资产。关于这一点，在本项研究中，我们引入了一个有关希腊银行体系的指标，旨在探索其动态变化[①]是否对罗马尼亚不良贷款产生影响。

综上所述，我们使用 2001 年 12 月至 2010 年 11 月期间货币供

① 换言之，既然银行危机一直在随着时间蔓延，那么我们就旨在调查希腊银行危机是否已经影响到邻近的国家。

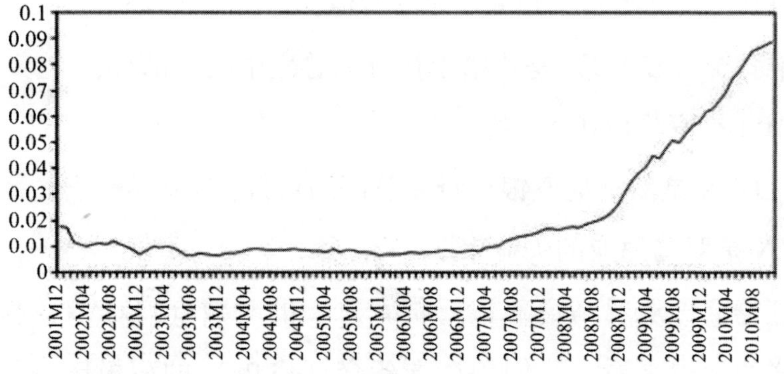

图 1　罗马尼亚银行体系的信用风险（来源：NBR 及作者的计算）

应量（M2）、失业率（UN）、罗马尼亚银行系统贷款总额（loan）、希腊银行准备金（LPG）和罗马尼亚银行准备金（LLP）的月度数据作为信用风险的代理。选择这一期间的数据是基于以下考虑：

确保数据集涵盖全球金融危机后的繁荣时期和衰退时期。2008 年底，东南欧地区通过资本流入的突然收缩，引发了这场危机，因此与更发达经济体相比，该地区的资本流入出现了滞后。

罗马尼亚当局在 1999 年开始了银行系统的第一次私有化（Vogiazas and Nikolaidou，2011b）。2001 年左右，随着欧元的引入和外资银行在罗马尼亚本土的息差大幅下降，外资银行（其中包括希腊）在罗马尼亚银行体系中出现了扩张。

选定时间序列的数据来自罗马尼亚国家银行、欧洲中央银行和希腊银行（详情见附录表 A. 1）。

拟于 2001 年 12 月至 2010 年 11 月期间，在 ARDL 框架内估计信贷风险决定因素的建议方程式是：

$$LLP = f\ (LLP-t,\ LLPG,\ LM2,\ LLOAN,\ UN) \quad (1)$$

在这一方程式中：

准备金（LLP）是罗马尼亚银行贷款总额的其中一部分；

LLP-t 是准备金（LLP）的滞后值；

准备金（LLPG）是希腊银行贷款总额中的一部分；

LM2 是罗马尼亚 M2 的对数；

LLOAN 是罗马尼亚银行贷款总额的对数；

UN 是罗马尼亚的失业率。

理论上，从罗马尼亚银行贷款总额的对数（LLOAN）作为信贷扩张的标志来看，我们预计准备金（LLPs）的积极影响可能意味着贷款质量的下降。这个负面影响源于作为代表经济活动的 M2（因此，经济活动越高涨，信贷风险越低）。其中的积极影响来自失业（尽管延续时间相对较长）。同时，由于希腊银行在罗马尼亚的大量存在，希腊银行的准备金也带来了正面影响。

3.2　方法论

本文采用了“自回归分布滞后模型”（ARDL）方法进行整合（参见 Pesaran and Pesaran，1997；Pesaran and Smith，1998；Pesaran and Shin，1999），因为比起大多数常用的整合法，ARDL 有更多的优点（其他的皆基于恩格尔和格兰杰测试，最大的相似值基于约翰逊和尤塞利乌斯的测试）。此外，尽管近年来 ARDL 在其他经济学领域非常流行，但这一方法还没像第二节的方法那样充分应用在相关文献中。

ARDL 建模法的关键优势在于，它可以应用于具有不同集成顺序的变量（可见附录表 A.2 中变量整合顺序的特定研究）。在使用这种方法时，不需要测试序列先验的整合特性。除此之外，ARDL 模型允许存在大量时间滞后，以便在一般到特定的框架中捕获数据生成过程。同时它允许导出动态误差校正模型（ECM），该模型将短期动态与长期均衡结合在一起，就不会丢失长期运行的信息（参见 Masih and Hamdan，2008；Mallick and Agarwal，2007；Shrestha and Chowdhury，2005）。

鉴于此研究中使用的变量具有不同的整合顺序［I（0），I（1）and I（2）］，并且这种方法还没有完全应用在以前那些关于信用风险的决定因素的研究中，因此，它是这里目前最合适的使用方法。

根据 ARDL 模型，ARDL 方法用于协整估计（P+1）回归次数，以获得每个变量的最佳滞后长度，其中 P 是要使用的最大滞后数，而 K 是方程中的变量数。在本研究中，我们使用每月数据，因此我们选择 12 个滞后作为最大滞后（见 Pesaran and Pesaran，1997）。模型中每个变量的最佳滞后长度是基于施瓦茨-贝业申选择准则或赤池选择准则，（1）的 ARDL 框架如下所示，带有求和符号的项代表误差修正动力，而第二部分（带有 h 的项）对应离子为：1＝2-AA 关系

$$\begin{aligned}\Delta \mathrm{LLP}_t = {} & \delta_0 + \sum_{i=1}^{p} \varepsilon_i \Delta \mathrm{LLP}_{t-1} + \sum_{i=1}^{p} \varphi_i \Delta \mathrm{LLPG}_{t-i} + \sum_{i=1}^{p} \phi_i \Delta \mathrm{LM2}_{t-i} + \\ & \sum_{i=1}^{p} \kappa_i \Delta \mathrm{LLOAN}_{t-i} + \sum_{i=1}^{p} \gamma_i \Delta \mathrm{UN}_{t-i} + \lambda_1 \mathrm{LLP}_{t-1} + \lambda_2 \mathrm{LLPG}_{t-1} + \\ & \lambda_3 \mathrm{LM2}_{t-1} + \lambda_4 \mathrm{LLOAN}_{t-1} + \lambda_5 \mathrm{UN}_{t-1} + u_{1t}\end{aligned}$$

在上述方程式中，带有求和符号的项表示纠错动力，而第二部分（带 λs 的项）表示长期关系。上述方程中的零假设为：$\lambda_1 = \lambda_2 = \lambda_3 = \lambda_4 = \lambda_5 = 0$，表示长期关系不存在。

4. 实证考察的发现

有了最大滞后集数（12）和使用的变量数（5），在 ARDL 模

型中估算的回归总数是 $(12+1)^5=371293$。考虑到计算量很大，我们减少了滞后选择过程中包含的变量数量。具体来说，在各种规范试验中，根据实证文献的发现，[①] 我们将失业滞后时间设定为10。我们选择了基于施瓦茨的模型（1，1，0，0），因为与基于赤池模型的表 A 相比，它具有较低的预测误差。附录中提供了 ARDL 模型的关键回归统计和诊断试验统计数据，这些数据除了异方差性之外，都非常令人满意（考虑到变量是混合的整合阶数，这是正常的检测）。为了解决这一问题，我们提供了基于怀特调整标准误差的调整后估计（见附录中的表 A）。

表 1　使用 ARDL 方法估算的长期系数（因变量为 LLP）

回归因子	系数	比率（%）
LLPG	2.8581	(20.67)
LM2	-0.0142	(4.22)
LLOAN	0.0118	(4.83)
C	0.0109	(3.19)
UN（？10）	.9861E-4	(2.52)

表 2　所选 ARDL 模型的纠错体现（因变量为 dLLP）

回归因子	系数	比率（%）
dLLPG	2.0972	(12.09)
dLM2	-0.0042	(3.56)

① 相关文献表明，失业对差不多一年后的非履行贷款具有影响。参见加库比克和郝曼勒克（Jakubic and Hermanek，2008）、巴布瑟克和简卡（Baboucek and Jancar，2005）。

续表

回归因子	系数	比率（%）
dLLOAN	0.0035	(3.97)
dC	0.0033	(2.75)
dUN（—10）.	2935E-4	(2.66)
Ecm（—1）	-0.2977	(5.05)
R^2 = 0.84	DW-statistic = 2.0602	

以上表1中对ARDL的长期估计表明，所有变量在统计学上都是显著的（在1%水平），并带有预期的符号。具体而言，希腊危机（由希腊银行条款代理）似乎对罗马尼亚违约的长期影响具有很高的正面影响，而失业对10个月滞后的不良贷款具有显著的积极影响。此外，从长远来看，罗马尼亚信贷扩张对不良贷款产生了积极影响，这可能表明罗马尼亚银行以牺牲其质量为代价来扩大贷款。这一发现支持加文和豪斯曼（Gavin and Hausmann，1996），他们认为过度的信贷增长是引发银行危机的主要因素，因为它通常与信贷标准的下降密切相关。最后，代理经济活动的M2对违约有预期的负面影响。我们的发现支持奎格里亚力罗（Quagliariello，2004）、巴布瑟克和简卡（Baboucek and Jancar，2005）、沃加扎斯和尼科莱多（Vogiazas and Nikolaidou，2011a，b）等人提供的证据。

表2给出了模型的短期动态。同样，所有变量在统计学上都是显著的，并且带有预期的符号。与长期一样，希腊危机似乎在短期内对罗马尼亚的不良贷款起着非常重要的作用。经济活动的变化对不良贷款的变化在统计学上具有显著的负面影响，而贷款和失业的变化具有显著的积极影响（尽管失业的系数非常小）。ECM非常重

要，预期的负号表明变量之间存在长期关系。此外，ECM 系数的大小（0.30）表明调整过程相对较快。上个月震荡的不平衡几乎有30%调整回本月的长期均衡。

5. 结论

在国际上，近年来，尝试将宏观经济因素与银行业资产质量相联系进行的实证研究数量迅速增长。解决高水平的不良贷款仍然是一项重大挑战，因为重大危机后的挑战依然存在。

在本研究中，我们使用 ARDL 方法进行协整，以研究罗马尼亚金融体系——由外资商业银行主导的体系中不良贷款的确定性因素。考虑到变量的不同整合水平以及它提供了超过恩格尔-格兰杰和约翰逊的 ML 协整方法的各种优势，这种方法的使用似乎是最合适的。该论文的新颖之处在于它引入了希腊危机的代理。除了在实证文献中调查的标准假设之外，该研究还受到希腊危机对邻域重要假设的推动。实证证据表明，无论长期还是短期，宏观经济变量——特别是失业率和 M2 及银行特定变量（信贷增长）和希腊特定变量（希腊准备金）——都共同影响罗马尼亚银行系统的信用风险。基于这些发现，罗马尼亚信贷风险对该国宏观基本面和银行特定因素的反应得到了证实。此外，有强有力的证据支持将希腊特定指标与罗马尼亚贷款组合的质量联系起来的假设。罗马尼亚的不良贷款似乎受到希腊双重危机所带来的风险的不利影响。

我们的研究结果在政策和监管方面有一些影响。具体而言，所确定的宏观经济重要变量可能成为信用风险恶化的主要指标。由于大多数东南欧经济体在增长前景方面严重依赖金融部门，监管机构应通过对邻国的宏观经济前景保持警惕以及希腊银行在罗马尼亚的子公司产生的潜在传染风险来确保金融稳定。

本研究通过准备金来代理信用风险。鉴于对宏观经济信用风险模型的研究兴趣日益增加，需要使用替代代理（如不良贷款）和方法学方法（如 VECM）进行进一步的实证研究。这样，我们就可以验证结果的一致性和稳健性。此外，随着有越来越多的数据系列可用，使用样本周期子集重新检查问题将会更有意义。

附录

表 A.1 数据集

指标	定义—阐释	来源
信用风险指标		
损失贷款准备金/总贷款额（R）	给予信用机构授予总贷款额的可疑及损失贷款准备金，不含表外业务项	罗马尼亚国家银行及作者的估算
宏观经济指标		
失业	登记失业率（%）	罗马尼亚国家银行及欧洲央行
M2	中介费用。由 M1 加高流动性押金组成	罗马尼亚国家银行
信用	罗马尼亚信用机构授予的总贷款额	罗马尼亚国家银行
希腊危机指标		

续表

指标	定义—阐释	来源
损失贷款准备金总额（GR）	给予由希腊信用机构授予的总贷款额的损失贷款准备金	希腊银行及作者的估算

表 A.2　单位根测试

	ADF 测试统计（常量）	p-值	ADF 测试统计（常量与趋势）	p-值	变形
损失贷款准备金/总贷款额（R）	-2.898[a]	0.049	-3.775	0.021	首批差异
失业	-6.024	0.000	-4.600	0.001	无
M2	-12.393	0.000	-12.590	0.000	首批差异
信用	-4.246	0.000	-4.480	0.002	首批差异
损失贷款准备金总额（GR）	-5.093	0.000	-5.237	0.000	次批差异

[a]5%的重要性水平。

表 A.3　基于施瓦茨·贝叶斯准则所选的 ARDL（1，1，0，0）模型（因变量为 LLP）

回归因子	系数	比率（%）
LLP（—1）	0.7023	（11.91）
LLPG	2.0972	（12.09）
LLPG（—1）	-1.2464	（4.70）
LM2	-0.0042	（3.59）
LLOAN	0.0035	（3.97）

续表

回归因子	系数	比率（%）
C	0.0033	（2.75）
UN（—10）	.2935E-4	（2.66）
R^2 = 0.99856		
回归的 S. E. = .5625 E-3	F-stat. F（6，79）9113.9 [.000]	
因变量均值= 0.016	因变量的 S. D. .014278	
平方的差合 = .2500E-4	方程式对数似然值 525.1700	
赤池信息量准则 = 518.1700	施瓦茨·贝叶斯准则 509.5798	
DW-统计值 = 2.0602	德宾检测的 h-统计值 = —.33315 [.739]	
	诊断检测	
检测统计	LM 版	F 版
序列相关	X^2（12）= 18.1513 [.111]	F（12，67）= 1.4937 [.149]
功能性形式	X^2（1）= .27172 [.602]	F（1，78）= .24722 [.620]
常态性	X^2（2）= 18.9182 [.000]	不适用
异方差性	X^2（1）= 22.5167 [.000]	F（1，84）= 29.7936 [.000]

表 A.4 基于施瓦茨·贝叶斯准则所选的 ARDL (1, 1, 0, 0, 10) (基于怀特的异方差性，调整版 S. E. 的因变量为 LLP)

回归因子	系数	比率
LLP (—1)	0.7023	(8.22)
LLPG	2.0972	(6.97)
LLPG (—1)	-1.2464	(3.03)
LM2	-0.0042	(3.13)
LLOAN	0.0035	(3.21)
C	0.0033	(2.83)
UN (—10)	.2935E-4	(1.50)

参考文献

Abedola SS, Wan Yusoff WS, Dalahan J (2011) An ARDL approach to the determinants of non-performing loans in Islamic banking system in Malaysia. Kuwait Chap Arabian J Bus Manag Rev 1 (1): 20-30

Baboucek I, Jancar M (2005) Effects of macroeconomic shock to the quality of the aggregate loan

portfolio. Czech National Bank, working paper series, no. 1, pp 1-62

Blaschke W, Jones M, Majnoni G, Peria SM (2001) Stress testing of financial systems: an overview of issues, methodologies, and FSAP experiences. IMF working paper, no. 188, pp 2-56

Boss M (2002) A macroeconomic credit risk model for stress testing the Austrian credit portfolio. OeNB, financial stability report, no. 4, pp 64-82

Delgado J, Saurina J (2004) Credit risk and loan loss provisions. An analysis with macroeconomic variables. Banco de Espana working paper, no. 12, p. 11-41

Demirgüc-Kunt A, Detragiache E (1998) The determinants of banking crises in developing and developed countries. IMF Staff Pap 45: 81-109

Engle R, Granger C (1987) Co-integration and error correction: representation, estimation and testing. Econometrica 35: 251-276

Foglia A (2008) Stress testing credit risk: a survey of authorities' approaches. Bank of Italy working paper, no. 37, p. 1-24

Gambera M (2000) Simple forecasts of bank loan in the business cycle. Emerg Issues Ser 3: 1-27

Gavin M, Hausmann R (1996) The roots of banking crises: the macroeconomic context. Inter-American bank working paper, no. 318, pp 1-20

Greenidge K, Grosvenor T (2009) Forecasting non-performing loans in Barbados. Bank of Barbados working paper p. 1-34

Hardy D, Pazarbasioglu C (1998) Leading indicators of banking crisis: was Asia different? IMF working papers, no. 91, pp 1-32

Hoggarth G, Logan A, Zicchino L (2005) Macro stress tests of UK Banks. BIS papers, no. 22, pp 392-408

IMF (2010) Romania: financial sector stability assessment. Country report no. 10/47, pp 1-66

Jakubic P, Hermanek J (2008) Stress testing of the Czech banking sector. Institute of Economic Studies. Charles University in Prague working paper, 2, p. 1-19

Johansen S (1991) Estimation and hypothesis testing of co-integration vectors in Gaussian vector autoregressive models. Econometrica 59: 1551-1580

Johansen S (1995) Likelihood-based inference in cointegrated vector autoregressive models. Oxford University Press, Oxford

Johansen S, Juselius K (1990) Maximum likelihood estimation and inference on cointegration-with applications to the demand for money. Oxf Bull Econ Stat 52: 169-210

Kalfaoglou F (2006) Stress testing of the Greek banking system. Bank Greece Econ Bull 27: 43-62

Kalirai H, Scheicher M (2002) Macroeconomic stress testing: preliminary evidence for Austria. OeNB, financial stability report, no. 3, pp 58-74

Louzis D, Vouldis A, Metaxas V (2010) Macroeconomic and bank-specific determinants of non-performing loans in Greece: a comparative study of mortgage, business and consumer loan portfolios. Bank of Greece working paper, no. 110, pp 1-41

Mallick H, Agarwal S (2007) Impact of real interest rates on real output growth in India: a long-run analysis in a liberalized financial regime. Singapore Econ Rev 52 (2): 215-231

Masih M, Hamdan B (2008) The impact of monetary policy on deposit and lending rates in industrial and developing countries: an application of ARDL approach. J Int Finance Econ 8 (3): 114-122

NBR (2011) Financial stability report 2010, pp 1-116

Pesaran MH, Pesaran B (1997) Working with Microfit 4. 0: interactive econometric analysis. Oxford University Press, Oxford

Pesaran MH, Smith RP (1998) Structural analysis of cointegrating VARs. J Econ Surv 12: 471-505

Pesaran MH, Shin Y (1999) An autoregressive distributed lag modeling approach to co-integration

analysis. In: Strom S, Holly A, Diamond P (eds) Econometrics and economic theory in the 20th century: the Ragner Frisch Centennial Symposium. Cambridge University Press, Cambridge

Pesola J (2001) The role of macroeconomic shocks in banking crises. Bank of Finland discussion paper, no. 6, 1-64

Quagliariello M (2004) Banks' performance over the business cycle: a panel analysis on Italian intermediaries. University of York, Discussion papers in economics, 17, p. 1-56.

Shrestha MB, Chowdhury K (2005) ARDL modeling approach to testing the financial liberalisation hypothesis, University of Wollongong working paper, pp 5-15

Sims C (1980) Macroeconomics and reality. Econometrica 48: 1-48

Trenca I, Benyovszki A (2008) Credit risk, a macroeconomic model application for Romania. Finance Challenges Future 7: 118-126

Virolainen K (2004) Macro stress testing with a macroeconomic credit risk model for Finland. Bank of Finland discussion papers, no. 18, p. 1-48

Vogiazas S, Nikolaidou E (2011a) Investigating the deterministic factors of non-performing loans:

evidence from the Romanian banking system. Paper presented at the 3rd international conference on the economies of Balkan and Eastern Europe countries in the changed world, EBEEC, Pitesti, 5-8 May

Vogiazas S, Nikolaidou E (2011b) Investigating the determinants of non-performing loans in the Romanian banking system: an empirical study with reference to the Greek crisis. Econ ResInt J, Article ID 214689. doi: 10. 1155/2011/214689

Zeman J, Jurca P (2008) Macro stress testing of the Slovak banking sector. National bank of Slovakia working paper, pp. 1-26

下篇
区域政策、乡村发展与信息社会

第 8 章　欧洲联盟内的竞争力与一体化：是困境吗?

亚历克西亚迪斯·斯迪里阿诺斯、拉迪亚斯·克里斯托斯、
米尼安尼斯·索迪里奥斯①

1. 前言

“里斯本战略”及其后续“欧洲 2020”的目标是使欧洲成为世界上最具竞争力和活力的知识经济体，能够实现可持续增长（促进资源效率更高、更环保、更具竞争力的经济），创造更多更好的就业机会，以及更好的社会和领土统一（包括发展）。然而，有人可能会说，这与欧盟的另一个目标——区域一体化形成了鲜明对比。本文试图通过一个将区域增长过程归因于技术采用程度的模型，对这一问题进行实证研究。本文其余部分如下：第二节总结可以从有关欧洲区域一体化问题的概述中得到的经验和教训。这些思考是在

① A. Karasavvoglou and P. Polychronidou (eds.), *Balkan and Eastern European Countries in the Midst of the Global Economic Crisis*, Contributions to Economics, DOI 10.1007/978-3-7908-2873-3_8, © Springer-Verlag Berlin Heidelberg 2013

*作者联系方式：S. Alexiadis：Department of Agricultural Policy and Documentation, Division of Agricultural Statistics, Ministry of Rural Development and Foods, Athens, Greece. E-mail：salexiadis7@aim.com；C. Ladias, Department of Regional Economic Development, University of Central Greece, Levadia, Greece；S. Milionis, Hellenic Tourist Properties SA, Athens, Greece

第三节的单一模型范围内具体分析的。这个模型提交到通常的计量经济学测试中，就得到第四节的主要结论。而第五节是本文总的结论。

2. 欧盟的区域一体化

《罗马条约》“序言”中提到的经济和社会统一，已成为欧盟的主要目标之一。这是在《单一欧洲法案》（标题十四，目前标题十七，第 2 条和第 4 条）中制定的。根据《罗马条约》第 158 条，减少各地区发展水平与最不受欢迎地区或岛屿落后之间的差距，包括农村地区，这是欧盟发展政策的主要目标之一。这一目标是合理的，因为不平衡不仅意味着最贫困地区的生活质量较差，而且意味着人民缺乏生存机会，但这也表明没有充分利用人的潜力，没有充分利用有利于整个联盟的经济机会（European Commission，1996：13）。

区域一体化被视为其他几个关键政策目标取得成功的关键，如单一市场、货币联盟和欧盟竞争力（European Commission，2004）。支持区域政策的最有力论据在于区域差距的长期存在甚至扩大。市场力量和社会趋势正在增加活动的地域集中。与美国或日本等类似经济体相比，欧盟各地区在产出、劳动生产率和收入方面的差异要严重得多。欧洲最富的地区其富裕程度超过最贫穷地区的 8 倍。收入差异仍然主要存在于东、西方之间，在欧盟和国家层面上南、北经济的活力较弱且处于核心的外围。因此，欧盟实施了一系列的发展政策和项目（并持续贯彻），以实现区域一体化，例如地中海综合项目，向欧洲欠发达地区提供资金项目，又如欧洲区域发展基金（ERDF）、欧洲社会基金（ESF）——两类“结构基金”以及“协同基金”。一体化政策旨在促进更均衡的领土发展；比“传统”区域政策更广泛、与欧洲区域发展基金相关的政策。结构基金涵盖广泛的领域——技术研发（R&D）、信息社会、商业基础设施开发（交通、电信、医疗和教育）、能源、风险预防、环境、就业、旅游、文化等。有许多企业（特别是中小型企业）、协会、公共机构和个人等潜在的接受者。欧盟的“趋同目标”和“竞争与就业目标”涵盖的地区之间的资金分配取决于每个国家。然后，各国利用这些资金资助整个国家的专题（如环境、运输等方面的）方案计划或向特定区域提供资金的方案计划。

不论其经济和社会发展水平或部门发展水平如何，目前的经济危机暴露了一些欧洲区域的结构性弱点。有些部门比其他部门更容易受到危机的影响。例如在旅游业等出口导向型活动所占比例较高的行业，面临着需求减少和失业的挑战。因此，欧洲各地区的脆弱性程度分布不均。这就把欧洲地区的一体化问题置于一个新的前提下。欧盟成员国原先已增至 25 个，后又增至 27 个，加之欧盟在不断加强与挪威和瑞士之间的合作，这对欧盟的竞争力和内部一体化提出了前所未有的挑战。因此，欧盟区域政策必须解决一个“矛盾的三角关系”（Mancha-Novarro and Garrido-Yserte，2008）：预算限制、新成员国作为欧洲区域政策主要受益者的愿望，以及 4 个一体化国家（爱尔兰、西班牙、葡萄牙和希腊）自身财政资源正当性的维护。

在这一背景下，下一节试图构建一个合适的框架来证实检验区域一体化目标与整体竞争力之间可能存在的矛盾。

3. 区域一体化和技术采用

新古典理论是一个很好的起点，因为在这一理论上的假定，实际上对关于区域趋同/发散的争论有着很大的启示意义。在新古典模型中，促进和加快区域趋同的这一因素是技术扩散的过程，一种熵的趋势倾向于空间的同质性（Camagni and Capello，2010）。该模型的一个中心观点是，所有地区都能够以相同的程度吸收技术，因此，技术差距越大，对增长的影响就越大，而其他地区则都是不利的。然而，可能有人认为，巨大的差距并不一定会以这种方式促进一体化。论证如下，技术采用不是一个简单的自动过程，相反，要求落后地区要有相应的基础设施来进行技术创新，大家通常认为这是阿布拉莫维奇的观点（Abramovitz，1986）。技术差距大，与其所采用的新技术创新的不利条件有关。[①]

本文模型的出发点是，为了理解这些近期的实证结果，我们必须脱离标准的新古典主义框架，从一个更广泛的模型出发，考虑允许趋同机制，而不是收益递减。假设一个区域实施技术革新（ξ）的能力是内生决定的，作为“技术邻近性”的递减函数，用最初的技术差距来表示，我们随后将其表示为 $b_{Ifi.0}$。因此，$\xi_i = f(b_{Ifi.0})$，若 $f'<0$，或在非线性规格中：$\xi_i = \rho b_{Ifi.0}^{-\pi}$ 若 $P_1 \pi > 0$。据此详述，采用率并不是一成不变的，而是根据差距的大小在不同的区域有所不

① 调查结果、解释和结论完全是作者个人的，不一定代表农村发展部和粮食部和（或）希腊政府的官方立场、政策或意见。

同。① 对于给定的 P 值，高技术差距意味着吸收技术的能力低。参数 P 可以解释为扩散的一个常量，如果没有在技术采用时对基础设施资源的限制，它将适用于所有区域。然而，这种约束的存在导致实际速率偏离 P，具体取决于 π 的值，这确定了现有间隙对扩散速率的影响程度。或者，技术差距越大，技术进步的速度就越慢（ξ_i）。为了添加更多的真实感，我们假设每名工人的产出（y_i）是 ξ_i 的一个递增函数：$g_{yi} = h(\xi_i)$，$h' > 0$，然后，$g_{yi} = h[f(b_{Ifi.0})]$，并且 $h'f' < 0$。考虑两个地区的经济（$i = 1, 2$），即 $b_{Ifi.0} - b_{If2.0} > 0$，且 $\xi_i - \xi_2 < 0$，意味着 $g_{yi} - g_{y2} < 0$。假如 $(\Delta\xi_{i.2})_t \rightarrow \infty$，那么 $(\Delta b_{fli.2})_t \rightarrow \infty$，因为 $t \rightarrow \infty$ 这两个区域向不同的方向移动（图 1）。技术差距较大的区域可能会逐渐落后。在这个例子中，只有当 ξ 增加 ξ_i 到 ξ_i'，或者更广泛地说 $\frac{\partial \xi_i}{\partial t} > 0$，如图 2 所示。在图 2 中还有一点值得注意。如果 $(\Delta\xi_{i.2})_t \rightarrow 0$，则 $(\Delta b_{Ifi.2})_t \rightarrow 0$，并且区域 1 与区域 2 相交。

根据本节的模型概述，为了提高低收入地区的适应能力，区域政策②应加大对本地区的投资。高技术差距表明，本地区缺乏有效引进技术的必要条件。在具有高适应能力的地区投资，将提高其增长率和整体经济增长。但是，适应能力低的地区的增长率会下降，从而扩大低生产率和高生产率地区之间的差距。尽管如此，还是有可能出现同时实现这两个目标的情况。以贫困地区转移支付和发达地区投资为例，既能增强区域趋同性，又能增强整体竞争力。将采

① 对于该模型的详细说明，参见亚历西亚底斯（Alexiadis, 2010）。

② 区域政策能采取多种形式，如转移支付、公共投资、鼓励私人投资的激励规定等。

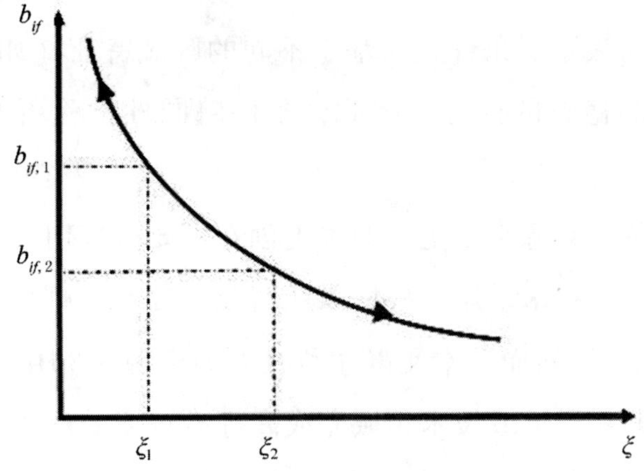

图1　地区差异

取何种具体措施，这取决于现有资源、预算限制、决策者对区域一体化的重视程度、区域不平等的“可容忍”程度和时间长度。

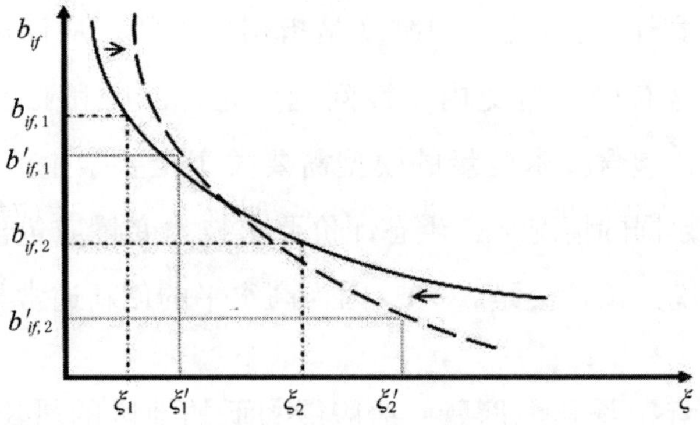

图2　追赶态势

本文中的计量分析借鉴了区域趋同的实证文献等工具，广泛使用了两种不同的趋同检验，即绝对趋同和条件趋同：

$$g_i = a + b_1 y_{i,0} + \varepsilon_i \tag{1}$$

$$g_i = a + b_1 y_{i,0} + bx_i X_i + \varepsilon_i \tag{2}$$

其中：$g_i =$（y_i，$T - y_i$，0）是增长率，而ε_i是误差项。趋同速

度计算为 $\beta = -[\ln(b_1+1)]/T$，其中 T 是该期间的趋同年数。绝对趋同用 b_1 表示。条件趋同基于不同的区域特征（如技术条件）会导致不同的稳态的论点。因此，条件趋同性检验更适合于实证分析。

技术变革要么源于本土，即本土创新，要么采用外来创新带来的技术溢出——技术采用。根据以往情况，技术变更可以通过数种途径进行考察。[①] 然而，本文以“科技人力资源”（HRST）来描述技术变革，即在科学或技术领域完成高等教育或受雇于科学和技术的人。技术增长的第二个来源大概是技术活跃部门总就业的百分比，这表明技术采用的能力，因为这些是用来应用于高新科技的。因此，区域一体化的“技术条件”模型可以构建为：

$$g_i = a + b_1 y_{i,0} + b_2 \mathrm{IC}_{i,0} + b_3 \mathrm{ADP}_{i,0} + \varepsilon_i \tag{3}$$

描述技术[②]的变量的时间维度是指初始时间。从计量经济学的角度来看，这有助于避免内生性问题。此外，皮利亚鲁（Pigliaru 2003）声称，包含技术度量的模型需要关于全要素生产率的数据。在缺乏这些数据的情况下，生态评价要求技术变量应包含在初始值中。一般来说，预计会是 $b_2>0$，因为高水平的创新通常与高水平的

---

① 举例来说，皮利亚鲁(Pigliaru，2003) 采用的是创新倾向，可以用每个地区人均专利的数量来衡量。实证应用可见于皮利亚鲁(Pigliaru，2010 b)、亚历西亚底斯和科勒斯(Alexiadis and Korres，2010)。

② 这两个变量与“智能增长”一致，在“欧洲 2020”战略中形成，例如以增加知识和创新作为未来增长的驱动力。结构性资金是支持新版“里斯本战略”的最重要金融手段，而且在有些国家曾得以使 GDP 增长几乎达到 4%。这一战略由一套指标监控，那些指标覆盖了就业、创新、研究、经济改革、社会一体化、整体经济与环境背景的全范围。2004 年，欧洲委员会提出 14 个结构性指标的“短名单”，允许进行“精炼陈述和对按里斯本议程的时间安排取得的成就进行更恰当的评估”。比如，这些指标包括人均 GDP、就业率、国内消费总支出、长期失业率，等等。其中，只有“就业率的扩散”在定义上具有显见的空间维度。

增长和副作用有关。然而，这种情况并不会自动改善升级的。如果那些贫穷的地区本身在半导体原件产品方面比较薄弱，且预先考虑到在发展方面没有重大影响，则很难将这些贫穷地区积聚在一起，文件的下达也显得尤为重要。就业人数数据的变量反映了两个不同的特征，即“技术采用”的初始水平和区域内现有条件所允许进一步采用技术的程度。低水平的数据结合高增长率可以说明，在同等条件下，较不发达的地区能够采用技术将其转化为高增长率，进而追赶发达地区。相反，较低就业人数的数据可能指明了，尽管技术采用有巨大的潜力，但是基础设施条件并不适合。因此，对于增值并没有显著性影响。如果后者的影响占据主导地位，那么技术落后的地区和发达地区的趋同会受到严重的限制。

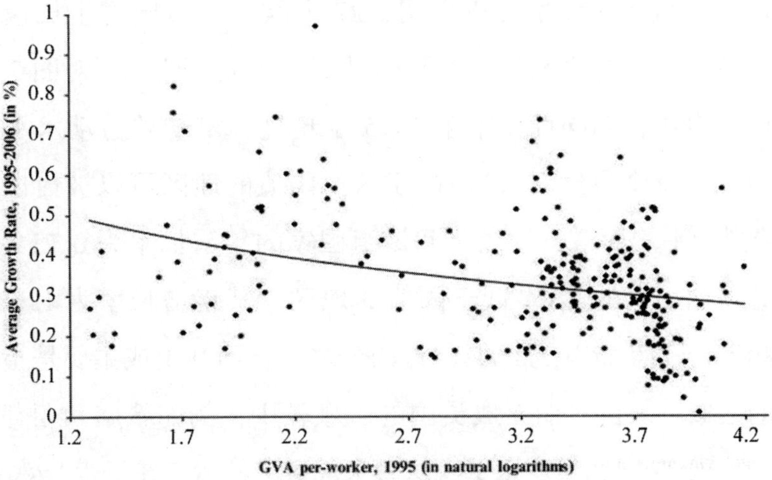

Fig. 3 Absolute convergence

图 3　绝对趋同

4. 计量经济学评估和讨论

在本论文中，我们使用了单个工人附加值的数据。这是评估不同地区经济发展的主要成分并决定区域各个领域竞争的直接后果（Martin，2001）。欧洲统计局（EUROSTAT）是本论文中应用数据的主要来源机构，地区生产总值的数据和所有结构化数据均来源于此。本论文中使用的地区分组是由该机构划定的，指 267 个二级统计地区（NUTS-2）。①

欧洲在 1995 年和 2006 年间的区域增长动力归纳在图 3，它通过散点图显示了年度平均增长率和与之对立的基层工人的估计国民生产值。粗略的数据分析表明，27 个欧盟成员国逆生长速率和初始的劳动生产率之间的关系并不是那么明显。然而，对图 3 的进一步研究表明，趋同性仅限于 1995 年超过一定初始劳动水平的一组区域（约 3 个自然对数）。高于这一阈值的地区可以被描述为呈现 β 趋同。平均而言，这段时间该组国家的年增长率为 0.71%，而一开始每名工人的 GVA 低于阈值的地区，其年增长率为 1.68%。后者相当于欧盟 27 国总区域的近四分之一，而其组成主要是指新成员国的区域，来自“旧”成员国的区域较少，例如希腊和葡萄牙；相对于欧盟 27 国的平均水平，这两个成员国的特点在于生产效率偏低。

① 每个欧盟国家都有不同的方式将其领土划分为行政单位。为了达到管理计划和比较统计数据，欧盟设计了一个领土统计单位命名法——将国家分成统计单位（NUTS，统计单位命名法的一部分）。这个地区与所谓的“欧元区”不同。后者是没有明确的法律地位的协会。时间可以追溯到二战之后的时期，当时边界地区的政客设法促进边界两边的共同利益。

表1　地区趋同、工人人均GVA、欧盟地区：1995—2006年

N= 267个NUTS-2地区，普通最小平方	方程式（1）	方程式（3）
a	0.5714[a]	0.6144[a]
b_1	−0.0747[a]	−0.0825[a]
b_2		0.0014
b_3		0.0203[b]
隐含β	0.0065[a]	0.0071[a]
LIK	147.552	153.832
AIC	−291.104	−299.664
SBC	−283.929	−285.315

AIC、SBC和LIK分别指赤池准则、施瓦茨·贝叶斯信息量准则和对数似然值。

[a]指自信心达95%的统计学重要性。

[b]指自信心达90%的统计学重要性。

然而，是否存在区域趋同，不能仅凭目测来确认。因此，本文对绝对趋同模型和条件趋同模型进行了计量估算（表1）。

表1的估算表明，欧盟地区以低汇率（年均0.65%）趋同。这种跨地区的测试提供了一些证据，尽管还非常有限，但这些证据表明27个欧盟成员国的二级行政地区处于绝对趋同的过程中，低生产力地区的增长速度高于高生产率地区。然而，假如趋同率如估算的那样极其低缓，[①] 那么要让所有地区达到共同的生产力水平将要

① 很有可能，这个区域趋同缓慢的过程可以通过低度劳动移动得到解释；因语言文化的障碍，那种劳动转移正是欧洲地区的特性。正如波德林和坎诺瓦（Boldrin and Canova，2001：243）所主张，“当资本围绕着欧洲转动时，劳动却不是这样”。奥勃斯特费尔德和帕里（Obstfeld and Peri，1998）报告说，德国、意大利、英国在1970—1995年间的劳动移动，仅仅只有美国水平的三分之一。

花费相当长的时间。

正系数被估算为用于描述技术创造的变量，这并不一定能促进这种趋同，因为初始创新水平相对较高的区域，通常是生产力水平较高的区域，其增长率相对较高。$ADP_{i,0}$变量的一个正值也得到了估算。这表明，一般而言在周期开始时 ADP 值较低的区域比高值的地区增长稍慢。如果技术落后地区成功地采用了技术，然后转化为更快的增长，那么估计系数 b_3将为负值。而落后地区可能不是。虽然落后地区也许不是创新的沙漠，但证据表明，这些地区确实存在具体问题。尤其是条件 $b_3 > 0$ 表明，落后地区的基础设施条件正在抑制这一技术采用过程。技术采用尽管可能是落后地区的最佳“媒介”，但是这个过程会比较困难，尤其是在最缺乏支持力的早期发展阶段。通常情况下，条件趋同意味着趋同速度较慢。然而，引入技术变量会增加估计的趋同速度（0.71%）。

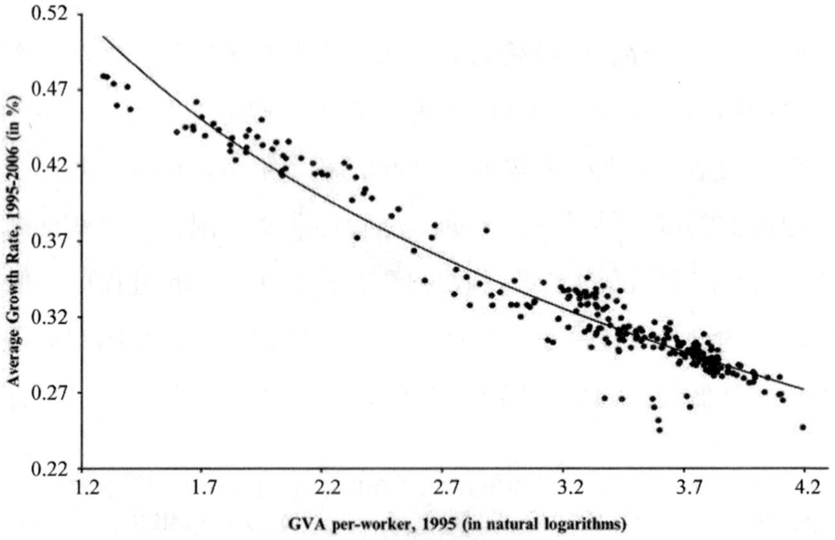

图 4　有条件趋同

图 4 从生产率水平和平均增长率两个变量中，部分地得到 IC_i，0 和 $ADP_{i,0}$的对数。显然，存在这样一种趋势，即相对“贫困”的区域（初始生产力水平小于 3 的区域，如图 3 所示）表现出更快的增长率。比较图 3 和图 4 可能会有争议。如果欧盟地区的技术创造初始水平没有变化，那么采用后，低生产率地区将有强劲增长的趋势比高生产率的更快。

由方程式（3）所述模型的优越性得到以下两个标准的支持：模型选择应用，即赤池准则（AIC）和施瓦茨·贝叶斯准则（SBC）信息标准。根据经验，最适合的模型是得出 AIC 的最小值符合 SBC 标准。如表 1 所示，AIC 和 SBC 对方程式（3）均被最小化，因此该参数是首选的。此外，随着技术变量的引入而增加了对数似然（LIK）的值，为强调技术采用在区域一体化过程中的重要性的观点提供了明确的支持。

表 2　俱乐部趋同

$n=267$ NUTS-2 区域，OLS	方程式（4）
a	-0. 1226
b_1	0. 4486[a]
b_2	-0. 0922[a]
b_3	-0. 0124
b_4	0. 0439[a]
隐含 y^*	2. 43[a]

[a]表示自信心达 95%的统计学重要性。

[b] 表示自信心为 90%的统计学重要性。

通过估算“俱乐部趋同”（Club-convergence）合并可能性的模

型，进一步扩展了实证分析。尽管有几种直观的方法来识别趋同俱乐部（convergence-clubs）（如 Fischer and Stirbock 2006），但实证分析是以应用鲍莫尔和沃尔夫（Baumol and Wolff，1988）的参数方程 $g_i = a + b_1 y_{i,0} + b_2 y_{i,0}^2 + \varepsilon_i$ 为基础的。[①] 如果 $b_1 > 0$ 且 $b_2 < 0$，则建立了俱乐部趋同模式。趋同俱乐部的成员被确定为那些在每个工人的增长率和初始 GVA 水平之间呈现出反向关系，并且超过每个工人初始 GVA 的阈值的区域，计算公式为：$y^* = -b_1/2b_2$。从一个倍数点来看，技术变量的影响具有部分重要性。因此，将这些变量引入俱乐部趋同语境中可以得到如下方程式：

$$g_i = a + b_i y_{i,0} + b_2 y_{i,0}^2 + b_3 \ln IC_{i,0} + b_4 \ln ADP_{i,0} + \varepsilon_i \qquad (4)$$

表 2 中的结果说明了几点。系数 b_1 和 b_2 带有适当的符号，表明欧盟 27 个统计地区中存在两个组别：一个包含的区域带有 $y_{i,0} - y^* > 0$，另一个包含的区域带有 $y_{i,0} - y^* < 0$。前一组对应于趋同俱乐部，而后一组构成一个分化俱乐部。谈到其他解释变量的影响，只有 $ADP_{i,0}$ 变量在 95%的水平上产生统计上显示的系数。$IC_{i,0}$ 变量表示与整个时期的增长呈负相关的关系，这可以解释为趋同的来源。然而，当条件 $b_4 > 0$ 时，欧盟 27 个统计地区之间的技术传播会产生重大障碍。从长期来看，如果其他条件相同，早期技术差距大的地区比技术差距小的地区增长速度慢。

考虑到初始技术差距较大，可能意味着采用技术的条件不合适，那么这一巨大差距就可能无法促进技术的一体化。既然 $b_4 > 0$，这意味着对于技术落后的地区而言，技术一体化的问题依然存在。或者说，$b_4 > 0$ 意味着存在较大技术差距的地区不具备采用技术的

① 亚历西亚底斯（Alexiadis，2010 a）将这种方法应用于希腊地区的案例分析中。

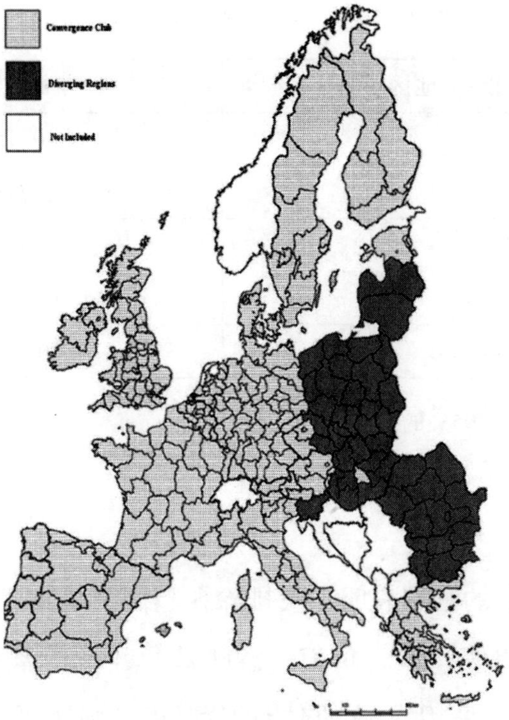

图 5　趋同与趋同俱乐部

潜力。这方面有报道的实证发现进一步证实了由费舍尔和斯蒂尔（Fisher and Stirböck，2006：710−711）提出的论点“技术不可能立即流经欧洲地区和欧洲国家”。落后的欧洲以及欧洲地区之间位置相隔太远，采用过程是不会那么快的，并且一般来说，这些地区在后期才会革新。如果这种时滞保持不变，那么欧盟的地区差异和中心—外围格局将具有持续的特征。图 5 显示了趋同俱乐部成员区域的空间分布。趋同俱乐部几乎完全包括来自欧盟“落后的”和“先进的”成员国地区。这一结果与邓福德和史密斯（Dunford and Smith，2000）提出的观点一致，强调了欧盟 15 国与中欧、东欧之间的重大“发展鸿沟”（表 3）。

表 3　地区趋同与技术，分离群体

$n=49$ NUTS-2 地区，OLS	方程式（3）
a	-0.1583
b_1	0.2863[a]
b_2	-0.0062[b]
b_3	0.0486[a]
隐含 β	-0.0210[a]

[a]表示自信心达95%的统计学重要性。

[b]表示自信心为90%的统计学重要性。

对技术水平的限制表明，被排除在趋同俱乐部之外的区域有分化的趋势，β 的估计值为负值，意味着每年的分离度约为 2.1%。需要注意的是，采用参数的估计值为正，则表明 $ADP_{i,0}$ 水平低（高）的区域增长率相对较低（高）。而 $b_2< 0$ 与追赶假设一致，但条件 $b_3> 0$ 则表示相反的效果。

因此，区域政策应首先确定哪些区域属于分离的群体，然后确定该群体中哪些区域具有相对较高的适应水平。① 因此，改善这些地区的条件将提高它们的增长率，使它们能够在随后的时期加入最初的趋同俱乐部。这将对欧盟 27 国的整体竞争力产生积极影响，也将改善区域一体化的长期进程。在这种情况下，会出现一个尖锐的问题：哪一个特别条件应该是区域政策考虑的目标？因此，将分离群体中的主要条件与一系列表征该组别中区域的结构元素联系起

① 这些区域如果与中心区域相连，就有更多的创新机会（Rodrguez-Pose and Crescenzi, 2008）。

来，这可能是足够的，但要非常小心。

尽管这一点超出了本文的讨论范围，但值得一提的是，这些要素的清单中包括了一般的疑点，例如研发活动与区域经济结构相关的条件。2005 年，以研发开支占本地生产总值（GDP）的百分比计算的研发强度（R&D intensity）[①] 低于 0.5%。[②] 只有两个地区的研发强度约为 1%（波兰的马佐夫舍省和罗马尼亚首都布加勒斯特下辖的伊尔福夫县[③]）。在这一群体中，向欧洲专利局（EPO）申请的专利每百万居民不到 5 项。2006 年，科技人力资源（HRST）指标低于 35%。布加勒斯特的伊尔福夫地区的豁免率在 40%以上。[④] 与中部地区（5%以上）相反，高科技行业在就业总量中所占的平均比例低于 4%。在外多瑙、匈牙利、西外多瑙（在亨格里）和伯拉第斯拉瓦克赖（在捷克斯洛伐克）各地区也有类似的情况。三个

---

① 欧盟作为一个整体，其设定的目标是在 2010 年达到研发强度 3%以上，以与世界范围内新的劳动分工和全球化相对应。这一目标由巴塞罗那委员会于 2002 年制定，并在"欧洲 2020" 战略中得以保持。只有 10%的欧盟地区能够达到这一目标。2007 年，287 个 NUTS-2 地区中只有 19 个区域(2 个区域仅相当于 6.6%) 能够达到 3%的目标。尤其是这些国家的几个地区：芬兰的三个地区(北芬兰省、西芬兰省和南芬兰省)，瑞典的四个地区(斯德哥尔摩省、东梅兰斯省、西雪平和南雪平)，德国的七个地区(德累斯顿、上巴伐利亚、达姆斯塔特、卡尔斯鲁厄、下弗兰肯、斯图加特和柏林)，法国的两个地区(大巴黎和米蒂比利牛斯山脉)，奥地利的两个地区(维也纳和斯泰尔马克州)，荷兰的北布拉邦省。这些地区有首都坐落其中，比如巴黎、维也纳、柏林、斯德哥尔摩和赫尔辛基。

② 总体而言，欧洲城市地区的研发支出有上升趋势。欧洲的研发支出低于 2%，而美国和日本分别为 2.6%和 3.4%，这主要是由于私人投资水平较低。欧洲要想达到美国的创新绩效水平，需要 50 多年的时间。

③ 1998—2000 年和 2005—2007 年，这些地区的人均国内生产总值超过欧盟平均水平的 75%；这是阈值，有资格从结构性基金获得支持的门槛。其余地区的人均国内生产总值仍低于这一门槛。

④ 接受过高等教育的劳动力主要在城市化的地区，这是一种趋势，中心城市或其周边会聚集着受过良好教育的劳动力，这是北欧的一种显著模式，特别是在人力资源战略总体比例较低的国家。

匈牙利地区地理位置相近，而该地区西外多瑙和伯拉第斯拉瓦克赖都离奥地利很近。农业对分散的地区很重要，为其国内生产总值贡献在3%~6%之间，在一些情况下贡献甚至超过6%（主要在罗马尼亚和保加利亚）。这些地区的农村人口比例在20%~50%之间。此外，由于人口下降①，以及这些地区的农村性质，② 分离群体的商业集中程度较低（布加勒斯特除外）。这些地区的特点是失业率偏高，③ 在工业部门衰退中使用的劳动力比例很大，年轻人比例相对较小，表明有人口迁到了其他地区，而且生育率较低。人口密度低，④ 劳动力减少。这使他们难以以可持续的方式提供公共物品和服务（例如保健、住房、交通和通信技术设施），以避免社会两极分化和贫困的加剧，因此，本可以使他们处于快速增长道路的有利的外部因素受到了制约。

从公共政策特别是区域政策的含义来看，本文提出了一些相关问题。空间发展越来越被理解为一种复杂的、多维的现象，简单、快捷的战略存在的错觉逐渐被人们所抛弃（Camagni and Capello，2010：12）。要从政策角度把握的重要一点，是技术采用对区域增

---

① 欧盟27国中只有少数核心区域(例如爱尔兰、马耳他和塞浦路斯）位于相对有利的位置。然而，在NUTS-3层面上的检验揭示出一个不同的画面。

② 尽管如此，一个有农村特征的地区并不总是缺点。例如，一些乡村地区吸引着退休人员，给当地提供了收入和未来发展的来源。

③ 在2008年，最高非就业率（10%以上）的地区大多数集中在西班牙南部、意大利南部、希腊、德国东部地区、波兰、匈牙利和斯洛伐克。而最低水平线是在英国、比利时、荷兰、东欧国家的首都地区。

④ 人口密度即人口与地域面积的比率(每平方千米的居民)。分离群体的比率在60—120之间。欧洲27国的城市区域中心在欧洲中心区域(特别是在布鲁塞尔附近)，是人口最密集的地区。关于这一点，克鲁格曼(Krugman，1991：484）有着密切相关的说法："据说夜晚卫星拍摄的欧洲只能看到很少的边关边境，却可以明确地显现出中心—边缘模型的中心在比利时境内或者比利时周围的某处。"

长和趋同过程产生的影响。在人均产出和就业水平等总体指标，以及创新、专利和知识密集型企业的比例等知识型指标方面，分离群体所处的区域呈落后状态。若制定政策的人将其纳入考虑范围，那么经济计量的结果就要求区域政策应促进高新技术活动以及研究与开发，其中包括大学以及科技研究中心。现如今的政治决策，尽管各方面未完善，但仍包含以下方面：支持集群力量，将版权与商标现代化，提高中小型企业知识产权保护力度，提升各方面的互联性，通过减少贸易中的交易成本而增大资金周转；提高企业瓶颈期意识，增强知识储备；鼓励知识合作，增强企业与科研、创新、教育之间的联系。教育的改善也有助于提高就业能力和就业率，从而有助于减少贫穷。提高所有部门的研发和创新的能力，同时提高效率，将促进创造就业机会和提高竞争力。区域研发和创新系统的改革加强了大学、研究中心和企业之间的合作，实施了联合规划，并加强了跨境合作；这是增加政策协调所需的一个因素。调整学校课程，使其面向创造力、创新和创业精神。支持中小企业、技术和生产方式的国际化，减少对自然资源的使用，并增加对欧盟现有自然资产的投资。特别重要的是制造业部门向更高的能源和资源效率转型。据环保人员的研究显示，低碳技术不仅能够有助于应对气候的变化，更重要的是它能够创造新的商机和提供就业机会。最后，对于决策来说，最重要的问题是这种形势是如何随着时代的变化而变化的。换句话说，什么时候才是实行政治干预的最恰当时机呢？这个问题的答案在很大程度上取决于选定的时间范围和适用的地区，但政策的效果是因地区而异的。

然而，解决政策问题需要进一步开展大量工作。为了评估区域政策和方案的效率，以及探究它们可能取得成功的环境条件，需要对指代更明确的反事实因素（counter-factuals）进行更多的实证研究。

5. 结论

本文尝试建立一个区域一体化与竞争力模型。从整体上看，我们认为对于当前关于区域趋同与整体竞争力之间的两难处境的辩论，以上实证结果是很重要的。欧盟的决策者比以往任何时候都更需要这种独立和全面的研究，因为这样的研究能提供有关区域趋同的关键性新信息。在任何建模的情况下，我们无法确定自己的理论假设和可用的经验证据之间缺乏对应关系，是由于我们的目标理论的错误，还是由于我们在指定经验模型时所使用的近似值或遗漏的错误。就其性质而言，这种研究是有限的，它简化了一个复杂的现实，并侧重于单一的区域层次。它不能取代对特定区域背景的详细分析，而不考虑各区域的应对能力。区域趋同是一个复杂的现象，有许多因素要考虑，这些因素在很大程度上决定了区域政策。有必要根据更具创新性和区域具体发展战略的执行情况重新考虑区域政策。因此，需要新的分析工具。流动性和持久性空间模式的相对碎片化性质表明，广泛的行政区域是政策执行的一个薄弱基础。在欧洲各个区域，广泛存在着分布低端的持久性和向下流动性问题。区域—地理维度对欧洲的决策者们越来越重要，通过明确承认区域—地理维度，决策者们可以识别和调动每个地区的领土资本，这种方法是决策的一个重要部分。因此，政策需要有针对性，要面对具体的区域，而不是由目前的欧盟集团涵盖的广大区域。这些区域分类的基础是本文中提出的“趋同”和“分离”这一区域划分概念，这可以为区域层次的政策制定提供有用的框架。

参考文献

Abramovitz M（1986）Catching up forging ahead and falling behind. J Econ Hist 46：385-406

Alexiadis S（2010a）Interregional differences in adoptive abilities：an alternative framework. Reg

Sci Inquire 1（2）：41-52

Alexiadis S（2010b）Regional convergence clubs and dynamic externalities. Italian J Reg Sci 9（1）：41-64

Alexiadis S（2010c）The Nexus between regional growth and technology adoption：a case for club-convergence? Theor Pract Res Econ Fields 1（1）：4-11

Alexiadis S, Korres G（2010）Adoption of technology and regional convergence in Europe. Eur

Spat Res Policy 17（2）：95-105

Baumol W, Wolff E（1988）Productivity growth, convergence and welfare：a reply. Am Econ Rev 78（5）：1155-1159Competitiveness and Cohesion in the European Union：A Dilemma? 119

Boldrin M, Canova F（2001）Inequality and convergence in Europe's regions：reconsidering European regional policies. Econ Policy 16：207-253

Camagni R, Capello R（2010）Macroeconomic and territorial policies for regional competitiveness：an EU perspective. Reg Sci Policy Pract 2（1）：1-19

Dunford M, Smith A（2000）Catching-up or falling behind? Economic performance and regional trajectories in the New Europe. Econ Geogr 76 (2): 169-195

European Commission (1996) First report on economic and social cohesion. Office for Official Publications of the European Communities, Luxemburg

European Commission (2004) Third report on social cohesion. Official Publication Office, Luxembourg

Fischer M, Stirbock C (2006) Pan-European regional income growth and clubconvergence. AnnReg Sci 40: 693-721

Krugman P (1991) Increasing returns and economic geography. J Polit Econ 99: 483-499

Martin R (2001) EMU versus the regions? Regional convergence and divergence in Euroland. J Econ Geogr 1 (1): 51-80

Mancha-Novarro T, Garrido-Yserte R (2008) Regional policy in the European Union: the cohesion-competitiveness dilemma. Reg Sci Policy Pract 1 (1): 47-66

Obstfeld M, Peri G (1998) Regional non-adjustment and fiscal policy. Econ Policy 26: 205-247

Pigliaru F (2003) Detecting technological catch-up in economic convergence. Metroeconomica 54: 161-178

Rodríguez-Pose A, Crescenzi R (2008) Research and development, spillovers, innovation systems and the genesis of regional growth in Europe. Reg Stud 42: 51-67

第 9 章　地方合作：乡村内生发展的动力

福蒂斯·查兹塞多里迪斯、阿纳斯塔西奥斯·米凯利迪斯、
乔治斯·狄奥多西、埃弗斯塔多斯·路易佐①

1. 前言

从全球范围看，在当前的经济背景下，以内力推动区域经济发展已成为乡村政策目标的重要一环（Theodosiou et al., 2010a）。尤其是当前希腊的经济危机仍在蔓延，以当地人口或资源为重点的农村内生社会经济发展似乎是单向的发展机会。据雷伊（Ray, 1999）所言，作为促进农村强力和可持续发展的最有效途径，这些做法已被广泛接受。尽管已有许多学者对农村内生发展（endogenous rural

---

① A. Karasavvoglou and P. Polychronidou (eds.), *Balkan and Eastern European Countries in the Midst of the Global Economic Crisis*, Contributions to Economics, DOI 10. 1007/978-3-7908-2873-3_ 9, © Springer-Verlag Berlin Heidelberg 2013

* 作者联系方式：F. Chatzitheodoridis & E. Loizou, Department of Agricultural Products Marketing and Quality Control, Terma Kontopoulou, Technological Educational Institute of Western Macedonia, 53100 Florina, Greece. E-mail: fchatzitheo @ gmail. com; lstratos@ auth. gr; A. Michailidis, School of Agriculture, Department of Agricultural Economics, Aristotle University of Thessaloniki, 54124 Thessaloniki, Greece. E-mail: tassosm@ auth. gr; G. Theodosiou, Department of Business Administration, Technological Educational Institute of Larissa, 41110 Larissa, Greece. Technological Educational Institution of Western Macedonia, Kozani, Greece. E-mail: geortheo@ yahoo. gr

development）理论进行了研究（Lowe et al.，1998），本文仍然对社会经济分析进行了拓展，并指出任何发展活动不仅要聚焦本土资源和人民，而且要注重内部与外部因素的相互作用。

希腊乳制品行业的发展前景广阔，其家庭月乳制品平均消费额约占月消费总额的 20%，并且这一比例还在不断上升（NSSG，2005；Galatoulas，2009）。另外，由于此类产品价格稳定，消费者的偏好和健康饮食等因素直接影响了对于健康和品质食品的更多需求，使得对高附加值产品的需求随之上涨（ICAP，2007）。同样据 ICAP 的有关消息，希腊牛奶行业的出口主要限于酸奶产品和“羊奶干酪”，以欧盟为销售目的地。

希腊国内市场的奶制品产业结构有着极强的两极性。一方面，为满足当地需求，中小型企业数量相对较多；另一方面，大企业数量相对较少，但生产效率高，配送发达。乳制品市场的困境是由几家食品进口企业造成的，这些企业主要从事牛奶和乳制品的进口和销售。此外，由 50 多个农产品和家畜公司创建的希腊牲畜协会（AGL），也挤进了希腊的奶制品市场，试图延缓大公司制造的持续不断的奶制品降价趋势。希腊牲畜协会组建的主要目的，在于通过投资新的奶制品合作项目，增强企业联盟的力量。这个组织的鲜牛奶和鲜乳制品均采用了统一的组织标志，以此打压其他公司保鲜期较长的奶产品，这一点是希腊牲畜协会发展行动的一个核心措施。此外，通过某个著名的超级市场企业网络，如泛希腊农业合作社联盟（PHCUAC），来推广乳制品和牛奶合作社的产品，也是其主要业务。根据希腊牛奶和肉类组织（HOMM）（ELOGAK，2009）提供的数据，2009 年期间，主要的乳制品和牛奶合作行业均取得了积极成果，这些企业通过增加销售额和记录利润来促进奶制品的生产。这些合作乳制品公司的效益不错，农民收入也得到保障。尤其是在当前经济危机背景下，这些合作机构开始尝试着投资乳制品产业（Theodosiou et al.，2009，2010b）。

由于乳制品的需求增加，该产业的前景相对较好，随之而来的不仅仅是大的乳制品公司之间愈演愈烈的竞争，而且会带来乳制品公司之间更大规模的合作。产商对原材料——牛奶的处理，是影响乳制品公司尤其是合作机构的活力的主要要素（Tsourgiannis et al.，2008）。

人口、自然资源、技术和地方机构是决定一个地区发展的基本结构要素。根据系统论，这四个要素有助于分析地区复杂的经济结构和经济活力。而地区的发展则取决于这四个因素之间建立的各自的动态平衡（Chatzitheodoridis，1998）。

从历史的角度来看，农业合作社走上了一条与农村人民生活和活动相联系的成功之路。经济和社会组织机构通常在地方发展中具有战略性的作用（Sdrali and Apostolopoulos，2006；Madane，2002）。农业合作社的动力衰退，主要源于基础工业部门的衰退、新的全球化市场发展模式所建立的激烈竞争，以及紧随其后的农业合作社的复苏。农业合作社的复苏是以它们的调整为基础的，这些调整不是针对新一代合作社，就是针对某些产品的专门化合作（Pischke and Rouse，2004）。此外，自19世纪80年代以来，发达国家农村地区发生的变化和适用的政策也使得合作社面向其他领域，如旅游、文化和能源等活动，而这些活动通常与本区域特有的特点和资源有关（Johdal，2003；Karafolas，2007）。这种转变进而增强了合作社的经济性质，以及它们在区域发展进程中的作用（Brennan and Luloff，2005）。

在希腊，尽管合作社是农村经济的基础，但在最近几十年里，它们普遍地表现出退化和衰落的趋势。这种负面影响主要来自希腊农村地区领导者的有限存在（甚至缺席），以及合作社管理部门与其成员之间客户关系的恶化，后者导致了可用合格人力资源的减少，党派和国家的干预，资源管理的不善（人力和非人力），伙伴关系文化的缺失，以及按时更新实践方式的乏力，于是他们就无法面对接连不断的国内和国际竞争（Patronis and Mavreas，2004；Kamenidis，2008）。

目前，希腊的经济现实严重影响着人们对合作社的可行性、作用和未来前景的信心。与此同时，人们还做出了一些努力，目的在于让行为人以及地方团体活跃起来，以及通过使现行立法现代化的努力恢复合作社。目前，有几家合作社与希腊品牌，尤其是农产品的加工和贸易有关，通过这种方式促进了当地的就业和收入的增加，并通过开展大量的出口活动，在希腊市场占据很强的地位（Vakoufaris et al.，2007；Rigas et al.，2008）。其中，一些合作社通过组织和财政改革，逐步向新一代的混合合作社转变，并进行商业活动和执行重要的投资计划（Sergaki and Semos，2006）。合作创业对当前许多农村地区面临的经济发展问题有着重要的推动作用（Sdrali and Apostolopoulos，2006；Benos et al.，2007）。

本研究的主要目的在于，通过揭示其中最重要的原因，来考察当地社会是否愿意接受和支持本土因素，例如当地农业合作社联合会的投资建议。更具体地说，本文调查了马其顿西部居民对阿曼特农业合作社协会（UACA）所提出的合作投资提案的支持程度，即通过自产自销的方式建设和经营一家乳制品工厂。

2. 研究的区域与方法论

马其顿西部（WM）山区占希腊国土总面积的7.20%（图1）；人口为301539，占总人口的2.75%。该地区主要从事畜牧业和农业活动，其各州的牛奶产量很大，约占希腊牛奶总产量的7%。2008年，弗洛里纳州的农场生产了25071吨牛奶（占总产量的64%），该地区小牛养殖户总数（733）的81%位于弗洛里纳。科扎尼奶农生产羊奶4169吨，占全州9232吨的45%，该州羊奶产量最高时为11652吨（41%）（Theodosiou et al.，2009）。

2004—2005年间，马其顿西部地区新鲜全脂牛奶和奶酪的平均支出高于该国其他地区（牛奶分别为13.11欧元和11.33欧元，奶酪分别为25.73欧元和24.24欧元）（NSSG，2005）。大多数大型的国家奶牛场都在这个特定的地区经营，而当地规模较小的乳制品和奶酪行业也采取了一些行动。与此同时，周边各州的小型乳制品合作企业纷纷扩大分销网络，填补了区域市场的空白。

UACA成立于1946年，由27个初级合作社组成，成员超过2100个。除了加强、扩大和协调初级合作社成员和生产者团体之外，该协会的目标是推广和支持该区域产出的所有农产品。UACA对其运营进行了现代化改造，确保了传统的生产工艺（葡萄酒生产）采用动态战略，旨在进一步促进当地原料生产，提高该地区的农业收入和生产基础。同时，UACA审核了一项投资计划，这一计划建议建立一家现代化的乳品加工业，利用当地的原材料生产，并通过可靠的网络收集和分销其乳制品，使生产者和消费者都受益（Theodosiou et al., 2010a）。本研究旨在记录该州消费者对乳制品和奶制品的依存度，以及他们对投资计划的支持程度。

为了探讨本研究的目的，我们对该地区进行了定性和定量的调查。这项定性调查于 2009 年 9 月及 10 月间进行，50 名消费者被分成 5 个焦点小组，每个小组由 10 人组成。根据他们在定性调查中的回答，形成了用于定量调查的封闭式问卷。

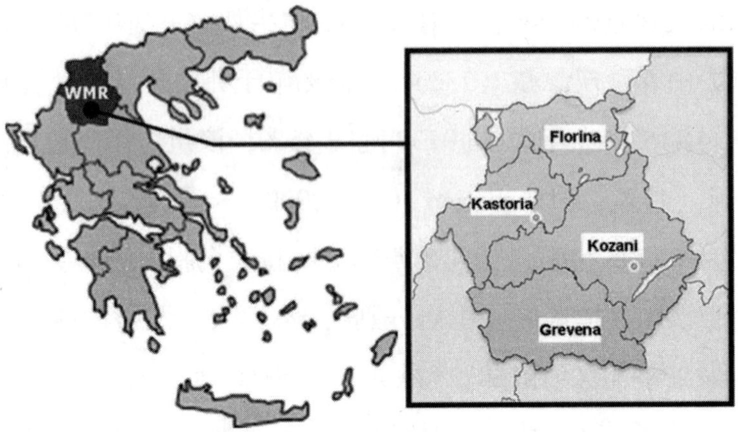

图 1　马其顿西部地区，希腊

最终问卷共分为五个部分，实际上是由两份同时完成的自主性问卷组成。第一份问卷包含两个部分，通常涉及消费者对乳制品的依从性；第二份问卷包含三个部分，涉及消费者对 UACA 新产品的消费趋势。访谈基于相同的问卷调查，并通过电话访谈完成，共包含 24 个开放式问题和 69 个变量。

该调查于 2009 年 11 月 2 日至 5 日，在马其顿西部的地理边界内进行，由电话号码索引决定访谈对象。换言之，该调查通过电话进行，使用的是一份编制好的问卷，调查对象包括该州500名18岁以上的居民，样品的选择通过多阶段取样的方法进行。在调查的初级阶段，抽样计划包括该州四个县的类比代表。在其第二阶段，则包括每个县的城市和农村地区各自的代表，这样便能对整个调查区域的人口进行归纳总结。此过程采用了比例类比抽样技术（即多阶段抽样，Multistage sampling），并试图根据地区、性别和年龄对人口进行类比。通过这种方式，共收集了500名消费者的样本。然而，在收集样本后发现，少量问卷不满足比例性的主要条件，类比分布不够，其原因在于格雷韦纳和卡斯托利亚州地区消费者鉴别上的困难，因为这两个州的电话号码前缀是相同的。因此，我们对每一份问卷进行了单独的识别，并赋予其0.44到2.10的数值。由于统计原因，只有两份问卷被永久排除在最小负载值为0.1（几乎为零）的抽样之外，500份问卷的平均负载值为1。

数据分析采用汇总统计和非线性多变量技术。尤其是，首先采用两步聚类分析（TSCA），探索局部因素采用的层次（Siardos，2002；SPSS，2007），然后采用二项逻辑模型（BLM）来解释采用率的变化。尽管一些研究人员也采用了非线性方法（Tserkezos and Thanou，2008；Thanou and Tserkezos，2010），但TSCA方法完全不同，它具有重要的潜力。TSCA不仅本质上是非线性的，而且是一种可伸缩的集群分析算法，旨在以一种最优的方式进行处理：（a）大数据集；（b）分类变量；（c）属性。尽管它只需要一个数据集，但它遵循两个步骤：（a）将案例预先聚类成许多小的子集群；（b）将获得的子集群聚类成所需的集群数量。但是，它也可以自动选择集群的数量。此外，还对BLM回归进行了估计和预测，以便找出采用内生发展的意愿与一组选定的社会经济预测因素之间的可能关系。应用 BLM 的具体版本可视为通用效用最大化模型的特殊情况(Jimenez and Salas-Velasco, 2000)。

3. 访谈结果

在描述性统计分析的综合结果中，样本的一致性与 2001 年的普查数据一致。然而可以理解的是，某些偏差在一定程度上是可以接受的，它们不会影响对整个调查区域人口的归纳总结。为此，我们在每一份问卷中都加入了大量的数据，并将其与 2001 年的人口普查数据进行了对比。因此，根据汇总统计数据（图 2），样本中最具代表性的受访者是：65 岁以上者（23.8%）、已婚者(71.8%)、退休者（26.1%）、双成年家庭生活者（53.9%）、无青年家庭生活者（66.2%）、接受过高等教育者（大学或职业学院毕业生，39.4%）、低收入者（44.4%）、科扎尼州永久居住者(51.5%)，以及城市地区居住者（93.0%）。此外，利用统计频率将整个样本分为三个具有一般代表性的职业相近的受访者群体：(a) 养牛业者（4.8%）；(b) 企业家或农民（44.0%）；以及（c）其余农村居民（51.2%）。

应该指出的是，很大一部分受访者（54.6%）愿意从 UACA 购买奶制品，而且很大比例愿意用相应的 UACA 替代他们以前购买的奶制品（图 3）。购买这些产品的最重要的原因是，通过这种方式，不仅提高了整个马其顿西部地区农民的收入，而且提高了其他专业人员的收入。

图2　对有代表性的受访者（参与者）的描述

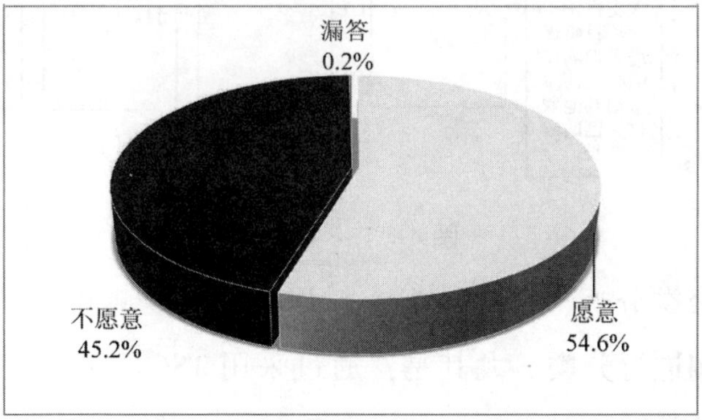

图3　是否愿意接受UACA

随后，调查样本中的农村居民被问及购买UACA乳制品的消费意愿。问题选项按照百分比分为五组：（a）不愿意；（b）至多

10%、(c) 10%~20%、(d) 20%~50%、(e) 超过50%。值得注意的是，75%的受访居民愿意多花些钱。而且有部分居民（10.81%）能接受比传统乳制品贵一半的价格。同样，第二个问题是调查样本中的农村居民愿意多买UACA乳制品的数量，问题选项也是按百分比分为五组。与上一个问题的情况相反，大多数的受访者(57.21%) 不愿买多于平时的量。然而，仍有11.71%的人愿意购买平时150%的量。出现这种情况最主要的原因是，消费者们对他们目前所选择的公司表示信任和满意。

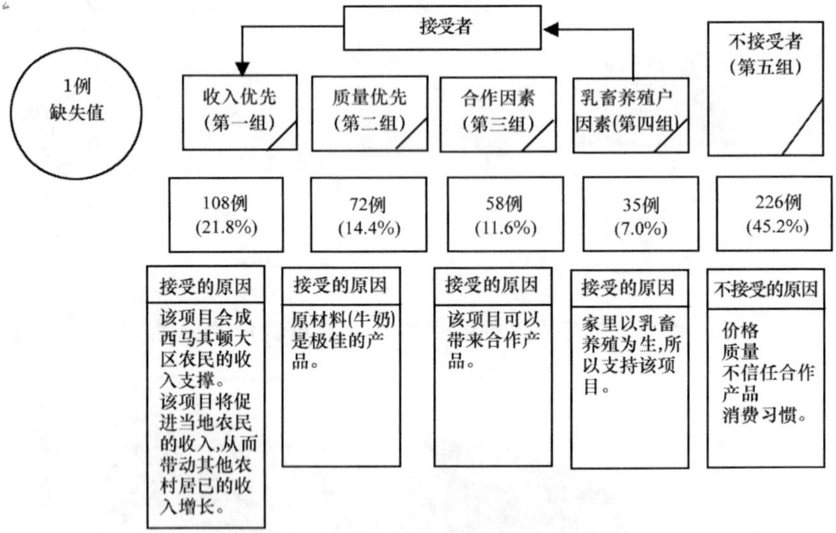

图4　TSCA建模

通过聚类分析，可以根据农村居民对接受理由（陈述）的态度，对他们进行分类。尤其是，通过采用TSCA分析，并基于图4中几种属性的同意程度（1 = 强烈反对；2=反对；3=中立；4=同意；5=非常同意），可以将受访者分成可识别的集群，以此探索其行为选择的不同程度。整个数据集的多元统计分析使用的是Windows的SPSS V. 17（SPSS 2007），TSCA分析法会自动提取五组中的最优解。由图 4 可知，大多数的受访者（226 人，45.2%）都在第五组中（不接受者），而第一组（收入优先）有 108 人（21.8%），第二组有（质量优先）72 人（14.4%），第三组（合作因素）有 58 人（11.6%），第四组（乳畜养殖户因素）有 35 人（7.0%）。

随后，通过采用经验计量经济模型，并借助 Windows 版本 14.1.3 的 MINITAB（MINITAB 2006），将影响农村居民 UACA 接受模式的相关因素进行关联。实际上，即是把接受 UACA 当作单独的决策过程，在此基础上采用离散选择模型进行分析，该模型将使用概率同表 1 中的社会经济因素联系起来。特别是，BLM 可以确定样本阶层接受 UACA 的决定因素的重要性。具体来说，因变量“接受度”将样本分为两个子组：(a) UACA 接受者（=1：一直、经常或有时）和（b）UACA 不接受者（=0：很少或从不）。表 1 中 9 项自变量的选择是以当地因素接受度的先验分析为基础，但它同样适应于研究领域的特殊性（Theodosiou et al. 2010a）。

表 1　UACA 模型变量和具体说明

变量	具体说明
就业状况	1=就业，0=待业
家庭状况	1=已婚，2=未婚
性别	1=男性，0=女性
距离	受访者与 UACA 相隔距离（按 km 计算）
收入	年收入
教育	通识教育年数
人员	住户人数

续表

变量	具体说明
年轻居民	18 周岁以下居民数量
年龄	受访者年龄

表 2 UACA 模型估计结果

模型	变量	系数	t 比率
乳畜养殖户模型	常量	-0. 11	-0. 77
	年龄	0. 31	1. 11
	距离	0. 54	1. 32
	收入	1. 48	2. 97
	人员	0. 17	0. 81
	观测值	24（4. 8%）	
乡镇企业和农场模型	常量	-0. 32	-1. 02
	性别	1. 14	2. 17
	教育	0. 11	0. 56
	就业状况	0. 17	0. 62
	年龄	1. 93	3. 41
	观测值	220（44. 0%）	
农村家庭模型	常量	-0. 74	-1. 27
	教育	1. 52	2. 74
	就业状况	1. 13	2. 46
	年轻居民	1. 16	2. 53
	收入	0. 46	1. 03
	观测值	256（51. 2%）	

为了探索农村居民接受 UACA 的不同动因，将受访者按照职业分成三大类：（a）养牛业者；（b）企业家或农民；（c）其他职业者。其中 1/20[①]（4.8%）左右是养牛业者，44%是农场等小企业经营者，其余 51.2%为其他职业从业者。模型结果明确证明了样本分层的重要性，因为对于这几个阶层而言，UACA 接受度的动因多不相同（表 2）。

具体而言，“养牛业者模型”显示只有“收入”变量才是 UACA 接受度的动因。而且“收入”变量的高系数说明了 UACA 的构建与实施预计将成为收入增长的一大动力，尤其是对当地的养牛业者来说，更是如此。另一方面，“乡镇企业和农场模型”的重要动因是“年龄”和“性别”。这一现象最有可能说明农村居民中年轻人和老人、男性和女性之间的 UACA 接受度存在差异。最后，“农村家庭模型”中 UACA 接受度的动因更复杂，与“教育”“就业状况”和“年轻居民”有关。18 周岁以下居民存在的重要性表明，UACA 对于年轻人的价值得到增加。与此同时，“教育”这一动因说明，UACA 最有可能得到受过良好教育的居民的采纳，而“就业状况”则证实了就业者和待业者之间的 UACA 接受度也存在差异。

4. 结论

国家有必要通过投资扶持当地生产，推动发展进程。另外，在实施时不仅要着眼于基层，加大投资，利用当地资源和原材料优

① 原文为“one third”，有校订错误。“4.8%”约等于“1/20”。——译者注

势，还要简政放权，在不利的社会经济条件下激发活力。几家从事品牌加工和营销的合作社财务业绩颇有成效，为当地经济发展做出了积极贡献。许多合作的乳制品企业的盈利率证明，乳制品行业前景大好。一方面，合作社努力抓住乳制品行业提供的时机，从中获益；另一方面，也要面对大型乳制品公司占据市场支配地位所造成的扭曲局面（支付给生产商、联合企业、销售网络等的价格削减）。为了发掘新的牛奶和乳制品企业，实现既有企业现代化，合作社不得不加大投资。研究结果清楚地显示，样本分层十分重要，因为不同阶层对 UACA 接受度的动因截然不同。因此，考虑到每个群体的特殊性，为了充分利用这些当地因素，鼓励大家接受 UACA，新的政策措施应当根据居民群体的特性有针对性地实施。为此，UACA 愿创建一个乳制品产业，利用西马其顿大区牛奶生产盈利致富，为当地农民创造稳定收入。尽管这样的投资建议受到许多不同因素的影响，但此次调查结果说明当地居民对于这一方案信心十足。

本次研究具有一定的理论和实践意义，因为经验结果支撑了基本论点——当地因素掩盖了农村居民的重要需求，并因此在偏远和边缘地区引起了重大变化。总之，我们认为对当地因素的选择进行更具体的分析，可以揭示社会和人类行为的结构性变化，尤其是农村地区的结构性变化，以及产生变化的原则和机制。这些研究结果会推进社会科学和经济的概念框架的完善，还有可能为农村发展政策提供新方案。

参考文献

Benos Th, Kalogeros N, Vertices FJHM (2007) Influence of organizational characteristics of cooperatives to market-oriented brands, and performance: the case of Greek agricultural cooperatives. In: Papageorgiou K (ed) Cooperative reflections 2006-2007. Stamoulis Editions, Athens (in Greek)

Brennan MA, Luloff AE (2005) A cooperative approach to rural development in Ireland: cultural artifacts and the Irish diaspora as an example. J Int Agri Ext Educ 12 (1): 15-25

Chatzitheodoridis F (1998) Multiactivity and special quality products in to the frame of Islands integrated development: the case of Lemnos Island. Ph. D. thesis, University of Aegean, Mytilini (in Greek)

ELOGAG-Hellenic Organization of Milk and Meat (2009) Analytical trade tables 2009. ELOGAG, Athens (in Greek)

Galatoulas I (2009) The market of fresh pasteurized milk in Greece: factors affecting the demand, trends and prospects of the sector. Master thesis, Harokopion University, Athens (in Greek)

ICAP (2007) Dairy products: sectoral study.

ICAP Group, Athens Jimenez JDD, Salas-Velasco M (2000) Modelling educational choices. A binomial logit model applied to the demand for higher education. High Educ 40: 293-311

Jodahl T (2003) Consumer co-operatives in Norway. Rev Int Co-op 96 (1): 9-16

Kamenidis C (2008) Cooperatives. Principles-financial-political-development-organization legislation. Kyriakidis Editions, Thessaloniki (in Greek)

Karafolas S (2007) Wine roads in Greece: a cooperation for the development of local tourism in rural areas. J Rural Coop 35 (1): 71-90

Lowe P, Ray C, Ward N, Wood D, Woodward R (1998) Participation in rural development: a review of European experience. Research report, Centre for Rural Economy, University of Newcastle

Madane M (2002) Co-operative rejuvenation through self-help groups and other alternatives. Rev Int Co-op 95 (1): 104–114

MINITAB (2006) MINITAB for windows release 14. 1. 3, MINITAB Inc, Coventry, United Kingdom.

NSSG-National Statistical Service of Greece (2005) Household budget survey 2004–05. NSSG, Athens

von Pischke JD, Rouse J (2004) New strategies for mobilizing capital in agricultural cooperatives. F. A. O, Rome

Patronis V, Mavreas K (2004) Agricultural cooperative organizations in Greece throughout the 20th century: a critical overview. J Rural Coop 32 (1): 51–62

Ray C (1999) Endogenous development in the era of reflexive modernity. J Rural Stud 15 (3): 257–267

Rigas N, Papantoniou S, Kantas D, Rigas G (2008) An empirical research on biological products in Greece. In: Proceedings of the 2nd conference on animal production, Larissa, June 30–July 2

Sergaki P, Semos A (2006) The Greek Unions of agricultural cooperatives as efficient enterprises. Agr Econ Rev 7 (2): 15–27

Sdrali D, Apostolopoulos KD (2006) The contribution of the agricultural cooperatives in local development-the case of cooperative Binding Kozani Crocus Producers. In: Papageorgiou K (ed) Cooperative reflections 2004–2005. Stamoulis Editions, Athens (in Greek)

Siardos G (2002) Methods of multivariate statistical analysis. Part two. Investigation of dependence between variations, 3rd edn. Stamoulis Editions, Athens (in Greek)

SPSS-Statistical Package for Social Sciences (2007) SPSS 17. 0 for windows.

User's guide. SPSS, Chicago

Thanou E, Tserkezos D (2010) Non-linear diachronic effects between stock returns and mutual fund flows: additional empirical evidence from the Athens stock exchange. J Financ Decis Making 6 (1): 33-46

Theodosiou G, Loizou E, Chatzitheodoridis F, Michailidis A (2009) Market research for the establishment of a milk factory in Western Macedonia Region. Technological Educational Institution of Western Macedonia, Florina (in Greek)

Theodosiou G, Michailidis A, Loizou E, Chatzitheodoridis F, Sergaki P (2010a) Endogenous rural development: evidence from a typical Greek region. Econ Rural Dev 6 (2): 17-23

Theodosiou G, Michailidis A, Loizou E, Chatzitheodoridis F (2010b) Rural areas development through endogenous potentials. In: Proceedings of the 118th seminar of E. A. A. E., Rural development: governance, policy design and delivery, E. A. A. E, Ljubljana, pp 931-938

Tserkezos D, Thanou E (2008) Portfolio management: an investigation of the implications of measurement errors in stock prices on the creation, management and evaluation of stock portfolios, using stochastic simulations. Int J Financ Econ Economet 1 (2): 13-26

Tsourgiannis L, Eddison J, Warren M (2008) Factors affecting the marketing channel choice of sheep and goat farmers in the region of East Macedonia in Greece regarding the distribution of their milk production. Small Ruminant Res 79 (1): 87-97

Vakoufaris H, Spilanis I, Kizos T (2007) Collective action in the Greek agrifood sector: evidence from the North Aegean region. Brit Food J 109 (10): 777-791

第 10 章　对一体化的欧盟地区消费者购买有机葡萄酒行为的探究：以东马其顿和希腊色雷斯地区为例

兰布罗斯·佐尔吉阿尼斯、阿纳斯塔西奥斯·卡拉萨夫奥卢、
迈克尔·尼古拉迪斯①

1. 引言

以消费者对附加值和差别化产品的接受度为对象的研究大多关注细分市场。销售和商业文献中提到了大量有关品牌、产品差别化、贴标问题以及消费者行为的研究。

布斯和谢泼德（Booth and Shepherd，1988）认为，文化和经济因素、消费者的性格态度、价值观和情绪状态等，都会对消费者选择食物的过程产生影响。数年后，斯廷坎普（Steenkamp，1996）指出，消费者的生理、心理和社会人口特征、产品营销以及经济和文

① A. Karasavvoglou and P. Polychronidou（eds.），*Balkan and Eastern European Countries in the Midst of the Global Economic Crisis*，Contributions to Economics，DOI 10.1007/978-3-7908-2873-3_ 10，© Springer-Verlag Berlin Heidelberg 2013

＊作者联系方式：L. Tsourgiannis，Region of East Macedonia and Thrace，Regional Unit of Xanthi and Research Fellow in the Department of Accountancy，School of Business and Economy，Region of East Macedonia and Thrace，Xanthi，Greece. E-mail：ltsourgiannis@gmail. com；A. Karasavvoglou · M. Nikolaidis，Accountancy Department，School of Business and Economy，Kavala Institute of Technology，Kavala，Greece

化环境都会影响消费者的决定。科特勒（Kotler，1994）也认为，文化、社会、个体以及心理因素对消费者的购买行为具有影响。

欧盟国家消费者的购买行为也会受到食品质量特征的影响，消费者高度重视健康饮食、价格、政府行为、文化因素、食品分销渠道以及连锁超市的规模，这一点也会对购买行为产生影响（Murray et al.，1996；Allen，1997；Davies et al.，2000；OECD，2000；Tsourgiannis，2008）。此外，宗教限制、文化信仰和反文化主义以及消费者的社会特征（即家庭规模和一家之主在家里的地位），也会对希腊消费者是否购买食品的决定产生巨大影响（Michalopoulos and Demoussis，2001；Sdrali and Apostolopoulos，2002；Lazaridis，2003）。

上个十年中爆发了数次食品危机，如疯牛病（BSE）危机、手足口病的爆发以及二噁英丑闻等，这些危机大大增加了人们对有机产品的需求（Siderer et al.，2005）。由于要面对这些危机以及危机带来的后果，欧洲消费者一定程度上丧失了对于传统农作方式的信心（Remaud et al.，2008）。洛雷罗（Loureiro，2003）曾指出，就葡萄酒市场而言，消费者对环境质量的看法很大程度上决定了他们买酒的偏好。

众所周知，“有机”一词一般是指使用有机肥料，而不是合成肥料、杀虫剂、化学物质或任何生长剂的农作方式（Gil et al.，2000）。因此，“有机葡萄酒”只选用有机种植的，且加工方式符合有机制酒规范的葡萄，其葡萄酒中二氧化硫的含量只是其他葡萄酒的一半（Iland and Gago，2002）。在欧盟，有机农产品和食物的定义来自于最新修订版的理事会条例第（EEC）2092/91号规定，该规定在欧盟内部为有机种植专门建立了一个框架，同时对有机农产品和食物的种植方法和有机食物市场的发展提出了要求。要强调的是，第（EC）834/2007号和第（EC）889/2008号文件，专门规定了有机葡萄酒的鉴定事宜。后来，欧洲委员会在2008年发起了一场有机种植运动，号召消费者重视有机种植和有机食物生产的重要性（EU，2011），旨在提高消费者对有机产品的认可度和购买有机产品的意识。

有很大一部分文献是关于消费者和有机食品的研究的，因为有机食品的花费通常高于传统食品，因此很多实证研究把注意力集中于在乎产品质量的消费者愿意支付的最高价钱以及其中的影响因素。基于2003年对雅典连锁零售店的调查，克里斯塔利斯和克律索霍伊迪斯（Krystallis and Chryssohoidis，2005）研究了促使希腊消费者愿意花钱购买有机食品的因素。他们发现消费者愿意花高价购买有机食品，但是其中影响因素的类型和重要性会随着有机食品种类的不同而不同。这些因素包括：食物的质量和安全保障、对食物认证的信赖程度以及（对某些产品而言）品牌的可信度。感官特征、价格和消费者的社会人口情况不是影响消费者购买有机食品的因素。博托纳基等人（Botonaki et al.，2006）研究了消费者对待有机产品和在综合管理体系（SIM）下生产的产品的态度和购买行为。他们还对影响消费者购买意愿的社会经济特征和态度进行了比较研究，这对希腊的两种不同鉴定体系而言，是一笔额外费用。他们发现看重健康，消费有机水果和蔬菜并且注意食物和营养问题的消费者购买有机食品的愿望更加强烈。布鲁加罗拉斯等人（Brugarolas et al.，2005）曾尝试算出西班牙消费者愿意为有机葡萄酒支付的高价。他们发现人们愿意支付的平均高价在16.29%~16.92%之间。而且，他们的研究还揭示出消费者的三种类型。第一种消费者注重健康的生活方式以及环境保护。第二种消费者最不关心环境问题，但却关注健康和饮食问题。第三种消费者没有选择任何给定的生活方式。据布鲁加罗拉斯等人（Brugarolas et al.，2005）的研究发现，最关注环境问题的消费者最愿意购买有机食品。

如今，消费习惯在不断改变，人们在购买食品时会考虑道德、环境、健康等方面的因素（Torjusen et al.，2001；Smith and Marsden，2004）。许多实证研究已经探讨过决定消费者对有机食品所持态度的因素，并对有机和非有机食品消费者分别进行了建档和区分。汤普森和基德韦尔（Thompson and Kidwell，1998）发现有小孩的家庭更有可能购买有机食品。尼蒙和贝金（Nimon and Beghin，1999）发现衣服中的有机棉纤维的附加值很高且增长强劲，但是他们没有任何证据支持环境友好型染料的附加值有所增加。另一方面，其他研究表明收入越高的消费者越有可能购买有机产品（Kiesel and Villas-Boas，2007；Tsakiridou et al.，2006）。据克雷西曼诺等人的观点（Crescimanno et al.，2002），意大利有机食品消费者的收入在中等至高等之间波动。然而，其他研究则发现，收入并不会真正影响消费者购买有机食品（Adamsen et al.，2007）。据吉尔等人（Gil et al. 2000）和察基里多等人（Tsakiridou et al.，2006）的研究，年轻消费者不可能消费有机产品。另一方面，赖希斯等人（Reichs et al. 1997）称，年龄会对消费者购买有机食品产生很大影响，尤其是年轻消费者。克里斯塔利斯等人（Krystallis et al. 2006）又发现，研究生和大学毕业生比没有接受过大学或高中教育的消费者更有可能购买有机产品。家庭规模以及家里是否有小孩，会影响消费者购买有机食品（Tsakiridou et al. 2006；Chryssohoidis and Krystallis，2005）。从福托普洛斯和克里斯塔利斯（Fotopoulos and Krystallis，2003）提出的有机食品消费者的社会人口结构来看，这些消费者主要是女性。就是否愿意为有机食品支付高价而言，男性和女性之间存在的差别很小（Davis et al. 1995）。巴乌拉基斯（Baourakis，2004）根据有机食品消费者和潜在消费者的态度以及信仰不同，将他们分为四组。这四组的名称为：（a）激进的环境卫士型；（b）传统型；（c）节食型；（d）“青年”有机食品消费型。伊夫斯等人（Eves et al.，2004）将消费者取名为“思想固化者”“先锋者”“实用者”以及“怀旧者”，而克律索霍伊迪斯和克里斯塔利斯（Chryssohoidis and Krystallis，2005）则将消费者分为希腊消费者、健康至上型消费者、探索型消费者、独立型消费者以及忠于有机理念型消费者。就有机葡萄酒而言，福托普洛斯等人（Fotopoulos et al.，2003）比较了希腊购买和不购买有机葡萄酒的消费者并建立了各自的社会人口档案。他们称有机葡萄酒购买者更经常在特产店购买食物，更在意健康和饮食，也更喜欢使用媒体。哈钦斯和格林哈尔希（Hutchins and Greenhalgh，1997）发现消费者购买有机食品主要是为了健康以及孩子的营养。另一方面，消费者不购买有机食品的原因包括价格太高以及供应不足。

以上这些分组大多是描述性的，研究区域和环境不同，分组就会完全不同（Remaud et al.，2008）。尽管有些研究对希腊乃至全世界购买有机食品的行为进行了考察，但是目前还没有人研究出影响消费者购买有机葡萄酒这种行为的原因。鉴于目前对消费者如何看待有机葡萄酒的认知均来自国际上的研究或是四到五年前在希腊所做的一些研究，因此研究影响希腊经济低迷时期一体化地区（该地区很穷）内希腊消费者购买有机葡萄酒行为的因素十分重要，因为不同文化、经济、社会以及人口特征会对消费者的购买行为产生不同影响（Davies and Worrall，1998；Kupiec and Revell，1998；Michalopoulos and Demoussis，2001；Kotler，1994）。因此，本研究旨在探讨文献综述内提到的因素中有哪些会影响东马其顿和希腊色雷斯（REMTH）地区消费者对购买有机葡萄酒的态度，因为该地区拥有一个选举出来的地区政府，且欧盟将该地区认定为一体化地区，意思是该地区人均收入低于欧盟地区人均收入的75%。另外，该地区位于希腊东北部，离主城区很远且位于边境。因此，本地产品（如认证的有机产品）的细分市场会欣欣向荣，会产生附加值，也会在与外来食品的竞争中保护本地产品。据希腊国家统计局的数据（ESYE，2009），东马其顿和希腊色雷斯（REMTH）地区葡萄园面积为1548公顷，占希腊全国葡萄园面积的2%。据希腊农业发展和食品部数据（2011），有机葡萄园面积大约为183公顷，约占该地区葡萄园面积的4.6%。考虑到该地区葡萄园面积占希腊全部葡萄园面积的2%，可以想见有机葡萄园对该研究区域而言是一个重要的议题。再者，据ESYE的数据（2009），农业部门是当地经济的重要支柱，因为德拉马-卡瓦拉-赞西地区38%的人为农业人口。在本研究中，作者决定研究消费者对有机葡萄酒的态度问题，因为这些问题对当地经济至关重要且REMTH地区与这些问题有密切的关系。此外，在不久的将来，这些问题和整个希腊经济以及细分市场的发展将会构成希腊国家经济政策的重要组成部分。

因为本研究区域的许多特征可能和其他欧盟地区相似，所以这些地区的研究者和政策制定者可能会对本研究要解决的问题感兴趣；尤其在某些地区，将有机产品发展为小众产品能够提升本地产品竞争力、提高国民生产总值，这会令该地区的研究者和政策制定者格外感兴趣。

2. 研究方法

2.1 概念模型

我们建立了一个概念模型，已将文献中概述的那些关键概念放入一个可识别的框架中（图 1）。该模型着重调查影响消费者购买有机食品，尤其是有机葡萄酒的态度的各种因素，和影响消费者采取特定购买行为的战略层面之间的关系。此外，它还将考察消费者为了购买有机葡萄酒，而对于各自钟情的营销渠道的不同态度、对于有机产品的看法、对于已认证的有机食品的消费意愿与个性特征的看法，和特定消费行为之间的关系。

采用该概念模型（Oppenheim, 2000），可带来以下研究假说：

H_1：东马其顿和色雷斯地区的消费者可以根据影响他们有机葡萄酒购买行为的因素分成几组。

H_2：消费者对于有机食品的看法与他们特定的购买行为之间存在很强的联系。

H_3：为了购买有机葡萄酒，消费者对于一种特定营销渠道的偏爱与其特定购买行为之间存在很强的联系。

H_4：消费者为有机食品和有机葡萄酒支付更多钱的意愿与其特定购买行为之间存在很强的联系。

H_5：消费者的个性特征与其特定购买行为之间存在很强的联系。

2.2 调查步骤

研究人员对一个消费者样本进行了调查，以收集确认影响东马其顿和色雷斯地区消费者有机葡萄酒购买行为的因素所必需的数据。因此，研究集中在一个希腊消费者样本身上，他们是一群有机食品购买者。信息收集的方式是采访调查，因为东马其顿和色雷斯地区的消费者熟悉这种调查方式，并且他们的教育水平也适合这种调查方法（Moser，1958；Errington，1985；Barnett，1991；Oppenheim，2000）。此外，这也是许多研究人员考察消费者的购买行为时广泛采用的一种方法（Kamenidou et al.，2002；Fotopoulos and Krystallis，2002；Arvanitoyiannis and Krystallis，2005；Psomas et

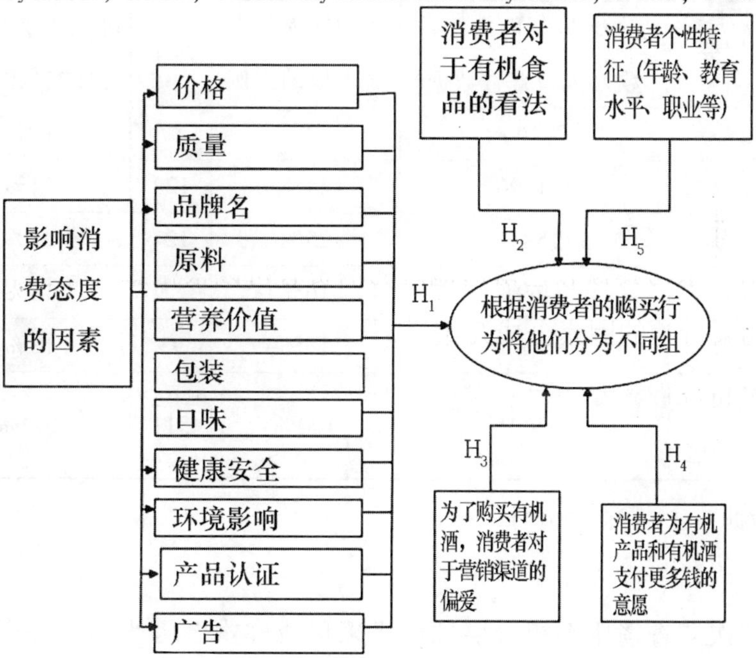

图1 概念模型

al., 2005; Tzavaras et al., 2005)。此外，为了归类而进行大型信件或电话调查的成本非常高。而且，由于许多消费者没有互联网连接，所以对这种代表大众群体的样本，电子调查的方法并不合适。

我们努力找到同一个时间和地点的消费者，并且是在他们真正做出购买决定的地点，以期更好地捕捉到消费者对于产品的真实偏好。数据都是在消费者经常光顾的地方收集的，例如超市、杂货店和酒窖。采访贯穿全天，以减少与购物时间相关的偏差（Chryssohoidis and Krystallis, 2005）。于是，四分之一（25%）的采访是在工作日（周一—周五）9：00到15：00之间进行的，四分之一在工作日15：00到21：00之间，另50%在周六（9：00—19：00）。所有的调查对象都在20岁以上。

表1　样本描述

地区划分	年龄>20岁的消费者人数（人口普查数据）[a]	每地区人口占总人口的比例	样本	每地区样本数占总样本数的比例
德拉马	79460	17%	87	17%
卡瓦拉	111196	24%	122	24%
埃夫罗斯	115837	25%	127	25%
赞西	74691	16%	82	16%
罗多彼	85437	18%	93	18%
东马其顿和色雷斯地区	466621	100%	511	100%

数据来自ESYE（2010）。

这次调查选用系统分层抽样法来形成样本，因为诸位作者想超越该调查所覆盖的消费者样本，获得具有普遍性的发现。根据埃林顿（Errington，1985）的观点，要想实现这个目的，唯一的方法就是确保调查单位都是从想要推广的更大的人群中随机抽取的。因此，消费者都是随机抽取的，采访者选取了进入每个调查区域的第6个消费者（McCluskey et al.，2003）。最终选取的样本包含511名超过20岁的消费者，他们可以很好地代表即将被推广至的更大的人群。样本的规模在表1中详细列出，考虑到该地区的总人口，该样本的制定很合理，因为希腊的其他研究人员在研究消费者购买食品的行为时，用得最多的也是这种规模的样本。其中扎瓦拉斯等人（Tzavaras et al.，2005）曾在塞萨洛尼基地区用一个238人的样本来探索消费者与大米相关的行为。此外，弗拉肖斯和福托普洛斯（Vlachos and Fotopoulos，2005）在哈尔基达地区采访了170位消费者，来调查消费者对于转基因食品的态度，同时里克罗博罗和拉扎莱蒂斯（Lykouropoulou and Lazaridis，2005）为了确认影响消费者购买有机肉类意愿的因素，使用了一个342份问卷的样本，并且非常有成效。

为了给调查样本找出代表，我们遵照埃林顿（Errington，1985）、佐尔吉阿尼斯等人（Tsourgiannis et al.，2006，2008）、佐尔吉阿尼斯（Tsourgiannis，2008）和陈氏（Chen，2007）在研究中使用的方法，对调查问卷中的人口统计信息及东马其顿和色雷斯地区的人口普查信息进行了比较。所选样本的个性特征和总人口的个性特征在表2中进行了比较。如表中所示样本的所有个性特征与基于人口普查数据的总人口的所有个性特征并无异处，因此可以认为该样本即是总人口的代表。

表 2　样本评估

总人口的特征										
年龄分组	总人口	每个年龄组占总人口的比例（%）	未婚	每个年龄组未婚人口占总人口的比例（%）	已婚	每个年龄组已婚人口占总人口的比例（%）	男性	每个年龄组男性占总人口的比例（%）	女性	每个年龄组女性占总人口的比例（%）
20-29	89097	19	59306	13	29791	6	48736	10	40361	9
30-44	124619	27	24984	5	99635	21	62126	13	62493	13
45-64	144909	31	20962	4	123947	27	70175	15	74734	16
65+	107996	23	37501	8	70495	15	48222	10	59774	13
总计	466621	100	142753	31	323868	69	229259	49	237362	51
样本人口的特征										
年龄分组	样本人口	每个年龄组占总样本人口的比例（%）	未婚	每个年龄组未婚人口占总样本人口的比例（%）	已婚	每个年龄组已婚人口占总样本人口的比例（%）	男性	每个年龄组男性占总样本人口的比例（%）	女性	每个年龄组女性占总样本人口的比例（%）
20-29	97	19	71	14	26	5	47	9	51	10
30-44	138	27	31	6	112	22	77	15	68	13
45-64	158	31	25	5	143	28	78	16	82	16
65+	118	23	31	6	72	14	47	9	61	12
总计	511	100	158	31	353	69	249	49	262	51

数据来自 ESYE（2010）。

2.3　问卷设计

研究人员查阅文献后，确定了影响消费者购买有机食品行为的因素。接着，他们为研究目标设计了一份调查问卷，并用该问卷在学者、食品市场专家和消费者中进行了预测试。接下来，在 2010 年 1 月，该问卷由东马其顿和色雷斯地区的 100 位消费者进行了试填。试填结果显示，调查问卷无须再做任何修改，因此，正如上文提到的，2010 年 4 月和 5 月，我们进行了正式的测试。

调查问卷分为四个部分：

第一部分——这部分包括三个关于消费者在有机食品和有机食品购买方面知识的问题。

第二部分——这部分包括十个关于购买行为的李克特 5 分制量表表态题。这些问题覆盖了价格、质量、保健、地区、口味、认证和广告方面。

第三部分——这部分包括六个问题，涉及消费者对于有机产品的看法、消费者为有机葡萄酒和有机食品付更多钱的意愿以及他们对于某种特定营销渠道的偏好态度。

第四部分——这部分包括七个关于消费者个人信息的问题，包含年龄、教育程度、婚姻状况、子女数量、职业和收入。

2.4　统计方法

针对这 511 位购买有机葡萄酒的消费者，我们运用多变量分析技术来揭示他们回答中包含的关键信息，有三个阶段应用到了这些分析。第一，主成分分析（PCA）用来确定就无关变量（成分）最小值而言的数据中占差额最大部分的变量。[①] 本研究中，五个关键态度变量与消费者针对有机葡萄酒的行为的方方面面有关，主成

① 反映像相关矩阵、巴特利球形检验和抽样适度测定值（MSA）用来检查数据对于随后因子分析的适当性。反映像相关大绝对值占比非常高的并且抽样适度测定值小于 0.5 的变量在分析前都被移除了。

分分析将这五个变量减小为一套更小的潜在因素（或消费维度）。[①] 第二，对这些因素分数然后进行聚类分析，以将分数模式相似的消费者根据他们的购买行为分成相似的群。[②] 第三，二次判别分析用来评估因子分析中衍生出的已定关键消费维度，在预测和区分类成员的时候能够做到多准确。

我们用上面展示的基于多变量统计技术结果的统计测试（因子、群和判别分析）来检验前一节提到的五个假说。

3. 调查结果

3.1 消费者针对有机葡萄酒的购买行为和态度

我们进行了主成分和因子分析（通过方差极大旋转），并用潜根准则（特征值=1）、陡坡图测试和差额百分比来决定因素的数量。潜根准则（特征值=1）和陡坡图测试（图2）表明第一次旋转中有两个因素，使总差额的66.46%得到了解释（表3）。[③]

五个变量在两个因素之上的因素负荷分数见表4。据海尔等人（Hair et al., 1998）、塔巴赫尼克和菲德尔（Tabachnick and Fiddell, 1989）的建议，负荷分数演绎的截止点是0.782。

下一阶段，我们用层级和非层级聚类法，对东马其顿和色雷斯

① 一次正交旋转(最大方差法)，特征值规范标准 = 1，陡坡检验和差额百分比用来决定第一次旋转中的因子(Hair et al., 1998)。对比因子可解释性，进行不同的试验旋转。

② 根据海尔等人(Hair et al., 1998)、庞吉和斯图尔特(Punj and Stewart, 1983)的推荐，层级法和非层级法在本研究中均有使用，以对消费者的购买行为进行分类。

③ 根据塔巴赫尼克和菲德尔及海尔等人(Tabachnick and Fiddell, 1989; and Hair et al., 1998)的建议，我们进行了几次不同的试验性旋转，以比较因素可解释性。

地区消费者的购买行为进行分类（Harrigan，1985；Helsen and Green，1991；Hair et al.，1998；Siardos，1999）。由于没有异常值，511 份观测都进行了聚类分析。

分析后，我们将消费者分为三组，并根据其针对有机葡萄酒的购买行为进行模式命名（表 5）。他们是：（a）受声望和好奇心影响的消费者；（b）随机者（不受任何因素影响的）；（c）倾向于购买健康产品的消费者。

其中，受声望和好奇心影响的消费者占样本的 19%。他们的购买决定主要受购买和消费有机葡萄酒所能给他们带来的声望和自己的好奇心影响。另一方面，他们对营养价值、环保和健康产品消费并不感兴趣。

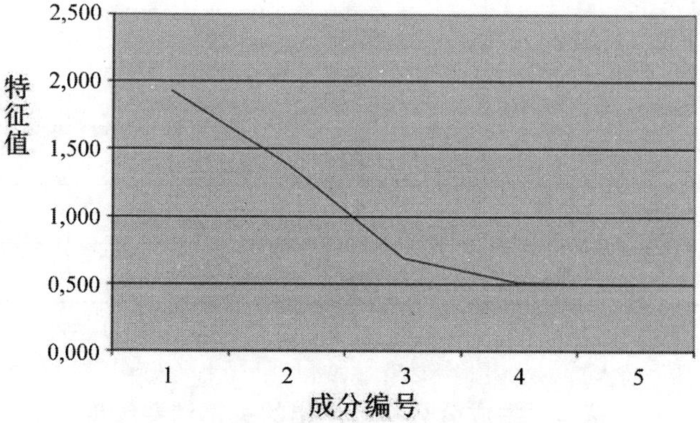

图 2　陡坡图测试

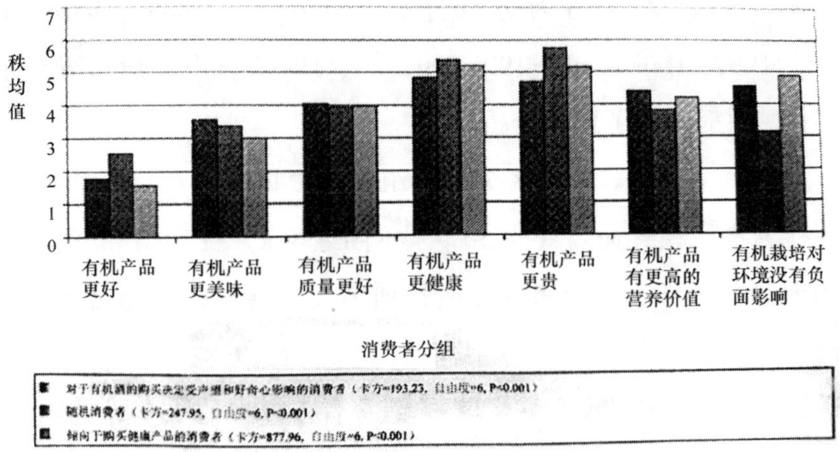

图 3　消费者对于有机产品的看法

表 3　消费喜好变量的主成分分析结果

成分	特征值	差额%	累积方差（%）	公因子方差
1	1.929	38.577	38.577	0.611
2	1.394	27.884	66.460	0.651
3	0.671	13.423	79.883	0.664
4	0.507	10.136	90.019	0.694
5	0.499	9.981	100.00	0.7025

表 4　主成分分析衍生出的关键消费维度

关键消费维度	因素负荷
健康安全	
无化学原料	0.807
营养价值	0.807
环境保护	0.782
声望和好奇心	

续表

关键消费维度	因素负荷
声望	0.837
好奇心	0.833
KMO MSA = 0.613	
巴特利球形检验=398，016，$P<0.001$	

表5　三组消费者的特征

关键消费维度	消费者组别			
	受声望和好奇心影响的消费者	随机消费者	倾向于购买健康产品的消费者	*P*
健康安全	0.379	−1.614	0.437	0.0001
	0.709	*0.586*	*0.499*	
声望和好奇心	1.568	−0.118	−0.460	0.0001
	0.816	*0.714*	*0.526*	
消费者数量（$n=511$）	98	106	307	

注意：平均值用一般字体表示，标准差用斜体表示。

随机者占样本的21%，他们通常是表现得很投机的消费者。他们会购买有机葡萄酒，但无论是健康和环保，还是他们的好奇心或者声望，都不会影响到他们的购买行为。

另一方面，倾向于购买健康产品的消费者占样本的60%，这些人喜欢购买无化学添加剂的产品。此外，产品对环境造成的后果和营养价值也是影响其购买行为的因素。

此外，经证实，对三组消费者都使用了克鲁斯凯-沃利斯非参数单因素方差分析，通过五个消费变量来描述他们购买有机葡萄酒的方式，但该三组消费者却没有在因子分析中被使用，因为该测试在序数数据的使用中更加可靠（Kinnear and Gray，2000）。

如表6所示，作为需要验证的变量，三组消费者的确定完全正当有效，因为它们都与消费者对有机葡萄酒的购买行为紧密相关。其中对于有机葡萄酒的购买决定受声望和好奇心影响的消费者，购买普通食品时也会受此影响，比如是不是本地产品以及它的广告。倾向于买健康产品的消费者，其购买决定受产品质量、口味和其保护自己健康的愿望的影响。另一方面，随机消费者对与有机葡萄酒购买行为有关的这些经检验的因素均不感兴趣。

表6　根据克鲁斯凯-沃利斯测试得出的三组消费者的各种特征

关键消费维度	消费者组别			
	受声望和好奇心影响的消费者	随机消费者	倾向于购买健康产品的消费者	P
产品质量	267.70[a]	167.70[b]	282.80[c]	0.0001
	4.000	*3.500*	*4.000*	
口味	277.20[a]	151.20[b]	285.40[c]	0.0001
	4.000	*3.000*	*4.000*	
产品的产地/成品率	329.70[a]	191.80[b]	254.60[c]	0.0001
	3.000	*2.000*	*3.000*	
广告	318.50[a]	235.20[b]	243.20[c]	0.0001
	3.000	*2.000*	*2.000*	
健康安全问题	242.80[a]	183.90[b]	285.10[c]	0.0001
	5.000	*4.000*	*5.000*	
消费者数量(n= 511)	98	106	307	

注意：根据Q非参数测试，当 $P< 0.05$ 时，行内带有不同上标的平均秩差别显著（Eddison，2000）。平均秩用一般字体表示，中位数用斜体表示。

此外，采用判别分析的方式，对因子分析衍生出来的预测者对组成员的预测进行评价。我们起初检验了关键战略维度的常态。Box的M测试统计数据（Box M = 57，736 大约 F = 9.549，df = 825，221.3，P <0.001）显示违反了方差—协方差矩阵。

因此，为了使用Minitab评估每个因变量的方差同质性，我们又采用了Bartlett Box F统计数据和Levene测试（Siardos，2000）。二次判别分析衍生出的交叉验证分类的结论如表7所示。

表7　交叉验证分类结论

实际分类	预测分类		
	受声望和好奇心影响的消费者	随机消费者	倾向于购买健康产品的消费者
受声望和好奇心影响的消费者	98	0	5
随机消费者	0	106	5
倾向于购买健康产品的消费者	0	0	297
全部数量	98	106	307
正确数量	98	106	297
正确分类所占的比例	100 %	100 %	96.7 %
$N=511$	正确数量=501	正确比率=0.980	

于是，这两个消费维度可以精确预测和区别消费者属于哪一个组。

假说一：根据影响其有机葡萄酒购买行为的因素，可以将东马其顿和色雷斯地区的消费者分成几组。

下一阶段，采用二变量统计分析来确认消费者对于有机产品的态度。特别是对购买有机产品的三组消费者都进行了非参数弗里德曼单因素方差分析测试，以检验他们对于这些产品的看法。测试的结果表明，购买决定受声望和好奇心影响的消费者，和那些倾向于购买健康产品的消费者，都认为有机产品更加健康，而且认为相比于传统产品价格更高，生产方式对环境也没有负面影响（图 3）。另一方面，多数“随机者们”也认为有机产品价格更贵、更健康、质量更好。

假说二：消费者对于有机食品的看法与他们特定的购买行为之间存在很强的联系，这一点可以成立。

此外，通过利用单样本卡方分析，可以确认消费者在许多问题上的选择偏好，如营销渠道、除有机葡萄酒以外的有机食品的购买，以及他们支付更高费用购买认证后的有机产品尤其是葡萄酒的意愿。统计分析表明，这三个消费群体的情况相似（表 8）。每个群体中的大部分消费者都熟悉“有机葡萄酒”的定义，至少购买过一次有机葡萄酒。除葡萄酒外，他们通常主要从售卖有机产品的店铺购买有机水果，并愿意多付 5%的费用来购买有机葡萄酒。另一方面，大多数受声誉和好奇心影响的消费者和随机者愿意多付 5%的费用来购买有机产品，而定向购买健康产品的消费者则愿意多付 25%的费用来购买有机产品。更重要的是，“随机者”与定向购买健康产品的消费者将会购买有机食品，即使它们与传统食品唯一的不同之处仅在于它们的种植对环境更友好。

假设三：消费者对于使用某一消费渠道购买有机葡萄酒的偏好与特定的购买行为之间密切相关。

假设四：消费者支付更多费用购买有机食品和有机葡萄酒的意愿与特定的购买行为密切相关。

表 8　消费者对于有机食品及有机葡萄酒的态度

消费者态度		受声誉和好奇心影响			随机者			定向购买健康产品的消费者		
		χ^2	消费者（%）	标准化残差	χ^2	消费者（%）	标准化残差	χ^2	消费者（%）	标准化残差
熟悉有机葡萄酒的定义	否	$\chi^2=44.449$ $df=1$ $P<0.001$	16.6%	-4.71^{a}	$\chi^2=33.962$, $df=1$ $P<0.001$	21.7%	-4.62^{a}	$\chi^2=208.498$, $df=1$ $P<0.001$	8.8%	-10.21^{a}
	是		83.7%	4.71^{a}		78.3%	4.62^{a}		91.2%	10.21^{a}
购买有机葡萄酒	否	$\chi^2=25.510$, $df=1$ $P<0.001$	24.5%	-3.57^{a}	$\chi^2=13.623$, $df=1$ $P<0.001$	32.1%	-2.61^{c}	$\chi^2=161.984$, $df=1$ $P<0.001$	13.7%	-9.00^{a}
	是		75.5%	3.57^{a}		67.9%	2.62^{c}		86.3%	9.00^{a}
除葡萄酒之外的有机产品偏好	面食	$\chi^2=23.429$, $df=6$ $P<0.001$	12.5%	n. s.	$\chi^2=24.226$, $df=6$ $P<0.001$	10.4%	n. s.	$\chi^2=86.528$, $df=6$ $P<0.001$	10.7%	n. s.
	谷物		5.1%	-2.41^{c}		5.7%	-2.35^{c}		6.5%	-3.60^{a}
	水果		26.5%	3.21^{b}		27.4%	3.56^{b}		29.0%	6.82^{a}
	橄榄油		21.4%	n. s.		11.3%	n. s.		13.0%	n. s.
	蔬菜		14.3%	n. s.		19.8%	n. s.		22.1%	3.65^{a}
	乳制品		7.1%	n. s.		9.4%	n. s.		9.1%	-2.39^{b}
	其他		13.3%	n. s.		16.0%	n. s.		9.4%	-2.24^{c}
使用的销售渠道	开放市场	$\chi^2=82.735$, $df=3$ $P<0.001$	11.2%	-2.73^{b}	$\chi^2=34.755$, $df=3$ $P<0.001$	27.4%	n. s.	$\chi^2=246.807$, $df=3$ $P<0.001$	7.2%	-6.25^{a}
	售有机产品的店铺		64.3%	7.78^{a}		47.2%	4.57^{a}		61.2%	12.69^{a}
	大型超市		17.3%	n. s.		16.0%	n. s.		26.1%	n. s.
	提供营养品的店铺		7.1%	-3.54^{a}		9.4%	-3.21^{b}		5.5%	-6.82^{a}

续表

消费者态度		受声誉和好奇心影响			随机者			定向购买健康产品的消费者		
		χ^2	消费者（%）	标准化残差	χ^2	消费者（%）	标准化残差	χ^2	消费者（%）	标准化残差
为有机产品支付溢价的意愿	5%	$\chi^2=44.776$，$df=5$ $P<0.001$	28.6%	2.89[b]	$\chi^2=97.434$，$df=5$ $P<0.001$	42.5%	6.50[a]	$\chi^2=132.446$，$df=5$ $P<0.001$	25.4%	3.75[a]
	10%		25.5%	2.14[b]		34.0%	4.36[a]		14.7%	n. s.
	15%		13.3%	n. s.		12.3%	n. s.		26.7%	4.31[a]
	25%		27.6%	2.64[b]		9.4%	n. s.[b]		28.0%	4.87[a]
	其他		5.1%	−2.80[b]		1.9%	−3.73[aq]		5.2%	−4.92[a]
	再无更多		0.0%	−4.04[a]		0.0%	−4.20[a]		0.0%	−7.15[a]
为有机葡萄酒支付溢价的意愿	5%	$\chi^2=66.939$，$df=5$ $P<0.001$	40.8%	5.86[a]	$\chi^2=146.453$，$df=5$ $P<0.001$	49.1%	8.17[a]	$\chi^2=306.153$，$df=5$ $P<0.001$	49.2%	13.96[a]
	10%		27.6%	2.64[b]		38.7%	5.55[a]		25.7%	3.89[a]
	15%		14.3%	n. s.		7.5%	−2.30[c]		14.3%	n. s.
	25%		12.2%	n. s.		0.9%	−3.97[a]		6.2%	−4.50[a]
	其他		5.1%	−2.80[b]		2.8%	−3.49[a]		5.5%	−4.78[a]
	再无更多		0.0%	−4.04[a]		0.9%	−3.97[a]		0.0%	−7.15[a]
仅因有机产品的培植对环境友好而偏好有机产品	否	$\chi^2=4.939$ $df=1$，$P<0.001$	38.8%	n. s.	$\chi^2=21.736$ $df=1$，$P<0.001$	27.4%	−3.30[a]	$\chi^2=74.270$ $df=1$，$P<0.001$	25.4%	−6.09[a]
	是		61.2%	n. s.		72.6%	3.30		74.6%	6.09[a]

[a] $P<00.001$

[b] $P<0.01$

[c] $P<0.05$

n. s. $P>0.05$

3.2　依据消费者的特征分析每个消费群体

对每个消费群体进行一次单样本卡方测试的目的，是为了建立消费者档案，了解他们与个人特征有关的有机葡萄酒购买行为。

表9列出了关于三个消费群体个人特征的基本情况。

正如表9所示，受声誉和好奇心影响的消费者和随机者具有相似的档案，因为他们当中的大部分人都有大学学历，且没有孩子。另一方面，多数定向购买健康产品的消费者则是高中毕业，已婚，有两个孩子，且主要是女性。此外，大多数随机者和定向购买健康产品的消费者是自由从业者，而大多数消费者或受声誉和好奇心影响的消费者则是公务员或私企职员。这三个群体中，大部分消费者的年龄均在30—44岁之间。

因此，便有了假设五：消费者的个人特征与特定的购买行为密切相关。

4. 讨论及结论

本次调查存在很多局限性，其中主要有以下几点：

（a）由于消费者在购物的地点和时间上被要求配合问卷调查，并且他们的作答时间有时也有限，因此调查问卷中的某些答案可能并不能体现消费者真实的看法和态度。当然，这种局限性存在于多数消费者的偏好调查。

（b）由于财力限制，此类调查样本数量不是很大。

（c）采用的统计方法即使探讨了影响消费者购买行为的因素，创建了具有类似购买行为的对市场分析和战略发展有利的消费者分类，但不能衡量产品需求或确定影响消费行为的产品特征的重要性。这些评估可以使用其他统计技术进行，例如，联合分析法和条件评估法。

尽管如此，当前研究的价值是毋庸置疑的。这是首次（据作者所知）探讨最近的经济危机中希腊消费者在一体化地区对待有机葡萄酒的态度。

表 9　关于消费者个人特征的每个消费群体的概况

消费者态度		受声誉和好奇心影响			随机者			定向购买健康产品的消费者		
		χ^2	消费者（%）	标准化残差	χ^2	消费者（%）	标准化残差	χ^2	消费者（%）	标准化残差
性别	男	n. s.			n. s.			χ^2=34. 557 df=1 P<0. 001	66. 8%	4. 16[a]
	女								33. 2%	-4. 16[a]
年龄	20-29	χ^2=39. 6. 33，df=3 P<0. 001	23. 5%	n. s.	χ^2= 47. 434df=3 P<0. 001	27. 4%	n. s.	χ^2=98. 746 df=3 P<0. 001	18. 2%	-2. 37[c]
	30-44		48. 0%	4. 55[a]		50. 0%	5. 15[a]		45. 6%	7. 22[a]
	45-64		25. 5%	n. s.		18. 9%	n. s.		29. 0%	n. s.
	65⁺		3. 1%	-4. 34[a]		3. 8%	-4. 37[a]		7. 2%	-6. 25[a]
教育	小学	χ^2=28. 939，df=4 P<0. 001	11. 2%	n. s.	χ^2=31. 816，df=4 P<0. 001	13. 2%	n. s.	χ^2=152. 114，df=4 P<0. 001	10. 4%	-3. 75[a]
	中学		13. 3%	n. s.		12. 3%	n. s.		11. 7%	-3. 24[a]
	高中		27. 6%	n. s.		30. 2%	2. 80[a]		38. 8%	7. 35[a]
	师范院校/大学学历		37. 8%	3. 93[a]		34. 9%	3. 93[a]		35. 5%	6. 07[a]
	硕士学历		10. 2%	-2. 17[c]		9. 4%	-2. 17[c]		4. 6%	-6. 05[a]
婚姻状况	未婚	χ^2=4. 082 df=1 P<0. 001	39. 8%	n. s.	n. s.			χ^2=57. 619 df=1 P<0. 001	28. 3%	-5. 37[a]
	已婚		60. 2%	n. s.					71. 7%	5. 37[a]
子女人数	1 人	χ^2=12. 857 df=3 P<0. 001	14. 3%	-2. 12[a]	χ^2=39. 358 df=3 P<0. 001	12. 3%	-2. 62[b]	χ^2=55. 827 df=3 P<0. 001	18. 6%	-2. 25[c]
	2 人		26. 5%	n. s.		29. 2%	n. s.		40. 1%	5. 28[a]
	3 人		20. 4%	n. s.		10. 4%	-3. 01[b]		12. 1%	-4. 54[a]
	无		38. 8%	2. 73b		48. 1%	4. 76[a]		29. 3%	n. s.

续表

消费者态度		受声誉和好奇心影响			随机者			定向购买健康产品的消费者		
		χ^2	消费者（%）	标准化残差	χ^2	消费者（%）	标准化残差	χ^2	消费者（%）	标准化残差
职业	私企雇员	$\chi^2=23.143$, $df=6$ $P<0.001$	24.5%	2.67[b]	$\chi^2=48.082$, $df=6$ $P<0.01$	27.4%	2.70[b]	$\chi^2=61.537$, $df=6$ $P<0.001$	20.8%	3.04[a]
	公务员		24.5%	2.67[b]		14.2%	n. s.		21.5%	3.34[a]
	自由从业者		15.3%	n. s.		31.1%	3.65[a]		22.5%	3.80[a]
	退休者		6.1%	-2.14		4.7%	-3.01[b]		10.1%	n. s.
	学生		9.2%	n. s.		12.3%	n. s.		7.5%	-3.15[b]
	失业者		9.2%	n. s.		4.7%	-3.01[b]		8.5%	-2.70[b]
	其他		11.2%	n. s.		5.7%	-2.78[b]		9.1%	-2.39[c]

[a]$P<0.001$；

[b]$P<0.01$；

[c]$P<0.05$；

n. s. $P>0.05$。

本研究表明，消费者采用何种购买行为与影响顾客选择有机葡萄酒的因素之间存在显著关联。

研究同时发现，两个有意购买有机葡萄酒的消费群体对有机食品的看法相似，他们都认为有机食品比传统产品更健康、更昂贵，但对环境并没有负面影响。另一方面，“随机者”认为有机食品比传统食品更昂贵、更健康，并且质量更好。此外，全部三个消费群体均持有类似态度，因为大多数消费者都熟悉有机食品的定义，更青睐将售卖有机食品当作营销出路的专营店，他们通常购买除有机葡萄酒以外的有机水果，并且愿意为有机葡萄酒多付 5%的溢价。除定向购买健康产品的消费者愿意为有机食品多付 25%的溢价外，其他两个群体则愿意多付5%的溢价，这一发现与博托纳基等人（Botonaki et al.，2006）的发现一致。

该项研究表明，家庭的生活方式是主要的影响因素，它使得原本购买健康产品的消费者购买有机葡萄酒。另一方面，受声誉和好奇心影响的消费者和随机者没有子女，且文化程度也与消费者购买有机葡萄酒的模式相关。具体而言，受声誉和好奇心影响的消费者和随机者都持有大学学位，而定向购买健康产品的消费者则是高中毕业。职业则是另一个与购买有机葡萄酒这一特定购买行为显著相关的特征。大多数随机者和定向购买健康产品的消费者是自由从业者，而大多数在购买过程中受声誉和好奇心影响的消费者则不是公务员，就是私企职员。该研究同时表明，大多数购买有机葡萄酒的消费者相对比较年轻，具体在30—44岁之间。所有这些发现都与其他研究者的结果相一致，他们包括汤普森和基德韦尔（Thompson and Kidwell，1998）、赖希斯等人（Reichs et al.，1997）、察基里多等（Tsakiridou et al.，2006）、克律索霍伊迪斯和克里斯塔利斯（Chryssohoidis and Krystallis，2005）、福托普洛斯等人（Fotopoulos et al.，2003）和哈钦斯和格林哈尔希（Hutchins and Greenhalgh，1997）。

该研究的主要发现在于，它揭示了影响希腊消费者购买有机葡萄酒的多种因素，包括声誉、无化学添加剂、环保、营养价值、产品质量、产品的地方化、广告、口感和健康安全等。因此，该研究认同文献综述中提及的其他研究结果（Baourakis，2004；Eves et al.，2004；Chryssohoidis and Krystallis，2005）。

根据本次研究结果，东马其顿和色雷斯地区的当地生产商应重视采用有机葡萄，以增加产品价值，并将其产品与其他地区生产的，或从其他国家进口并由超市和其他零售商以极低价格推出的产品区分开来。此外，他们应当让营销与促销并行，并重视上述因素与消费者特征。他们应当瞄准对产品的口感、营养价值、质量感兴趣的消费者，受声誉和好奇心等心理因素影响的消费者，以及对健康、安全与环保感兴趣的消费者。他们应当将其产品贴上有机产品标志，并根据这项质量认证进行区分。与此同时，产品价值链中所有涉及的利益相关者都应当系统地推广有机食品，刺激消费者对于这类产品的偏好。这项系统推广应当包含由地方当局和消费者组织筹备的广告、价格刺激和宣传活动，遵守欧盟对有机食品的推广规则，并促进绿色经济的发展，以及以经过当地认证的有机食品为代表的市场产品的开发与营销。

参考文献

Adamsen JM, Lyons K, Winzar H (2007) An agenda to construct an improved understanding of Australian organic consumers. In: Proceedings from ANZMAC conference: 3Rs-reputation, responsibility and relevance, Dunedin, New Zealand

Allen D (1997) Planned beef production and marketing. BSP Professional Books, Oxford

Arvanitoyiannis I, Krystallis A (2005) Consumers' beliefs, attitudes and intentions towards GM foods, from the "perceived safety vs. benefits" point of view. Appl Biotechnol Food Sci Policy 40: 343-360

Baourakis G (ed) (2004) Marketing trends for organic food in the twenty first century, Series on computers and operations research, vol 3. World scientific, Singapure

Barnett V (1991) Sample survey, principles and methods. Edward Arnold, Kent, pp 1-173

Booth DA, Shepherd R (1988) Sensory influences on food acceptance: the neglected approach to nutrition promotion in British nutrition. Found Nutr Bull 13: 39-54

Botonaki A, Polymeros K, Tsakiridou E, Mattas K (2006) The role of food quality certification on consumers' food choices. Br Food J 108 (2): 77-90

Brugarolas M, Martinez-Carrasco L, Martinez Poveda A, Rico M (2005) Determination of the surplus that consumers are willing to pay for an organic wine. Span J Agric Res 3 (1): 43-51

Chen M (2007) Consumers attitudes and purchase intentions in relation to organic foods inTaiwan: moderating effects of food-related personality traits. Food Qual Prefer 18: 1008-1021

Chryssohoidis G, Krystallis A (2005) Organic consumers' personal values research: testing and validating the list of values (LOV) scale and implementing a value-based segmentation task. Food Qual Prefer 16: 585-599

Crescimanno M, Ficani GB, Guccione G (2002) The production and marketing of organic wine in Sicily. Br Food J 104: 274-286

Davies B, Worall S (1998) Basket analysis: profiling British costumers. Br Food J 100: 102-109

Davies D, Eddison JSC, Kirk J (2000) Does farm business marketing behaviour effect livestock channel utilisation. Agricultural Economic Society Conference, Manchester, 14-17 April 2000, pp 1-22

Davis A, Titterington AJ, Cochrane C (1995) Who buys organic food? A profile of purchasers of organic food in Northern Ireland. Br Food J 97 (10):

17-23

E. U. (2011). http: eu. /rapid/pressReleases Action. do? reference = IP/08/1209. accessed 10 April 2011

Eddison J (2000) Quantitative investigations in the biosciences using Minitab. CRC Press/ Chapman and Hall, Boca Raton Exploring Consumers' Purchasing Behaviour Regarding Organic Wine 153

Errington A (1985) Delegation on farms: an examination of organisation structure and managerial control on farms in the vale of the white horse. Ph. D. thesis, University of Reading

ESYE (2009) Agricultural statistics of Greece - year 2005. National Statistic Service of Greece, Peraus

ESYE (2010). http: //www. statistics. gr/portal/page/portal/ESYE/PAGE - themes? p_ param = A1604&r _ param = SAP06&y_ param = 2001_00&mytabs = 0. accessed 22 November 2010

Eves A, Lumbers M, Morgan J (2004) Factors affecting consumption of organic food. In: Baourakis G (ed) Marketing trends for organic food in the twenty first century. World scientific, Chania, Greece, pp 231-245

Fotopoulos C, Krystallis A (2002) Historical evolution of consumer's behaviour and Qualitative marketing studies. Stamulis Edition, Athens

Fotopoulos C, Krystallis A (2003) The Greek consumer of organic products. A national Greek marketing research with the use of cluster analysis, discriminant analysis and conjoint analysis. Stamulis Edition, Athens

Fotopoulos C, Krystallis A, Ness M (2003) Wine produced by organic grapes in Greece: using means-end chains analysis to reveal organic buyers' purchasing motives in comparison to thenon-buyers. Food Qual Prefer 14 (7): 549-566

Gill JM, Garcia A, Sanchez M (2000) Market segmentation and willingness to pay for Organic products in Spain. Int Food Agribus Manag Rev 3：207–226

Hair JF, Anderson RE, Tatham RL, Black WC (1998) Multivariate data analysis. Prentice Hall, Englewood Cliffs

Harrigan KR (1985) An application of clustering for strategic group analysis. Strateg Manag J6：55–73

Hellenic Ministry of Agricultural Development and Food (2011). http：//www. minagric. gr/greek/ data/FYTIKH %20PAPAGOGH %202005 %20. xls. accessed 6 February 2011

Helsen K, Green PE (1991) A computational study of replicated clustering with an application to market segmentation. Decis Sci 22：1124–1141

Hutchins RK, Greenhalg LA (1997) Organic confusion：sustaining competitive advantage. Br Food J 99 (9)：336–338

Iland P, and Gago P (2002) Australlian Wine. Styles and tastes. Patrick Iland Wine promotions, Adelaide

Kamenidou E, Michaelidis A, Arabatzis G, Mattas K (2002) Information, notification and attitures of consumers for organic bread in Munich market. In：Proceedings of the 7th Greek national conference of agricultural economy, Ministry of Agricultural Development and Food, Athens

Kiesel K, Villas-Boas SB (2007) Got organic milk? Consumer valuations of milk labels after implementation of the USDA organic seal. J Agric Food Ind Organ5：1–38

Kinnear P, Gray C (2000) SPSS for windows made simple, release 10. Physochology Press, Hove

Kotler P (1994) Marketing management-analysis, planning, implementation, and control. Prentice Hall, Englewood Clifts, pp 1–801

Krystallis A, Chryssohoidis G (2005) Consumers willingness to pay (WTP)

for organic food: factors that affect it and variation per organic product type. Br Food J 107 (5): 320–343

Krystallis A, Fotopoulos C, Zotos Y (2006) Organic consumers' profile and their WTP for selected organic food products in Greece. Journal of International Consumer Marketing, 19 (1): 81–109

Kupiec B, Revell B (1998) Speciality and artisanal cheeses today: the product and the consumer. Br Food J 100: 236–243

Lazaridis P (2003) Household meat demand in Greece: a demand system approach using microdata. Agribusiness 19: 43–59

Loureiro ML (2003) Rethinking new wines: implications of local and environmentally friendly labels. Food Policy 28: 547–560

Lykoropoulou E, Lazaridis P (2005) Determined factors about willingness to pay for organic meat. In: Proceedings of the 8th Greek national conference of agricultural economy, Agrotypos, Thessaloniki

McCluskey J, Grimsrud K, Ouchi H, Wahl T (2003) Consumer response to genetically modified food products in Japan. Agric Res Econ Rev 32 (2): 222–231

Michalopoulos VG, Demoussis MP (2001) Greek household consumption of food away from home: a microeconometric approach. Eur Rev Agric Econ 28: 421–432

Moser CA (1958) Survey methods in social investigation. Heinemann, London, pp 1–268

Murray K, Cullinane S, Eddison J, Kirk J (1996) Agriculture in the far south west. Seale Hayne Faculty of Agriculture, Food, and Land Use. University of Plymouth, Newton Abbot, pp 1–102

Nimon W, Beghin J (1999) Are eco-labels valuable? Evidence from the apparel industry. AmAgric Econ 81: 801–811

OECD (2000) OECD agricultural outlook 2000-2005. OECD, Paris, France pp 29-93

Oppenheim AN (2000) Questionnaire design, interviewing and attitude measurement. Continuum, New York

Psomas E, Krystallis A, Arvanitogiannis I (2005) The Greek meat consumer: exploring the meaning of quality and tracing of the existence of different types of consumers according toit. In: Proceedings of the 8th Greek national conference of agricultural economy, Thessaloniki

Punj G, Stewart D (1983) Cluster analysis in marketing research: review and suggestions for application. J Agric Econ 20: 134-48

Reichs M, Splett P, Fishman A (1997) Shelf labeling of organic foods: effects on customer perceptions and sales working paper 97-03. The Retail Food Industry Center, University of Minnesota, Minneapolis

Remaud H, Mueller S, Chvyl P, Lockshin L (2008) Do Australian wine consumers value organic wine? In: 4th international conference of the academy of wine business research, Sienna

Sdrali D, Apostolopoulos K (2002) The role of the economic and demographic characteristics of the household in Greek rural area on food expenditures: the case of Prefecture of Fthiotida. In: Proceedings of the 7th Greek national conference of agricultural economy, Ministry of Agricultural Development and Food, Athens

Siardos G (1999) Methods of multivariate statistical analysis. Examination of the association between variables, part 1. Ziti Publications, Thessaloniki

Siardos G (2000) Methods of multivariate statistical analysis. Examination of the association between variables, part 2. Thessaloniki, Ziti publications, 639

Siderer Y, Maquet A, Anklam E (2005) Need for research to support consumer confidence in the growing organic food market. Trends Food Sci Technol

16：332-343

Smith E，Marsden T（2004）Exploring the “limits to growth” in UK organics：beyond the statistical image. J Rural Stud 20（3）：345-357

Steenkamp JE（1996）Dynamics in consumer behaviour with respect to agricultural and food products. In：Wierenga B，VanTilburg A，Grunert K，Steenkamp J，Webel M（eds）Agricultural marketing and consumer behaviour in a changing world. Kluwer，London

Tabachnick BG，Fidell LS（1989）Using multivariate statistics. Harper Collins，New York

Thompson GD，Kidwell J（1998）Explaining the choice of organic produce：cosmetic defects，prices，and consumer preferences. Am J Agric Econ 80：277-87

Torjusen H，Lieblien G，Wandel M，Francis CA（2001）Food system orientation and quality perception among consumers and producers of organic food in Hedmark County，Norway. Food Qual Prefer 12：207-219

Tsakiridou E，Mattas K，Tzimitra-Kalogianni I（2006）The influence of consumer characteristics and attitudes on the demand for organic olive oil. J Int Food Agribus Mark 18（3-4）：23-31

Tsourgiannis L（2008）The marketing strategies of livestock enterprises in objective one regions：a comparative study between Greece and United Kingdom. Ph. D. thesis，University of Plymouth

Tsourgiannis L，Eddison J，Warren M，Errington A（2006）Profiles of sheep and goat farmers’ marketing strategy in the region of East Macedonia and Thrace in Greece. J Farm Manage 12：443-463

Tsourgiannis L，Eddison J，Warren M（2008）Factors affecting the marketing channel choice of sheep and goat farmers in the region of East Macedonia in Greece regarding the distribution of their milk production. Small Ruminant Res 79：87-97

Tzavaras M, Tzimitra-Kalogianni E, Tsakiridou E, Mattas K (2005) Exploring consumer behaviour regarding rice. In: Proceedings of the 8th Greek national conference of agricultural economy, Thessaloniki

Vlachos A, Fotopoulos C (2005) Exploring the degree of knowledge and the attitudes of consumers of Halkida towards genetic modified (GM) food. In: Proceedings of the 8th Greek national conference of agricultural economy, Thessaloniki

第11章　信息社会：统计概况与发展阶段

卡特琳娜·科诺诺娃①

1. 前言

一般认为，池袋林（Y. Hayashi）教授是第一个使用“信息社会”术语的人。在他看来，所谓“信息社会”是指社会中的计算机化过程给人们提供了获取可靠信息的途径，从而将他们从常规工作中解放出来，并且还能实现高度的自动化水平。同时，生产也随之改变：产品更加信息化，创新、设计和市场所扮演的角色更加重要。信息商品的产生（而非物质性商品）正成为经济增长的基石（Masuda，1983）。到了20世纪70年代，这种理念在欧美国家非常流行，并已发展成为一种普遍的意识形态。

美国社会学家德·贝尔，即后工业社会理念的提出者，给出了

① A. Karasavvoglou and P. Polychronidou（eds.），*Balkan and Eastern European Countries in the Midst of the Global Economic Crisis*，Contributions to Economics，DOI 10.1007/978-3-7908-2873-3_11，© Springer-Verlag Berlin Heidelberg 2013

＊作者联系方式：K. Kononova，V. N. Karazin Kharkiv National University，Svobody sq.，4，61077 Kharkiv，Ukraine. E-mail：kateryna. kononova@gmail. com

关于后工业社会和信息社会交错共融的一种说法（D. Bell，1980；1973）。根据贝尔的研究，信息社会对于后工业社会来说是一个新名词，它强调的并非信息社会的地位（在社会发展阶段中位居工业社会之后），而是决定社会结构的基础，也就是“信息”。

自20世纪60年代晚期以来，便有许多关于信息社会（IS）的解读不断被提出（Clark，1957；Machlup，1962；Drucker，1969；Porat，1977；Lyotard，1984；Castells，2000；Webster，2002；Barney，2003）。尽管有不同的声音，但不论是有关科技的、经济的还是社会进程的，在这些基本理念的框架之中，信息化社会都被认为至少具有以下特征。首先，信息化社会具备高水平计算机、信息、电信以及强大的信息基础设施。这样，更多的人便能接触到更多的信息。而几乎所有的IS概念最终都是基于同一种理念，即信息和知识正在成为社会的一种有别于自然、人力和财政资源的战略性资源（Alexeeva，2009）。

创造信息社会是许多国家的战略性目标之一，日本则是首个创造信息社会的国家。日本政府分别于1969年与1971年提出《日本信息社会：问题和方法》与《信息社会规划报告》。自那时起，其战略经常更新。[①]

跟随日本的脚步，美国政府则通过了《国家信息基础建设：行动议程》（1993）等一系列重要章程。[②]

---

① 《过渡到数字化管理过程的行动计划》（1991），《获取当局持有的信息法》（1999），《截取通信法》（1999），《电子签名和认证服务法》（2000），《形成先进信息和电信网络社会法》（2000），《个人信息保护法》（2003），及其他法律法规。

② 《减少纸张工作的规定》（1995），《信息自由法》（1996），《政府文书消除法》（1998），《电子政府》和《利用信息技术改善我们的社会》（1999）。

欧盟委员会于1994年通过关于“欧洲通往信息社会之路”的决议，随后跟进了大量的国家项目。[①]

此后，独联体也对向信息社会转型进行规范，分别于2003年与2007年通过“白俄罗斯共和国援助推广信息与通信（ICT）的使用”与“俄国信息社会发展战略”。

从20世纪90年代晚期开始，乌克兰通过了大量规范信息社会的文件，如《国家信息项目》（1998），《电子文件法案》和《电子数据签名法案》（2003），《2007—2015年乌克兰信息社会基本准则》（2007）以及《电子社会的理念》（2010）等。

据发达国家最新调查，所有政府都视发展信息社会为首要任务。这些国家已经投入巨大努力与资源，以扩大使用ICT和推进基础设施建设（Duff，2000；Feenberg，2001；Iosifidis and Leandros，2003；Kaplan，2005；Tapper，2001；Uotinen，2003）。目前，他们将重点放在通过ICT提升竞争力、技能、生活质量和公共管理的可访问性与现代化水平（Magda，2010；Mansell，2010）。

独联体成员国的IS战略分析（联合国开发计划处项目，2003；俄罗斯信息社会战略的发展，2008；2007—2015年间乌克兰信息社会基本准则，2007）表明，这些国家也考虑到了同样的问题，但对事件的优先次序重视不够，在哪些问题应该优先解决的问题上未能

① 《信息社会2000》（丹麦，1994），《芬兰走向信息社会——国家战略》（1994），《信息高速公路行动纲领：从隐喻到行动》（荷兰，1994），《政府促进信息社会发展的议程》（意大利，1995），《希腊信息社会战略：就业，发展和生活质量的工具》（1995），《Info-2000：德国的信息社会之路》（1996），《国家信息社会倡议》（葡萄牙，1996），《IT政府法案定义了第一个IS战略》（瑞典，1996），《信息社会倡议》（英国，1996），《奥地利战略和行动计划——信息社会》（1997），《信息社会联邦行动计划》（比利时，1997），《爱尔兰信息社会：行动战略》（1997），《让法国准备好进入信息社会》（1998）。

达成一致意见。按照我们的拙见，这是独联体成员国家与 IS 发展领导者产生分歧的重要原因之一。

因此，本研究的目的在于根据 IS 特定发展阶段，形成 IS 战略的优先次序。

为了识别 IS 发展的各阶段，我们已设定如下任务：

1. 创立一份能够识别 IS 发展阶段的指标列表。

2. 通过组成部分，在动态发展中分析 IS 发展在区域背景下的统计数据。

3. 使用数据挖掘方法，识别出不同国家在 IS 发展中的具体阶段。

IS 发展的主要指标是 ICT 技术发展指数合成（IDI），它是由 ICT 发展伙伴关系提出的，共分成三组，包含 46 个指标，分别与 ICT 访问，使用与技能相关（对 ICT 指标核心清单的修订和补充，2009）。这些指标形成了信息社会数据资料的基础。我们分析了 2002 年至 2010 年共计 9 年间，152 个国家的 IDI 数据清单（信息社会的衡量，2011）。

此外，由于 ICT 的价值和在收入中的地位直接影响 ICT 的获取与使用，因此我们将 ICT 综合价格指数和人均国民收入引入用来检测 IS 发展阶段。

基于数据挖掘方法，我们通过不同来源收集了数据，进行整理并转化成可比较的区间。接下来，我们将聚类作为挖掘任务，采用自组织映射作为数据采集手段。然后我们对结果进行评估并将其视觉化。基于已辨别的发展阶段，我们根据适合 IS 发展的阶段为 IS 战略提出优先次序。

2. 信息社会统计资料

2.1 信息社会指标：ICT 发展指数

随着人们意识到信息社会发生了有关的变化，他们越来越认识到，用来评估工业经济增长的工具与新局势之间的关联更少了。以统计数据为基础的各种指标（如国内生产总值），则将各种确保现代经济发展的因素排除在外。

表 1 IDI

国家	IDI，2002	IDI，2007	IDI，2010
西欧			
瑞典	6.05	7.50	8.23
丹麦	5.78	7.22	7.97
荷兰	5.43	7.14	7.61
美洲			
美国	5.25	6.44	7.09
加拿大	5.33	6.34	6.69
亚洲			
韩国	5.83	7.26	8.40
日本	4.82	6.64	7.42
新加坡	4.83	6.57	7.08
东欧			
爱沙尼亚	3.93	5.97	6.16
立陶宛	3.17	5.29	6.04
匈牙利	3.49	5.19	6.04

续表

国家	IDI，2002	IDI，2007	IDI，2010
独联体			
俄罗斯	2.71	3.83	5.38
乌克兰	2.50	3.80	4.34
白俄罗斯	2.53	3.76	5.04
摩尔多瓦	2.13	3.31	4.47
非洲			
几内亚	0.75	0.85	1.31
尼日利亚	0.69	0.86	1.85
乍得	0.60	0.73	0.83

为了收集和分析关于 ICT 的国际可比性与可靠性数据，“ICT 发展伙伴关系”于 2004 年在信息社会世界峰会（WSIS）期间创立，其成员如今包括：欧盟统计局、国际电信联盟（ITU）、经济合作开发组织（OECD）、联合国贸易暨发展会议（UNCTAD）、联合国经济与社会事务部（UNDESA）、联合国教科文组织（UNESCO）统计研究所、世界银行以及联合国四个地区委员会。

“ICT 核心指标”第一个版本由“伙伴关系”于 2005 年末公布。为了评估 ICT 的发展，有人提出了复合指数（多至 11 项指标，分别覆盖 ICT 的获取、使用和技能）。这三项子指数之所以被挑选出来，是为了衡量 ICT，因为它们几乎在所有地方都被评估过，并且涵盖了多数国家和很长时间。这套指标已经成为信息社会统计资料的基础（对 ICT 指数核心列表的修订与补充，2009）。

信息与通信技术发展指数（IDI）变化区间为 0 到 10。在 2010

年时，该指数在韩国达到最高值（8.4），而在乍得达到最低值（0.83）（信息社会评估，2011）（表1）。

“2010年信息社会评估”报道表明：与2002年相比，包含在IDI列表中的152个国家均提高了它们的ICT发展水平，进一步证实了当前信息社会的转变进程。其中，韩国位于十个国家（地区）之首（表2）。

表2　ICT发展的区域领导者（衡量信息社会，2011）

地区排名		全球排名
	欧洲	
1	瑞典	2
2	冰岛	3
3	丹麦	4
	亚太地区	
1	韩国	1
2	香港	6
4	日本	13
	北美和南美	
1	美国	17
2	加拿大	26
3	巴巴多斯	41
	独联体	
1	俄罗斯联邦	47
2	白俄罗斯	52
4	乌克兰	62
	非洲	

续表

地区排名		全球排名
1	毛里求斯	69
2	塞舌尔	71
3	埃及	91

一般来说，以 IDI 论，排名靠前的国家往往是发达国家，而处在列表末尾的大多数国家则是来自欠发达地区的低收入国家。可最近几年，一些发展中国家同样也实现了 IDI 的大幅提升，如沙特阿拉伯、卡塔尔、巴林和越南等。独联体成员中最活跃的国家则是亚美尼亚、白俄罗斯、阿塞拜疆、格鲁吉亚和摩尔多瓦。

尽管最近几年发展中国家的 IDI 已经加速增长，但是“数字差距”仍然很大（图 1）。

考虑到 ICT 指数与其他发展指数的短期测量，如果给予这些国家的 ICT 区域以必要的重视，IDI 偏低的国家能够迅速赶上来。

如果我们基于一个国家或地区落后于所谓领先国家的年数，来分析“数字差距”，尤其是和其他指数（如预期寿命或婴儿死亡

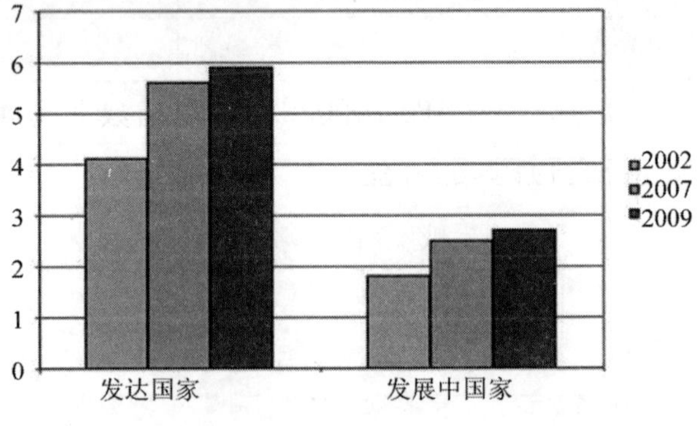

图 1　IDI 动态

率）对比的时候，差距相对较小。诚然，2008 年发展中国家的移动蜂窝通信和宽带的渗透水平已达到瑞典 10 年前的水平，每 100 人中的互联网用户的人数与瑞典 11 年前一样。[①]

2.2　信息社会发展：IDI 动态分析

IDI 动态分析表明，初期增长的主要原因是 IDI 访问增加，而在使用与技能方面的进步相对较小（图 2）（信息社会测量，2010）。指数构成模型也能解释这一现象：首先要建立 ICT 基础设施，然后使用强度才能增大，最后 ICT 的影响方可出现。

然而，之后的 IDI 访问和使用子指数平均保持着同样的增长率，这意味着对 ICT 更大强度的使用的转变。尽管经济出现衰退，但信息与交流科技已在全世界不断发展（图 3）（信息社会测量，2010）。

近来，亚美尼亚、克罗地亚和爱沙尼亚已经实现了 IDI 访问的巨大进步。在 IDI 的使用上，实现重大进步的国家有巴林、格鲁吉亚、希腊、哈萨克斯坦、老挝、卢森堡、尼日利亚、瑞典、新加坡和阿拉伯联合酋长国。

数据分析表明：IDI 领先国家在子指数分类排名中也占据重要地位。如图 4 所示，CIS 地区[②]尽管 IDI 技能在平均线以上（信息社会统计资料，2009），但在 IDI 访问和使用子指数上落后。

2.3　CIS 中信息社会的发展

我们不妨仔细考虑一下 CIS 中 IDI 子指数的动态变化。阿塞拜

---

① 发展中国家在预期寿命方面落后瑞典 66 年，婴儿死亡率落后 72 年。

② 亚美尼亚，阿塞拜疆，白俄罗斯，格鲁吉亚，哈萨克斯坦，吉尔吉斯斯坦，摩尔多瓦，俄罗斯，塔吉克斯坦，土库曼斯坦，乌克兰，乌兹别克斯坦（格鲁吉亚于 2009 年离开独联体，但它包括在报告中）。

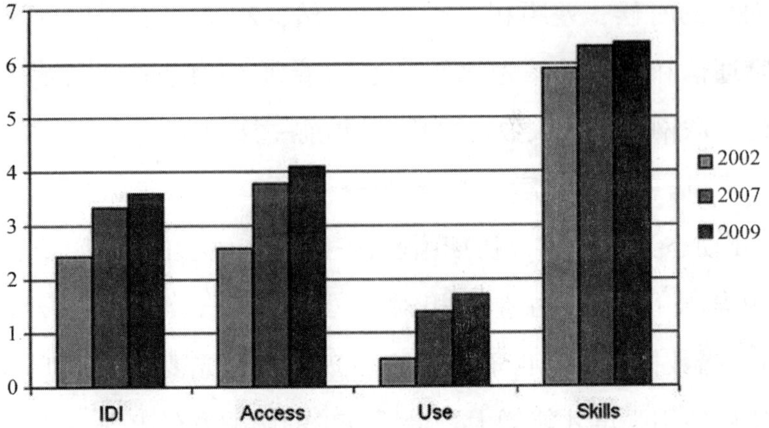

图 2　IDI 子指数动态

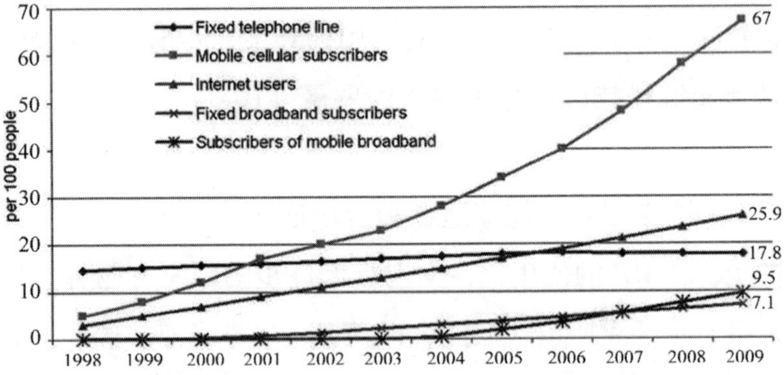

图 3　1998—2009 年世界 ICT 访问的发展

疆、白俄罗斯、摩尔多瓦和俄罗斯已经在 IDI 访问上取得巨大进步。四个国家均充分增加了家庭 ICT 访问和互联网带宽。但是，IDI 访问之所以取得重大进步，其原因在于每 100 个人中移动蜂窝通信订阅人数的增加（从 2002 年的 9%到 2007 年的 94%）（图 5）。

尽管移动蜂窝通信渗透的增加是一种全球趋势，但与在其他区域中相比，它在 CIS 中更加强而有力（图 6）。

至于 IDI 的使用，人们可察觉其增长较慢，仅为同时期全球增长率的一半（信息社会数据统计，2009）。

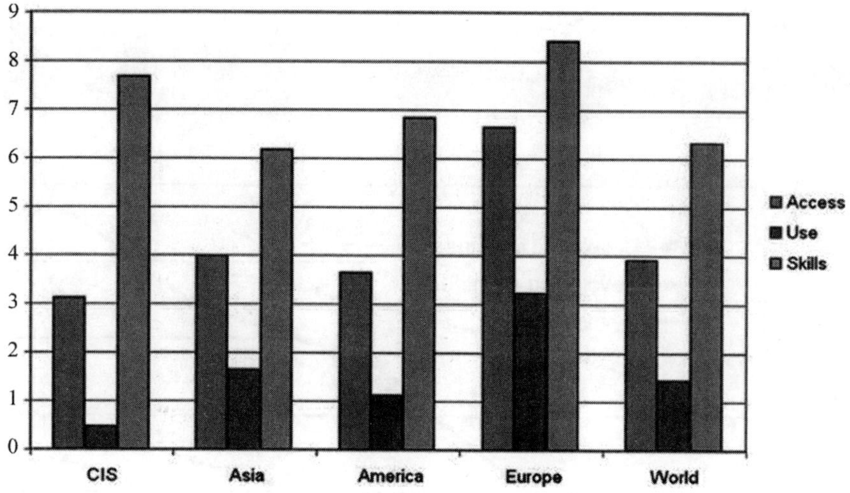

图 4　IDI 地区子指数

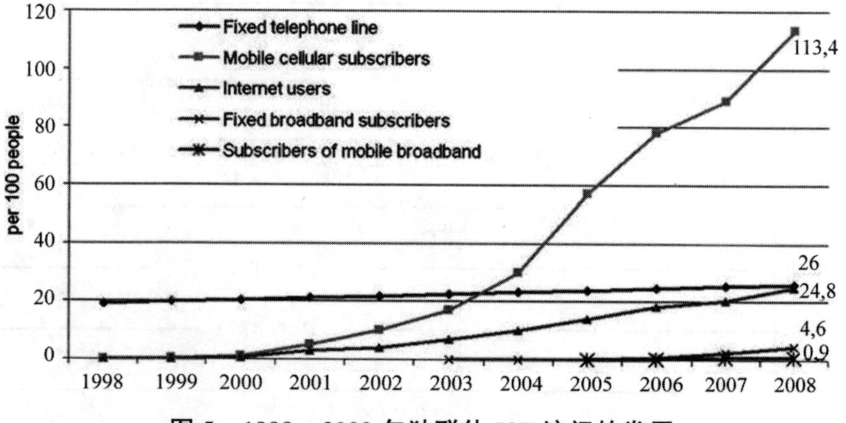

图 5　1998—2009 年独联体 ICT 访问的发展

IDI 使用增长的主要来源是互联网用户的增加（从 2002 年的 3%至 2010 年的 28%）。用户数量的动态变化展示了乌克兰越来越快的增长速度（但主要原因是起始水平非常低）（图 7）。

然而，尽管乌克兰用户数量剧增，但这些服务的覆盖范围仍然落后于发达地区（表 3）。

IDI 技能增长的平均值在 CIS 的三个子指数中最低,[①] 但其价值却很高。

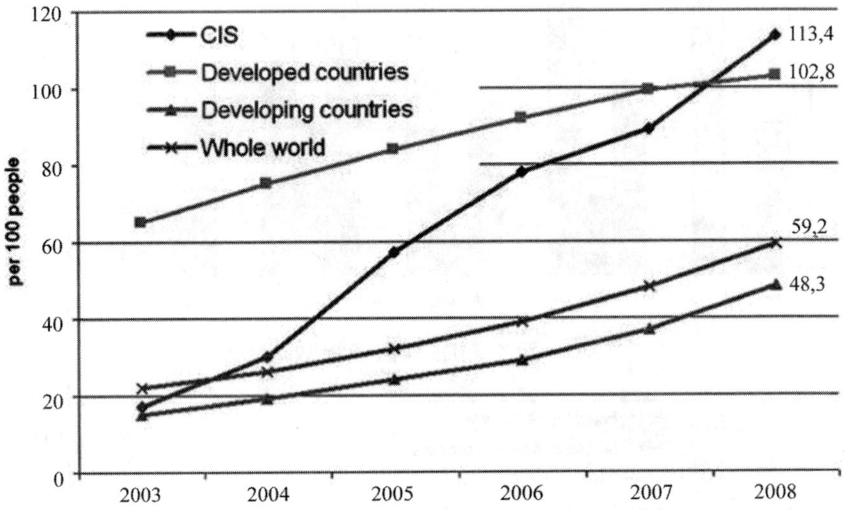

图 6　2003—2008 年移动蜂窝通信在独联体和全世界的订阅人数

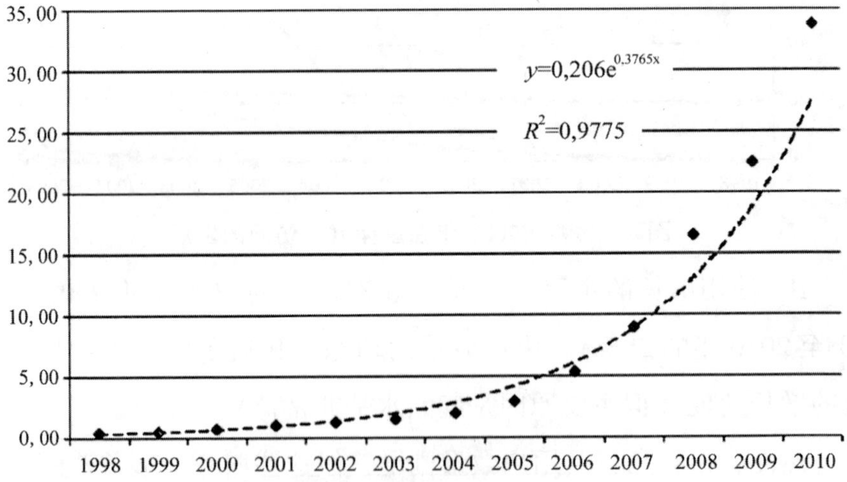

图 7　乌克兰新特网使用人数

① 重要的是要记住，与 ICT 接入与使用的变化相比，教育的变化会在更长的时间内产生影响。

自2002年至2010年间，成人教育指数在CIS中变化不大，因为其在2002年时便已达到99%的水平。中等教育的水平略微提升，大约与同时期全球数据一致。乌克兰高等教育的接受率表现出明显变化（从57%增长至76%），这使乌克兰成为CIS中高等教育接受程度水平最高的国家，然而乌克兰自从2008年以来在全球排名中已经跌落3个点。

2.4　ICT价格指数

ICT的成本直接影响其实施和使用：降低价格会吸引更多人的访问和使用，而更高水平的ICT会导向更低的价格。

表3　世界互联网使用统计（2011年世界互联网使用情况和人口统计）

世界范围	网络用户	渗透率（人口百分比%）	增长（2000—2010）（%）
非洲	110931700	10.9	2357.3
亚洲	825094396	21.5	621.8
欧洲	475069448	58.4	352.0
乌克兰	15300000	33.7	7550.0
中东	63240946	29.8	1825.3
北美	266224500	77.4	146.3
拉美	204689836	34.5	1032.8
大洋洲/澳洲	21263990	61.3	179.0
世界总数	1966514816	28.7	444.8

总体而言，发达国家的居民在ICT服务上的支出占总收入的比例（1.5%）要低于发展中国家（17.5%）（据2010年信息社会统

计数据）。分析表明，在那些 IDI 超过 5 的国家，ICT 价格指数占人均每月 GNI 的比例低于 2%；而在其份额超过 10%的国家，IDI 则低于 3。这意味着，降低价格是 ICT 发展的一个重要因素，这使得大多数人能够负担得起 ICT 服务。

ICT 价格指数与 IDI 之间的相关性借指数形式得以描述。需要注意的是，在乌克兰（图中标志三角形），ICT 实际价格低于预期价格（图 8）。

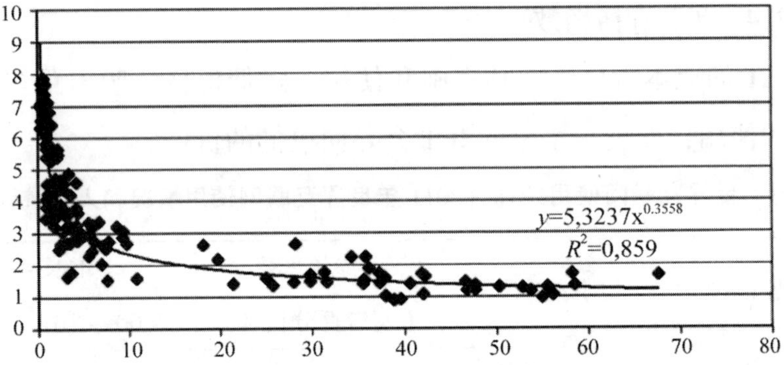

图 8　ICT 价格篮子与 IDI 之间的比率

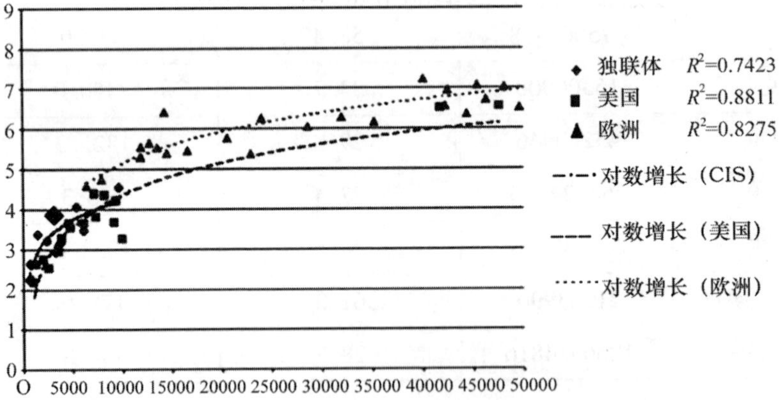

图 9　人均 GNI 与 IDI 之间的比率

然而，较之全球（$R^2=0.89$），欧洲（$R^2=0.83$）或美国（R^2

=0.88)，在 CIS，IDI 和人均 GNI 之间的比率非常低（$R^2=0.74$）（图9）。

在白俄罗斯、乌克兰和摩尔多瓦，综合这些国家的人均收入考虑，它们的 IDI 水平高于预期水平。这表明，即使在人均收入相对较低的国家，有针对性的战略也能成功地促进 ICT 的应用，推动这些国家进入信息社会。

3. 信息社会的发展阶段

3.1 按 ICT 实施水平划分有关国家

IDI 的主要优势之一是可以根据不同国家在 ICT 上的不同实施水平来对它们进行分组（表4）（据2011年信息社会统计数据）。

高层组由33个国家组成，主要是经合组织成员国。另外还有克罗地亚、中国香港地区、马耳他、新加坡和阿拉伯联合酋长国。这一组别的国家和地区拥有最大的 ICT 访问、使用量和最高的技术价值。

上层组由来自拉丁美洲、阿拉伯地区、东欧的33个国家以及俄罗斯联邦组成。这个组别的国家已经实现了高水平的 ICT 访问、使用和技术。

中层组由来自拉丁美洲、独联体和阿拉伯国家的43个国家组成。该组国家具备一般的 ICT 访问水平，但它们在 ICT 应用方面的水平仍然相对较低。

低层组由43个国家组成，它们主要来自非洲和南亚（包括印度）。该组国家 ICT 访问、使用和技术水平都非常低。然而之前的分析显示了 IDI 和 GNI 有着很强的相关性。因此，我们决定将 ICT 价格指数和人均 GNI 归入指标清单以评估 IS 发展阶段。

为了实现通过数据挖掘方法来辨识 IS 发展阶段，我们收集了 IDI 统计数据（据 2011 年信息社会统计数据）、ICT 价格指数数据（2010 年信息社会统计数据）和人均 GNI（2010 年信息社会统计数据），将其清理并转化为可比区间。然后，我们选择集群作为挖掘任务，将科霍宁映射作为挖掘方法。

表 4　根据 ICT 水平划分国家

组别	国家数	最小值	IDI，2010
			最大值
高层	33	6.16	
上层	33	4.09	
中层	43	2.59	
低层	43	0.83	
总数	152	0.83	8.40

3.2　数据挖掘方法：以科霍宁的自组织映射所作分析

自组织科霍宁映射是由科霍宁教授（Kohonen，2001）发明的数据可视化技术。它通过自组织神经网络减少了数据维度。自组织神经网络早先被创建是用来解决集群问题的。集群是根据对象的参数，分裂该对象从而转换为集群。基于它们的属性，一个集群中的所有对象都是等同的。集群本身的运动通常是在不被察觉的状态中进行的，在动态中形成。标准集群算法可以很容易地呈现为科霍宁映射。将从对象到集群核心的距离最小化，问题在于神经元加权 $\Sigma w_{ij}x_i$ 的模拟，其中 x 表示对象参数，w 表示权重（模拟核心）。每

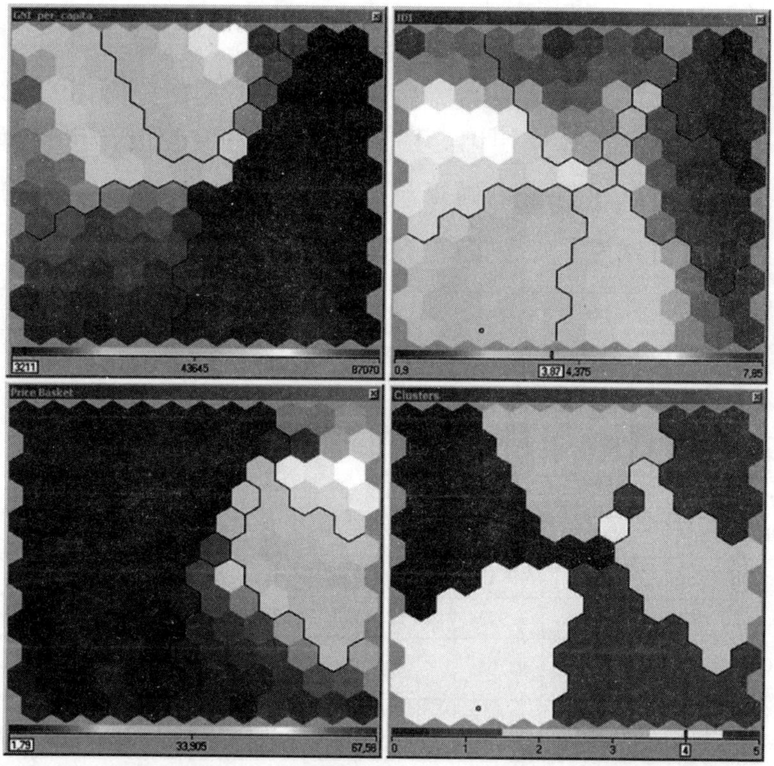

图 10　科霍宁映射（乌克兰标志点，指标值在地图图例中给出）：人均 GNI 映射，IDI 映射，ICT 价格指数映射，集群映射

个科霍宁神经元都与一个核相关联，神经元的值越大，物体越接近核心集群。集群的数量与科霍宁神经元的数量相对应。科霍宁网络的学习算法是无监督的。这个概念不需要输出的目标向量。

科霍宁映射无可争议的优势在于，它们能够在没有任何专家的情况下，“学习”数据潜在的结构，从而允许数据自动建构。自组织映射的另一个优点是，它将多因素信息减少成了两坐标信息。科霍宁映射提出了全面的概述而非大量的本地交叉选择。这种全面的数据方法使得它们成为一个建立在映射邻近部分之间的关联之上的分析数据库的便利工具。

3.3 用科霍宁自组织映射识别信息社会阶段

为了通过数据识别信息社会所处阶段，基于 IDI、ICT 价格指数和 144 个国家的人均 GNI，我们建构了科霍宁的自组织映射。基于此，同类国家组群得以确定①。根据不同国家 IS 的不同发展水平，它们被划分为了六个集群（图 10）。

		1	4	0	2	3	5
−+指标	值	35(24.5%)	29(20.3%)	23(16.1%)	21(14.7%)	18(12.6%)	17(11.9%)
−9.0	相关值	100.0%	99.8%	99.8%	100.0%	99.6%	100.0%
价格指数	平均值	5.8843	2.3031	1.13	32.245	0.65444	50.776
−9.0	相关值	100.0%	49.1%	100.0%	100.0%	100.0%	100.0%
IDI	平均值	2.7266	3.9734	6.0409	1.6143	7.0128	1.3412
−9.0 人均	相关值	100.0%	84.9%	99.8%	99.7%	100.0%	99.4%
国民收入	平均值	2948	7782.4	21935	1006.2	51324	525.88

图 11　集群的核心［指标：第一栏，核心和指标重要性：第 3—8 栏。集群数量（第 1 行）和每个集群的国家数量（第 2 行）在表格顶部］

集群的核心的特征在于附加到科霍宁层的权重值（图 11），它们反映了每个集群典型客体的特征。

集群的确定基于对 IS 的发展阶段顺序的考虑：

“6”第三集群包括处于最高（第六）阶段信息社会的国家：澳大利亚、奥地利、比利时、丹麦、德国、冰岛、爱尔兰、韩国、卢森堡、荷兰、挪威、英国、美国、芬兰、法国、瑞士、瑞典和日本。这些是世界上最富裕的国家——人均国民总收入超过 50000 美

① 开展这一分析采用了 Deductor Studio Academic 5.2 程序。

元，ICT 价格指数最低——0. 65 美元，IDI 超过 7，以及所有指标重要性均为 100%。

“5”构成零聚集群类的是那些处于第五阶段信息社会的国家。它包括 23 个欧洲国家——匈牙利、希腊、西班牙、意大利、拉脱维亚、立陶宛、波兰、葡萄牙、斯洛伐克、斯洛文尼亚、克罗地亚、捷克、爱沙尼亚；以及亚洲国家和地区[①]——巴林、中国香港地区、阿联酋和新加坡。这些国家的 ICT 价格指数是 1. 13 美元，IDI 为 6. 04，人均 GNI 为 21935 美元。

“4”第四阶段信息社会对应于第四集群。它包括 29 个国家（20. 3%）：独联体国家——白俄罗斯、哈萨克斯坦、俄罗斯、乌克兰；东欧国家——保加利亚、波斯尼亚和黑塞哥维那、罗马尼亚、塞尔维亚；拉丁美洲国家——巴西、智利、哥伦比亚、墨西哥。它的核心是指标的下一个值：ICT 价格指数为 2. 30 美元；IDI 为 3. 97；人均国民总收入为 7782 美元。然而，这一集群的指标重要性是最低的。其中 ICT 价格指数占比 99. 8%，IDI 占比 49. 1%，人均 GNI 为 84. 9%。

“3”信息社会下一（第三）阶段对应于第一集群。它由 35 个国家组成：苏联——亚美尼亚、阿塞拜疆、格鲁吉亚、摩尔多瓦；亚洲——越南、中国、印度；非洲——阿尔及利亚、埃及、摩洛哥；拉丁美洲——玻利维亚、巴拉圭和秘鲁。该集群 IDI 的水平是 2. 73，ICT 价格指数为 5. 88 美元（比上一阶段低五倍半），人均国民总收入为 2948 美元。与此同时，指标重要性均为 100%。

“2”第二阶段对应于信息社会的第二集群。该集群有 1. 61，

① “和地区”三字为译者增补。——译者注。

相对较高的 IDI，ICT 价格指数在这一集群更低廉，仅为 32.24 美元，仅占人均 GNI 的 3.2%，所有的指标重要性几乎达到 100%。该集群包括 21 个国家。几乎所有国家都来自非洲（安哥拉、几内亚和赞比亚）和南亚（孟加拉国、老挝和尼泊尔），还有三个后苏联国家——吉尔吉斯斯坦、塔吉克斯坦和乌兹别克斯坦。

“1” 最后，17 个国家（贝宁、尼日尔、卢旺达和其他最贫穷非洲国家）处于 IS 发展的最低（第一）阶段。它们形成了第五个集群。它们的 IDI 值是最低的，仅为 1.34；然而，ICT 价格指数在这一梯度非常昂贵——50.78 美元。这些国家的 GNI 人均国民收入

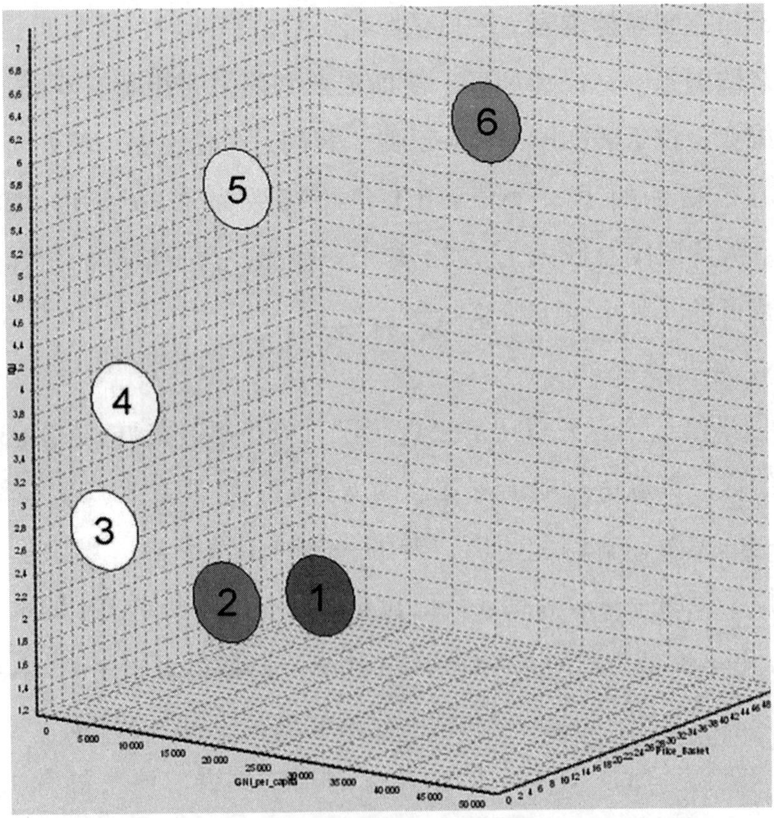

图 12　属性空间中的集群核心

处于世界最低水平——525美元。它们的所有指标重要性超过99%。

4. 按发展阶段确定不同阶段信息社会首要任务

让我们考虑属性空间中的集群核心（图12）。

集群核心由处在最高（第六）阶段信息社会的国家组成（标有“6”）。我们可以看到这些国家在所有属性上都有很大的优势。因此，这些国家要重点关注的是可持续信息社会和人们的需求。社会问题正在变得越来越重要。

紧接着是“5”集群，由处在第五阶段信息社会的国家组成。该阶段的国家IDI只比前一阶段低一个百分点；在这些国家中，IDI访问量、使用量和技术水平相对较高；大多数部门和公共机构都能在互联网上得以呈现。因此，这个阶段的主要问题集中于电子政务。

“4”由处于第四阶段的国家组成。此阶段的IDI至少比上一阶段少两个百分点（主要是由于IDI使用水平较低）。所以这个阶段的主要目标是开发面向客户的电子服务（认证、签名认证、电子表格、帮助台和呼叫中心等）。

“3”由处于第三阶段的国家组成。此阶段IDI比第六阶段低2.5倍，IDI访问和使用的水平也很低。因此，该阶段的关键是ICT基础设施的建设。

“2”和“1”由处在最初阶段的国家组成。在这些国家中，ICT价格指数的平均值是那些处于最高阶段国家的80倍，人均GNI

仅占其价格1%。而IDI则在1左右。所以这阶段的主要目标是：扩大ICT的接入范围，提高人们信息素养，以及降低ICT价格指数。

因此，基于不同集群的特征，我们可以确定它们的首要发展任务：

第六阶段，必须注意电子民主和良好治理。包括以下主要特征：参与、法治、透明度、回应、共识、定位、公平与包容、有效性与效率、问责制。

第五阶段，需要优先考虑的是实现电子政务。

第四阶段，关键是建立健全电子商务法规，发展电子支付系统，增加交易和增强服务安全。

第三阶段，注重为网络技术的提高和高素质员工的培训提供普遍渠道。

第二阶段，ICT的战略实施必须集中于创建信息和通信基础设施以及降低ICT价格指数。

第一阶段，IS战略必须致力于扩大ICT的接入范围和提高人们的信息素养。

5. 结论

根据“2011年信息社会统计数据”，乌克兰排名第62位［在俄罗斯（第47位），白俄罗斯（第52位）和摩尔多瓦（第57位）之后］，尽管稍落后于其他独联体国家，乌克兰在IDI上却显示出了积极的态势——从2002年的2.5至2007年的3.8再到2010年的

4.34。但自2008年以来，乌克兰已经在全球排名中失去了3个点。

如果我们仔细考虑IDI，可以看到在乌克兰，IDI访问量的增长主要是通过增加移动电话的数量以增加手机用户来实现的。而IDI使用增长主要是通过增加互联网用户（从2002年的3%到2010年的28%）来实现的。IDI技术的平均增长是乌克兰3个分指数中最低的。然而，乌克兰的高等教育入学率表现出令人印象深刻的势态(从57%增长到76%)，这使得受高等教育者在CIS上的访问率在乌克兰比其他独联体国家都要高。

结果表明，考虑到乌克兰的人均收入和ICT价格，它的IDI水平已高于预期。这表明在乌克兰，有针对性的战略可以成功促进ICT的应用。这些战略应根据IS发展阶段，致力于首要目标的实现。

据统计，乌克兰在六个信息社会发展阶段中处于第四阶段。这表明，如今乌克兰最紧迫的问题是建立健全电子商务法规、增加交易与增强服务的安全性。因此，乌克兰的信息政策应该集中解决这些问题。只有这些机制开始有效地运行之后，我们才能讨论电子政务的前景。

参考文献

Alexeeva I（2009）What is knowledge society? Kognito-Center，Moscow

Barney D（2003）The network society. Polity Press，Cambridge

Basic Principles of the Information Society in Ukraine 2007－2015（2007）ttp：//search. ligazakon. ua/l_ doc2. nsf/link1/JE0MN00I. html. Accessed 11 Dec 2010

Bell D (1973) The coming of post-industrial society. A venture in social forecasting. Basic Books, New York

Bell D (1980) The social framework of the information society. Blackwell, Oxford

Castells M (2000) The rise of the network society, the information age: economy, society and culture, vol 1. Blackwell, Cambridge, MA/Oxford, UK

Clark C (1957) The conditions of economic progress. Macmillan, London

Drucker P (1969) The age of discontinuity. Heinemann, London

Duff A (2000) Information society studies. Routledge, London/New York, Routledge Research in Information Technology and Society

Feenberg A (2001) Looking forward, looking backward: reflections on the 20th century. HitotsubJ Soc Stud 33 (1): 135-142

Information Society Statistical Profiles (2009) http: //www. itu. int/dms_ pub/itu-d/opb/ind/D-INDRPM. CIS-2009-PDF-E. pdf. Accessed 5 May 2010

Iosifidis P, Leandros N (2003) Information society strategies in the European context: the case of Greece. J Southeast Eur Black Sea Stud, 3 (2): 67-96 (30), Routledge, part of the Taylor & Francis Group

Kaplan D (2005) eInclusion. New challenges and policy recommendations. http: //ec. europa. eu/ information_ society/eeurope/2005/doc/all_ about/kaplan_ report_ einclusion_ final_ version. pdf. Accessed 13 July 2007

Kohonen T (2001) Self-organizing maps. Springer, New York, Third Extended Edition

Lyotard JF (1984) The postmodern condition. Manchester University Press, Manchester

Machlup F (1962) The production and distribution of knowledge in the United States. Princeton University Press, Princeton

Magda D (2010) A study on how public policies affect legitimacy in virtual communities. J Inf Commun Ethics Soc 8 (1): 7-21

Mansell R (2010) The information society and ICT policy: a critique of the mainstream vision and an alternative research framework. J Inf Commun Ethics Soc 8 (1): 22-41

Masuda Y (1983) The information society as post-industrial society. World Future Society, Washington, DC

Measuring the Information Society (2010) http://www.itu.int/ITU-D/ict/publications/idi/2010/Material/MIS_2010_Summary_E.pdf. Accessed 23 Feb 2011

Measuring the Information Society (2011) http://www.itu.int/ITU-D/ict/publications/idi/2011/Material/MIS_2011_without_annex_5.pdf. Accessed 10 Dec 2011

Porat M (1977) The information economy. US Department of Commerce, Washington, DC

UNDP Projects (2003) http://un.by/ru/undp/db/00011749.html. Accessed 10 Nov 2010

Revisions and additions to the core list of ICT indicators (2009) http://unstats.un.org/unsd/statcom/doc09/BG-ICTIndicators.pdf. Accessed 10 Sept 2010

Strategy of Information Society development in Russia (2008) http://www.rg.ru/2008/02/16/informacia-strategia-dok.html. Accessed 7 Oct 2010

Tapper H (2001) Information society strategy. The case of Finland. http://www.nordicom.gu.se/common/publ_pdf/13_079-088.pdf. Accessed 20 Dec 2010

Uotinen J (2003) Involvement in the information society. New Media Soc Number 5：335-356

Webster F（2002）Theories of the information society. Routledge，Cambridge

World internet usage and population statistics（2011）http：//www. internet-worldstats. com/stats. htm. Accessed 12 Jan 2011

译名对照表

A

Abramovitz	阿布拉莫维奇
Akaike	赤池
Alexiadis	亚历西亚底斯
Alfaro	阿尔法罗
Anastasakis	阿纳斯塔萨基斯
Association of Greek Livestock (AGL)	希腊牲畜协会
autoregressive distributed lag (ARDL)	自回归分布滞后
Avramescu, Tiberiu-Cristian	阿弗拉米斯库，提卜留-克里斯蒂安

B

Baboucek	巴布瑟克
Balassa-Samuelson effect	巴拉萨-萨缪尔森效应
Balau, Victor	巴老，维克多
Baldan, Cristina	巴尔丹，克里斯蒂娜
Ballabriga	巴利亚夫里加
Bandelj	班德尔吉
Baourakis	巴乌拉基斯

Barr	巴尔（制药）
Bartlett's test of sphericity	巴特利球形检验
Baumol	鲍莫尔
Beghin	贝金
Bell, D.	贝尔，德
Benácek	比纳科克
Benyovszki	本约夫斯基
Berg, Van den	堡，范·登
Berument	贝鲁蒙特
Betzenis	比特哲尼斯
Bevin	贝文
Blaschke	布拉施克
Del Bo	德尔·波
Bojicic-Dzelilovic	波基希奇-泽里洛维奇
Boldrin	波德林
Bollerslev	博勒斯列夫
Bonetto	博内托
Booth	布斯
Bormann	博曼
Borovas, George	波罗瓦斯，乔治
Boss	博斯
Botonaki	博托纳基
Botrić	波特里克
Brada	布瑞达
Brenton	布伦顿
Bretton	布雷顿

Brugarolas	布鲁加罗拉斯
Buch	布赫
Bukowski	布可夫斯基
Burcea, Felix-Constantin	布尔恰，菲利克斯-康斯坦丁
C	
Canova	坎诺瓦
Capistran	卡皮斯特朗
Cavenaile	卡文奈尔
Chatzitheodoridis, Fotios	查特兹西奥多利迪斯，夫提奥斯
Choudhri	周德里
Christos, Ladias	克里斯托斯，拉迪亚斯
Chryssohoidis	克律索霍伊迪斯
Çolak, Olcay	克拉克，奥尔凯
Comekon	东欧经济互助委员会
Crescenzi	克雷森兹
Crescimanno	克雷西曼诺
Czechinvest	车臣投资
D	
Dabic	达比克
Dayton Agreement	代顿协议
Deichmann, Joel I.	戴希曼，约尔·伊
Delgado	德尔加多
Jacques Delors	雅克·德洛尔
Demirgüc-Kunt	德米尔古茨-昆特
Detragiache	德特拉贾凯
Dickey-Fuller	迪基-富勒

Dittmar	迪特玛
Drama-Kavala-Xanthi	德拉马-卡瓦拉-赞西
Dubois	杜波依斯
Dunford	邓福德
Dunning，John	达宁，约翰
Durbin-Watson	德宾-瓦特逊
E	
Eastern Bloc	东方集团
Economic and Monetary Union（EMU）	经济与货币联盟
Engle	恩格尔
Engle-Granger	恩格尔-格兰杰
Errington	埃林顿
Erturk	埃尔图尔克
Estrin	艾斯特林
Euro Plus Pact	欧元附加公约
Eurostat	欧盟统计局
Evans	伊万斯
Eves	伊夫斯
Evros	埃夫罗斯
F	
Fiddell	菲德尔
Filippidis，Konstantinos	菲利皮迪斯，康斯坦蒂诺斯
Fisher	费舍尔
Florinas	弗洛里纳斯州
Fotopoulos	福托普洛斯

Framework Free Trade Agreement (CETFA)	自由贸易协定框架

G

Gambera	甘贝拉
GARCH	广义自回归条件异方差
Gavin	加文
Gil	吉尔
Greenhalgh	格林哈尔希
Grevena	格雷韦纳州
Grosse	格罗斯
Gueorguiev	格奥格涅夫

H

Hair	海尔
Hakura	哈库拉
Halkida	哈尔基达
Hardy	哈代
Hausmann	豪斯曼
Y. Hayashi	池袋林
Head	黑德
Helleiner	黑莱纳
Hellenic Ministry of Agricultural Development And Food	希腊农业发展和食品部
Hellenic Organization of Milk and Meat	希腊牛奶与肉类组织
Hermanek	郝曼勒克
Hoggarth	霍格斯
Hunya	宏亚

Hutchins	哈钦斯
Inder	尹德尔
International Telecommunication Union (ITU)	国际电信联盟

J

Jakubic	加库比克
Johnson	约翰逊

K

Kalfaoglou	卡发格罗
Kalirai	卡利莱
Karahan, Özcan	卡拉翰·奥兹坎
Karasavvoglou, Anastasios	卡拉萨沃格勒，阿纳斯塔西奥斯
Kastoria	卡斯托利亚州
Katrakilidis, Constantinos	卡特拉吉利迪斯，康斯坦蒂诺斯
Kavala Institute of Technology	卡瓦拉工学院
Kidwell	基德韦尔
Knickerbocker	尼克博克
Kohonen	科霍宁
Kononova, Kateryna	卡特琳娜·科诺诺娃
Kontonikas	康托尼卡斯
Korres	科勒斯
Kotler	科特勒
Kozanis	科扎尼州
Krugman, Paul	克鲁格曼，保罗
Kruskal-Wallis	克鲁斯凯-沃利斯

Krystallis	克里斯塔利斯
L	
Lane	莱恩
Lazaridis	拉扎莱蒂斯
Lewer	卢尔
Lijphart	李普哈特
Loizou, Efstratios	路易佐，伊夫斯最提奥斯
Loureiro	洛雷罗
Lykouropoulou	里克罗博罗
M	
Maastricht	马斯特里赫特
MacKinnon	麦克金侬
Maddison	麦迪森
Makris, Georgios	马克里斯，乔治斯
Martinez-Mongay	马丁内斯-蒙加伊
Marinescu	马里内斯库
Michailidis, Anastasios	迈克尔里迪斯，阿纳斯塔西奥斯
Miles	迈尔斯
N	
Nahar	纳哈尔
Nelson	内尔森
Nikolaidis, Michael	尼古拉迪斯，迈克尔
Nikolaidou, Eftychia	尼科莱多，伊夫提奇亚
Nimon	尼蒙

O

Obstfeld	奥勃斯特费尔德
Ohrid Agreement	奥赫里德协议
O' hUallachaín	奥尤尔拉凯恩
OK	欧凯
Organization for Economic Cooperation and Development (OECD)	经济合作开发组织
Organization of the Black Sea Economic Cooperation (OBSEC)	黑海经济合作组织
Organization of Security and Co-operation in Europe	欧洲安全与合作组织
Özlale	奥兹拉里

P

Pact for Competitivenes	竞争力协定
Pan-Hellenic Confederation of Unions of Agricultural Cooperatives	泛希腊农业合作社联盟
Pantelidis, Panagiotis	潘特利迪斯，帕纳乔提斯
Payne	佩恩
Pazarbasioglu	帕扎巴斯格鲁
Pearson	皮尔森
Pejic-Bach	佩吉克-巴赫
Peri	帕里
Pesaran	佩萨兰
Pesola	佩索拉
Petratos	比特拉托斯
Pigliaru	皮利亚鲁

Plosser	普罗瑟
Polanec	波拉内克
Polychronidou, Persefoni	培西弗尼·波利克罗尼都
Punj	庞吉
Q	
Quagliariello	奎格里亚力罗
Ramos-Francia	拉莫斯-弗兰西亚
R	
Ray	雷伊
Redžepagic	瑞德兹帕吉克
Reichs	赖希斯
Reid	瑞德
Rhodopi	罗多彼
Richet	里奇特
Rodríguez-Pose	罗德里格斯-珀斯
S	
Sala-i-Martin	撒拉伊-马丁
Sarajevs	萨拉杰弗斯
Saurina	索日娜
Scheicher	施莱克尔
Schwarz	施瓦茨
Schwartz-Bayesian	施瓦茨-贝业申
Shepherd	谢泼德
Shin	希恩
Sims	西姆斯
Škudar	斯卡达

Škuflic	斯卡夫里克
Slobodan Milosevic	史洛波登・米洛舍维奇
Solow	索罗
Sotirios, Milionis	索迪里奥斯，米尼安尼斯
Stabilization and Association Agreements (SAA)	稳定与协作协定
Steenkamp	斯廷坎普
Stewart	斯图尔特
Stilianos, Alexiadis	斯迪里阿诺斯，亚历克西亚迪斯
Stirböck	斯蒂尔
Szeles	赛里斯

T

Tabachnick	塔巴赫尼克
Tanja Petrović	坦佳・比特洛维奇
Taş	塔斯
Taylor	泰勒
Teva Pharmaceuticals	梯瓦制药
Theodosiou, Georgios	西奥多西欧，乔治斯
Thessaloniki	塞萨洛尼基地区
Thompson	汤普森
Thrace	色雷斯地区
Tinbergen, Jan	廷博根，简
Tito	铁托
Trenca	特伦卡
Trevino	特雷维诺
Tsakiridou	察基里多

Tsanana, Eftychia	特萨纳纳，伊夫提奇亚
Tsourgiannis, Lambros	佐尔吉阿尼斯，兰布罗斯
Tzavaras	扎瓦拉斯
U	
Uhlig	乌利希
Ungureanu, Emilia	乌恩吉瑞怒，艾米莉亚
UNIMIK	联合国临时特派团
United Nations Conference on Trade and Development (UNCTAD)	联合国贸易暨发展会议
United Nations Department of Economic and Social Affairs (UNDESA)	联合国经济与社会事务部
University of Pitesti	皮特什蒂大学
Urga	厄尔嘎
Uvalic	乌瓦利奇
V	
Virolainen	维罗莱宁
Vlachos	弗拉肖斯
Vogiazas, Sofoklis D.	沃加扎斯，索夫克里斯·迪
W	
Wachtel	瓦西特尔
Wald	沃尔德
Wolff	沃尔夫
World Summit on the Information Society (WSIS)	信息社会世界峰会

Y

Yuksel	余克赛尔

Z

Zademach	扎德马赫

《国外“一带一路”研究译丛》 第一辑

《中东欧的变革与危机：挑战与未来》

《中国海上丝绸之路倡议与南亚》

《长期视角下的东南亚环境、贸易与社会》

《印度区域发展与公共政策难题》

《尼泊尔冲突后的社会转型：性别视角》

《当代泰国社会、文化与政治透视》

《全球经济危机中的巴尔干与东欧国家》

《希腊经济发展新模式：长期可持续发展的必要条件》

《欧盟—俄罗斯关系 1999—2015：从亲密到对抗》

《孟加拉国经济与社会发展：奇迹与挑战》

图书在版编目（CIP）数据

全球经济危机中的巴尔干与东欧国家 / （希）阿·卡拉萨沃卢，（希）培·波利克罗尼都主编；曹波译. —长沙：湖南人民出版社，2019. 11
（国外“一带一路”研究译丛 / 蒋洪新，尹飞舟主编）
ISBN 978-7-5561-2370-4

I. ①全… II. ①阿… ②培… ③曹… III. ①经济发展—研究—东欧 IV. ①F151. 04

中国版本图书馆CIP数据核字（2019）第267969号

QUANQIU JINGJI WEIJI ZHONG DE BAERGAN YU DONGOU GUOJIA

全球经济危机中的巴尔干与东欧国家

主　　编　阿·卡拉萨沃卢
　　　　　培·波利克罗尼都
译　　者　曹　波
责任编辑　郭　平
责任校对　曾诗玉
责任印制　肖　晖
装帧设计　格局视觉

出版发行　湖南人民出版社
　　　　　[http://www.hnppp.com]
地　　址　长沙市营盘东路3号
邮　　编　410005

印　　刷　湖南超峰印刷有限公司
版　　次　2019年11月第1版
　　　　　2019年11月第1次印刷
开　　本　710 mm × 1000 mm　1/16
印　　张　18.25
字　　数　260千字
书　　号　ISBN 978-7-5561-2370-4
定　　价　90.00元

营销电话：0731-82683348（如发现印装质量问题请与出版社调换）